Réserve.
p. Yc. 1656.

Six liures de la Mé-
TAMORPHOSE D'OVI-
de, traduictz selon la Phrase latine en Rime Françoise, sçauoir le III. IIII. V. VI. XIII. & XIIII.

Le tout par Françoys Habert d'Yssouldun en Berry, & par luy presenté au Roy Henry de Valoys, deuxiesme de ce nom,

A PARIS,
De l'Imprimerie de Michel Fezandat, au mont sainct Hilaire, à l'hostel d'Albret.

Auec Priuilege du Roy.
1549.

F. Habert Au Lecteur.

Tu uoys (Lecteur) ces six liures d'Ouide
Oultre les deux par Marot commencez,
En bref sera le surplus mys au uide
Par ton Habert, que tu congnoys assez.
Mectz donc ton œil sur ces six aduancez
Ie scay qu'aux bons la leçon en peult plaire,
Si ignorants s'en tiennent offencez
Pour plaire aux bons il me plaist leur desplaire.

Au Lecteur encores.

Ne t'esbahys que ces liures icy
Sont translatez sans par ordre les mettre,
Amy Lecteur, ilz sont traduicts ainsi
Qu'auec plaisir le temps m'a sceu permettre:
Mais pren espoir, car sans plus te remettre
En bref auras le surplus a tes yeulx,
Ou l'Imprimeur a ce se ueult soubzmettre
De garder l'ordre, affin de plaire mieulx.

Habert Traducteur
Au Roy.

LONG temps auant que maiesté royalle
T'eust mys au chef couronne li-
lialle.
Ou en ton cours de Daulphin flo-
rissant,
Encor n'estoys du sceptre iouyssant.
Le plus grand veuil que i'eus onc en ma vie
C'est que ma plume à toy fust asseruie.
Pour te donner quelque foys passetemps,
Et se trouuoient mes esprits tres contents
Lors qu'à ton oeil ioyeulx & a deliure
De ma façon se presentoit vn liure,
Dessus lequel ton oeil non endormy
Bien enseignoit, que tu n'es ennemy
De bon sçauoir, qui en toute prouince
Accroist le nom d'un grand Chef, Roy, & Prince
Comme il a faict iadis du pere tien,
Qui de la lettre a esté l'entretien,
Voire l'autheur, que les lettres s'entendent,
Et au cerueau des plus rudes descendent,
Mais encor plus ton regne qui tant vault
Sera du don des lettres noble & hault.
Car iour en iour vertu se perpetue,
Et en plus fort la lettre s'esuertue.

a ij   Donc

Epistre du traducteur

Dont a bon droict pour au poinct reuenir,
Ie me soulois bien heureux maintenir
En presentant mes labeurs a ta veue
Que ie sentoys de sens royal pourueue,
Et en tel heur par façon coustumiere
Maint œuure mien ie mettoys en lumiere
Auec desir tendant a ceste fin
De faire honneur au beau royal Daulphin
Plus grand que ceulx qui sont en l'eau sallée.
   Or volunté fatale s'est meslée
Si viuement de toy, & ton affaire
Que de Daulphin grand Roy ta voulu faire.
Te reseruant de troys freres germains,
Pour delaisser le sceptre dans tes mains.
Dont i'ay pensé quil m'estoit necessaire
De ma façon commune me distraire
Ou ie souloys par humbles appetits
Te saluer de mes liures petits,
Veu qu'à present ton auctorité grande
De te donner grand chose me commande,
Non toutefoys que ie m'ose venter
De te pouuoir grand chose presenter,
De mon esprit trop imbecile & mince
Pour contenter vn si grand Chef & Prince
Comme tu es, lequel constance marque
En ses desirs, pour te farie monarque.
Mais en t'offrant ceste traduction
Qui ne vient pas de mon inuention,
I'ay bien espoir que ta voix se dispose
De consentir que c'est vne grand chose.

                               Car

Au Roy.

Car c'est Ouide en ses mutations
De corps humains, & transformations,
Liure le plus plaisant & agreable
Qu'il en fut onc, & le plus conuenable
A vn grand Roy des letres amoureux.
Car on y lit tant de cas sauoureux,
Que si l'esprit auoit quelque souffrance,
En le lisant prendroit resiouyssance.
Dont a bon droict Françoys le pere tien,
En son viuant nostre Roy treschrestien,
A son Marot commanda de traduire
Ce liure mesme, & apres le produire.
Qui lors de quinze en feit deux seulement,
Auant le iour de son trespassement.
Or pourautant qu'il y a quelque espace
Que i'en offris le troysiesme a ta face
Et qu'il te pleut en gré le receuoir,
Ie me suis mys en mon loyal debuoir
D'en translater cinq, & les mettre au vent
Tant que i'ay peu la phrase poursuyuant
Des vers latins, trouuant bien veritable.
Que ce Poëte a esté tant notable,
Que par l'esprit dont il estoit muni
Ne meritoit de Rome estre banni
Par son Cesar, lequel il a faict viure,
Par ses escripts, & veine qui enyure
De sa doulceur les sçauants & letrez
Qui sont d'amour de vertu penetrez.
Ainsi ayant traduict le bel ouurage
De c'est Ouide excellent personnage

(Sans

Epistre du traducteur

Dont a bon droict pour au poinct reuenir,
Ie me soulois bien heureux maintenir
En presentant mes labeurs a ta veue,
Que ie sentoys de sens royal pourueue,
Et en tel heur par façon coustumiere
Maint œuure mien ie mettoys en lumiere
Auec desir tendant a ceste fin
De faire honneur au beau royal Daulphin
Plus grand que ceulx qui sont en l'eau sallée.
   Or volunté fatale s'est meslée
Si viuement de toy, & ton affaire
Que de Daulphin grand Roy t'a voulu faire,
Te reseruant de troys freres germains,
Pour delaisser le sceptre dans tes mains.
Dont i'ay pensé quil m'estoit necessaire
De ma façon commune me distraire
Ou ie souloys par humbles appetits
Te saluer de mes liures petits,
Veu qu'à present ton auctorité grande
De te donner grand chose me commande,
Non toutefoys que ie m'ose venter
De te pouuoir grand chose presenter,
De mon esprit trop imbecile & mince
Pour contenter vn si grand Chef & Prince
Comme tu es, lequel constance marque
En ses desirs, pour te farie monarque.
Mais en t'offrant ceste traduction
Qui ne vient pas de mon inuention,
I'ay bien espoir que ta voix se dispose
De consentir que c'est vne grand chose.

                                     Car

Au Roy.

Car c'est Ouide en ses mutations
De corps humains, & transformations,
Liure le plus plaisant & agreable
Qu'il en fut onc, & le plus conuenable
A vn grand Roy des letres amoureux.
Car on y lit tant de cas sauoureux,
Que si l'esprit auoit quelque souffrance,
En le lisant prendroit restouyssance.
Dont à bon droict Françoys le pere tien,
En son viuant nostre Roy treschrestien,
A son Marot commanda de traduire
Ce liure mesme, & apres le produire.
Qui lors de quinze en feit deux seulement,
Auant le iour de son trespassement.
Or pour autant qu'il y a quelque espace
Que i'en offris le troysiesme à ta face
Et qu'il te pleut en gré le receuoir,
Ie me suis mys en mon loyal debuoir
D'en translater cinq, & les mettre au vent
Tant que i'ay peu la phrase poursuyuant
Des vers latins, trouuant bien veritable.
Que ce Poete a esté tant notable,
Que par l'esprit dont il estoit muni
Ne meritoit de Rome estre banni
Par son Cesar, lequel il a faict viure,
Par ses escripts, & veine qui enyure
De sa douceur les scauants & letrez
Qui sont d'amour de vertu penetrez:
Ainsi ayant traduict le bel ouurage
De c'est Ouide excellent personnage

a iij   (Sans

Epistre du traducteur

(Sans adiouster les deux liures premiers
De feu Marot d'estre veus coustumiers)
Puis quil estoit commencé pour vn Roy
I'ay bien pensé quil s'attendoit par moy
D'estre produict a ta maiesté haulte.

 Cest œuure la, Sire, sans point de faulte,
Combien quil soit de fables tout rempli
Ha toutefoys de verité le pli
En mains endroicts, car soubs la couuerture
De fabuleuse, & menteuse escripture
Vn sens y a soubs lequel on comprent
Toute prudence, & bien viure on apprent.
Car quand il dict que la belle Daphné
Fut conuertie en laurier nouueau né,
Ne veult il pas par ceste fable entendre
Qu'elle vouloit los virginal defendre,
Et que l'honneur de vierge est florissant
Ainsi qu'on voit le laurier verdissant?
Quand il escrit les Geants courroucez
Auoir les monts l'un sur l'autre dressez,
Pour au grand Dieu Iuppiter faire guerre,
Qui les chassa de fouldre & de tonnere,
N'est ce pas la le dol du premier ange
Qui par orgueil au hault siege se range
Du createur, dont luy & sa sequele
Fut condamné a la mort eternelle?
Quand il escrit l'ignorance & abus
De Phaeton, enfant du Dieu Phebus,
Qui de son pere eut le gouuernement
Du chariot, pour vn iour seulement

         Et quil

Au Roy.

Et qu'il ne sceut le regir par mesure,
Dont il mourut par cruelle torture,
N'est ce pas la monstrer euidemment
Que pour aimer enfants trop doulcement
Et pour trop grand liberté leur permettre,
On ne les peult en plus de danger mettre?
Quand Icarus auec ses fainctes aisles
Vole, ensuyuant les façons paternelles,
Et qu'en volant plus hault qu'il ne debuoit
Choir en la Mer, & mourir on le voit,
Ne sont ce pas couuertures propices
Pour blasmer ceulx qui cherchent les offices,
Auctoritez, & dignitez trop haultes,
Ou bien souuent ilz meurent par leurs faultes?
Et quand Ouide escrit vne Pallas
Aymer vertu, & y prendre soulas,
Vierge tousiours, puis vne Citherée
A folle amour sans cesser retirée,
Ne veult il pas monstrer le different
De chasteté, & de crime apparent
De la luxure au monde trop permise
Pour verité en lumiere non mise?
Quand il escrit vn Hercules le fort
Qui Monstres grands conquict par son effort,
Puis son amour a vne aultre donnée
Estre par luy sa femme abandonnée,
Dont il mourut, n'est ce pas accuser
Cil qui ne peult de temperance vser?
Et qui ayant tousiours bon bruict acquis
Pour mal verser perd ce qu'il a conquis?

a iiij   Finablement

Epistre du traducteur

(Sans adiouster les deux liures premiers
De feu Marot d'estre veus coustumiers)
Puis quil estoit commencé pour vn Roy
I'ay bien pensé quil s'attendoit par moy
D'estre produict a ta maiesté haulte.
 Cest œuure la, Sire, sans point de faulte,
Combien quil soit de fables tout rempli
Ha toutefoys de verité le pli
En mains endroicts, car soubs la couuerture
De fabuleuse, & menteuse escripture
Vn sens y a soubs lequel on comprent
Toute prudence, & bien viure on apprent,
Car quand il dict que la belle Daphné
Fut conuertie en laurier nouueau né,
Ne veult il pas par ceste fable entendre
Qu'elle vouloit los virginal defendre,
Et que l'honneur de vierge est florissant
Ainsi qu'on voit le laurier verdissant?
Quand il escrit les Geants courroucez
Auoir les monts l'un sur l'autre dressez,
Pour au grand Dieu Iuppiter faire guerre,
Qui les chassa de fouldre & de tonnere,
N'est ce pas la le dol du premier ange
Qui par orgueil au hault siege se range
Du createur, dont luy & sa sequele
Fut condamné a la mort eternelle?
Quand il escrit l'ignorance & abus
De Phaeton, enfant du Dieu Phebus,
Qui de son pere eut le gouuernement
Du chariot, pour vn iour seulement

        Et quil

Au Roy.

Et qu'il ne sceut le regir par mesure,
Dont il mourut par cruelle torture,
N'est ce pas la monstrer euidemment
Que pour aimer enfants trop doulcement
Et pour trop grand liberté leur permettre,
On ne les peult en plus de danger mettre?
Quand Icarus auec ses fainctes aisles
Vole, ensuyuant les façons paternelles,
Et qu'en volant plus hault qu'il ne debuoit
Choir en la Mer, & mourir on le voit,
Ne sont ce pas couuertures propices
Pour blasmer ceulx qui cherchent les offices,
Auctoritez, & dignitez trop haultes,
Ou bien souuent ilz meurent par leurs faultes?
Et quand Ouide escrit vne Pallas
Aymer vertu, & y prendre soulas,
Vierge tousiours, puis vne Citherée
A folle amour sans cesser retirée,
Ne veult il pas monstrer le different
De chasteté, & de crime apparent
De la luxure au monde trop permise
Pour verité en lumiere non mise?
Quand il escrit vn Hercules le fort
Qui Monstres grands conquiet par son effort,
Puis son amour a vne aultre donnée
Estre par luy sa femme abandonnée,
Dont il mourut, n'est ce pas accuser
Cil qui ne peult de temperance vser?
Et qui ayant tousiours bon bruict acquis
Pour mal verser perd ce qu'il a conquis?

a iiij   Finablement

Epistre du traducteur

Finablement soubs autres fables maintes
Qui sont au vif par Ouide depainctes,
Sire on y voit vn sens d'honneur confit
Dont le prudent peult faire son proffit
Oultre cela si doulce est sa leçon
Que Phebus mesme escouteroit le son.
Tant a propos les histoires sont fainctes,
Tant doulces sont des amours les complainctes,
Qu'on iugeroit que les personnes mesmes
Viuent, & font leurs complainctes extremes.
Dont non en vain les Grecz bien aduertis
De son scauoir, ont en Grec conuertis
Ces liures la, qu'on voit soirs & matins
Par leur Autheur produicts en vers latins,
Et a present en ton propre langage
Roy excellant, pour t'en donner l'vsage
Par ton Habert, duquel l'espoir se fonde
Te voir Monarque en la machine ronde.
Si suppliray au Createur celeste
De te garder de tout danger moleste
Iusques au cours des fils de tes enfants,
Qui apres toy seront Roys triumphants.

Fin de l'epistre au Roy.

Le iii. Liure de la
Metamorphose d'Ouide.

Du sainct Taureau ia la forme s'esface
En Iuppiter, & reprise sa face.
Iouist d'Europe en son palais de Crete,
Quand Agenor pere dolent decrete
De la trouuer, ignorant ou elle est.
Si appella, sans faire aucun arrest,
Cadmus son fils, & expres luy commande
De la chercher d'inquisition grande,
Et a vn tel commandement expres
Pene d'exil le pere ioinct apres,
Ne presumant que pour sa fille aymée
Contre son fils sa fureur soit blasmée,
En l'ua monstrant pitoyable bonté,
En l'autre vsant d'austere cruaulté.
Cadmus adonc pour de sa Seur s'enquerre,
Enuironna l'uniuerselle Terre,
Mais trop en vain, car qui manifester
Les larrecins pourroit de Iuppiter?
Dont s'esloignant de Terre naturelle,
Pour euiter la fureur paternelle,
Au temple sainct de Phebus s'arresta,
Ou les sacrez oracles consulta,
En demandant en quelle nation

L'exil, et les fortunes de Cadmus fils du Roy Agenor.

I. luy

Il luy conuient faire habitation,
Phebus respond, Cadmus point ne te fasche,
Tu trouueras en ta voye vne vache
Qui oncques n'a porté le ioug pressant
Dessus son col, au faix obeissant.
Suy ceste vache ou gist ton aduenture,
Puis ou verras qu'elle prendra pasture,
La fais bastir ta Cité forte & belle,
Et par son nom Boetie l'appelle.
 Cadmus a peine est du lieu descendu
Ou d'Apollo est l'oracle entendu,
Alors qu'il a la vache regardée
Allant le pas, qui n'estoit point gardée,
Et qui au col n'eut onc ioug, ne collier,
Pour a aucun seruice la lier,
Cadmus la suyt, & ne s'abuse pas,
Voyant grauez de la vache les pas,
En adorant d'oraison taciturne
Phebus, autheur de sa voye opportune.
Desia la vache auoit tant galoppé
Qu'elle passoit les champs de Panopé,
Et les grands eaux de Cephisus le fleuue.
La vache adonc s'arresta, comme on treuue,
Et s'arrestant ses cornes eleua
Enuers le Ciel, puis mugir elle va,
En mugissant regarde ceulx qui suyuent,
Et ia voyant que de pres ilz arriuent,
Elle se baisse, & du long va estendre
Son dos massif sur l'herbe fresche & tendre.
Cadmus aux dieux rend graces humblement

         Qui

Metamorphose d'Ouide.

Qui l'ont conduict en ce lieu seurement,
Puis se baissant d'habilité legiere,
Il va baiser ceste Terre estrangiere,
En saluant monts & champs incongneuz
Ausquelz ses gents & luy sont paruenuz.
Si proposa par vn loyal office
A Iuppiter de faire sacrifice,
Et pour ce faire il enuoya ses gents
Chercher eau claire en pas fort diligents.
Prochaine estoit vne forest ramée,
D'antiquité en maints lieux renommée,
Ou nul n'auoit encor liberté franche
D'en recueillir, ou coupper vne branche,
Et au milieu de ceste forest sombre
Vn clair ruysseau estoit caché en l'umbre,
Et tout autour de maint saule couuert,
De maint osier, & autre arbrisseau vert.
Ou le serpent de Mars, serpent immunde,
Estoit caché aux fons de la claire vnde,
Hydeux, & grand, cruel, & furieux,
De feu estoient estincellants ses yeulx,
Troys langues ha, en sa gule euidents
On voit aussi troys estages de dents.
Incontinent que les hommes de Tyre
(Desquelz Cadmus obeissance tire)
Sont approchez de la cauerne obscure
Ou la claire eau faisoit vn doulx murmure,
Grand son & bruit a rendu le vaisseau
Dont ilz vouloient puyser de la claire eau.
Le bleu serpent meit la teste dehors

Description du Serpent du Dieu Mars.

Du

Du creux de l'eau, & va sifler alors
Horriblement, dont les gents de Cadmus
(Qui de le voir sont troublez, & esmeus)
Ont laißé choir le pot en la fontaine,
Ce qui causa emotion soubdaine
Au venimeux, & orguilleux Serpant,
Qui ça & la ses escailles espand,
Puis d'un grand sault la beste fiere esmeue
En forme d'arc se mect, & se remue,
En regardant dun regard oultrageux
Tous les endroicts de ce boys umbrageux
Bref ce Serpent tres horrible, & enorme
Estoit plus grand que le Serpent diforme
Qui du hault Ciel les deux Ourses sepáre,
Le fier Serpent, qui son venin prepare,
(Ou si les gents susdicts dards luy gettoient,
Pour l'esmouuoir, ou de peur s'arrestoient)
Cruellement apres eux s'en alla,
Et de sa queue aucuns entortilla,

La mort des gêts de Cadmus occis par le Serpent de Mars.

Les uns occist par morsure villaine,
Les uns du vent de sa puante alaine.
Les uns sont morts par la reception
De son venin, rempli d'infection.
Et ia estoit quasi failli le iour,
Quand de ses gents qui font si long seiour,
Le puissant fils d'Agenor s'esmerueille.
Adonc sur luy sa cuyrasse appareille,
Faicte de peau de lyon fort puissant,
Et en sa main, un dard resplendissant,
Et ce quil fault estimer dauantage,

Il est

Metamorphose d'Ouide.

Il est armé d'un vertueux courage,
Plus fort que dards, & armeures quelz qu'ôques
Ainsi s'en va en la forest adoncques
Chercher ses gents, ou quand il fut entré,
Il a le Monstre orguilleux rencontré,
Qui de ses gents estoit victorieux,
Et le trouua encor tout furieux,
Leschant les corps de sa langue oultrageuse:
Cadmus adonc dist de voix courageuse:
Amys loyaulx, dont pityé me remord,
Ou auec vous mourray de mesme mort,
Ou ie prendray vengence, ie vous iure,
Du monstre grand, qui vous faist telle iniure.
Si empoigna vne pierre poysante,
Et la getta de sa dextre puissante,
Sur le Serpent, qui du coup adressé
Dessus son corps, en rien ne fut blessé,
Bien qu'vne Tour forte, & hault eleuée
D'vn coup si grand eust peu estre greuée.
Mais le Serpent a qui Cadmus bataillé,
Faict vn bouclier de sa tresdure escaille
Et par sa peau remplie de durté
Maint coup sur luy inutile a esté,
Cadmus s'eschauffe, & le Monstre crachant
Aspre venin, de son glaiue trenchant
Poursuyt de pres si que sa peau rebelle
N'a empesché que la pique mortelle
Ne soit entrée en la peau bien auant
De ce vil monstre, escumeux & bauant,
Qui de douleur du coup qui l'estonna

Le côbat de Cadmus contre le Serpent.

Son col hydeux derriere retourna,
Et regardant sa playe & la poincture
Du fer agu, s'efforcea par grand cure
De l'arracher, & tant il y tascha
Qu'en s'empirant, le dard il arracha,
Et neantmoins trop en vain il labeure,
Car dans les os le fer trenchant demeure.
Ce nonobstant par aigreur qui luy vient
De telle playe, en son ire il reuient,
Et de son col les apparentes veines
S'enflent, & sont de venin toutes pleines,
Et son museau par fureur qui l'allume,
Estoit tout blanc de pestifere escume.
De son escaille & du bruit qu'il menoit
A l'enuiron la Terre resonnoit.
Herbes & fleurs, ou son alaine touche,
Meurent soubdain, tant infecte est sa bouche:
En forme d'arc ores il s'esuertue,
Affin que tost son aduersaire il tue,
Ores plus droict qu'vne grand busche il est,
Prenant ainsi sa course sans arrest,
Ne plus ne moins qu'vn fleuue qui d'eau froide
Tombant du Ciel s'esmeut, & court plus royde.
Le Monstre ainsi rempli de malencontre.
De sa roydeur faict choir ce qu'il rencontre
Cadmus armé de son cuyr de Lyon
D'assaulx soustient du Monstre, vn milion.
En repoulsant du glaiue a fine poincte
L'horrible gule, en venin toute teincte
Ire & fureur faict le monstre eschauffer,

Metamorphose d'Ouide.

Et de Cadmus en vain mordre le fer,
Mais approchant du fer ses yeulx ardents,
Dedans la poincte il va ficher ses dents,
Et de ce coup le sang a grosse goutte
En son palais plein de venin degoutte.
Parquoy alors les vertes fleurs atteinctes,
Du sang villain ont esté toutes teinctes,
Ce coup pourtant au Serpent fut leger,
Et pour plus fort sa blessure alleger,
Il cede vn peu, & trouue la maniere
De reculler son corps massif arriere,
Cadmus le suyt, & de maint coup puissant
Va de si pres son ennemy pressant
Qu'il attacha le corps de ce vil Monstre
A vn dur chesne estant en belle monstre.
Le chesne grand pour le fardeau qu'il ha
Du monstre occis, grandement se courba,
Et de la queue aussi, qui trop le charge,
Enuironné fut l'arbre grand & large.
  Quãd le vaĩqueur Cadmus plein de grãd heur
Consideroit du Serpent la grandeur,
Subitement vne voix entendit,
Dont la clameur effrayé le rendit,
D'ou elle vient il ne sçait promptement,
Mais elle va dire tout haultement.
Filz d'Agenor pourquoy regardes tu
Le Serpent mort par ta force & vertu?
Certes vn iour a ce poinct tu viendras,
Que comme luy Serpent tu deuiendras.
Bien longuement, ceste voix entendue,

La mort du Serpent occis par Cadmus

Cadmus

Le iiij. liure de la

Cadmus auoit couleur, & voix perdue,
Et de la peur qui luy faict tel meschef
Tous les cheueux luy sont dressez au chef.
Adonc Pallas a qui science est deue
Pour l'asseurer du Ciel est descendue,
Luy commandant de labourer la Terre,
Et du Serpent semer les dents bel erre,
En luy disant qu'il doibt certain tenir
Que de ses dents vn peuple doibt venir.

Des dẽts du ser-pẽt semés par Cadmus naissent hõmes armez.

Cadmus aux dicts de Pallas obtempere,
Et va semer les dents de la vipere.
La Terre adonc commence a se mouuoir,
Et (dont il fault plus de merueille auoir)
Des dents qui sont premierement semées
Bandes sortoient de piques bien armées,
Puis d'armetz painćts qui sont apparoissants
Se vont couurir leurs chefz forts & puissants
Leurs estomacz & leurs dos sont couuerts,
Et en leurs mains viennent bastons diuers,
Bref de la Terre auec les dents germée
Il va sortir vne cruelle armée,
Ainsi qu'on voit qu'au Theatres tendus
Auant que soient les ioueurs entendus,
Premierement trompetes sonneront,
Et les ioueurs quelques mines feront.
Puis peu a peu faisants tout apparoistre,
Sur le Theatre il viendront comparoistre.
Ainsi estoit de ceste gent nouuelle.
Cadmus eut peur de leur mine rebelle
Et accouroit aux armes vistement,

Mais

Metamorphose d'Ouide.

Mais l'un du peuple yſſu nouuellement
Et né de terre, a Cadmus ainſi crye,
Ne pren pour nous les armes ie te prie,
Et ne reçoy aucune affection
De demeſler noſtre diſſention.
Ainſi diſant, il meet a mort cruelle
L'un de la bande, & troupe fraternelle,
Et ayant mis celluy a dure Mort,
En peu de temps luy meſme il tombe mort.
De mettre a Mort l'un l'autre s'eſuertue,
Toute la troupe en brief eſt abbatue.
Et ayants heu vie courte & amere
Sont touts ſanglants ſur la Terre leur mere,
Cinq exceptez, par la voix de Minerue
Qui paix & foy leur ordonne & conſerue:
L'un de ces cinq Echion fut nommé.
Cadmus le fils d'Agenor renommé,
Pour compagnons loyaulx prendre les va,
Et auecques eux Thebes il eleua,
En enſuiuant Phebus & ſon augure
Qui a predict toute ceſte aduenture.
   Deſia eſtoit de Thebes la Cité
Hault erigée en grand felicité,
Et ia Cadmus en ſes biens plantureux,
De ſon exil s'eſtimoit bien heureux,
Et fortuné d'auoir en mariage
Femme de grand & diuin parentage,
Fille de Mars, & de Venus la belle,
Et bien heureux d'auoir de race telle
Grand quantité de filles & enfants,

Cadmus edifica- teur de Thebes.

b   Nepueu

Le iij: liure de la

Cadmus auoit couleur, & voix perdue,
Et de la peur qui luy faict tel meschef
Tous les cheueux luy sont dressez au chef.
Adonc Pallas a qui science est deue
Pour l'asseurer du Ciel est descendue,
Luy commandant de labourer la Terre,
Et du Serpent semer les dents bel erre.
En luy disant quil doibt certain tenir
Que de ses dents vn peuple doibt venir.

Des dēts du Ser-pēt semé es par Cadmus naissent hōmes armez.

Cadmus aux dicts de Pallas obtempere,
Et va semer les dents de la vipere.
La Terre adonc commence a se mouuoir,
Et (dont il fault plus de merueille auoir)
Des dents qui sont premierement semées
Bandes sortoient de piques bien armées,
Puis d'armetz painctz qui sont apparoissants
Se vont couurir leurs chefz, forts & puissants
Leurs estomacz, & leurs dos sont couuerts,
Et en leurs mains viennent bastons diuers,
Bref de la Terre auec les dents germée
Il va sortir vne cruelle armée,
Ainsi qu'on voit qu'au Theatres tendus
Auant que soient les ioueurs entendus,
Premierement trompetes sonneront,
Et les ioueurs quelques mines feront.
Puis peu a peu faisants tout apparoistre,
Sur le Theatre il viendront comparoistre.
Ainsi estoit de ceste gent nouuelle.
Cadmus eut peur de leur mine rebelle
Et accouroit aux armes vistement.

Mais

Metamorphose d'Ouide.

Mais l'un du peuple yſſu nouuellement
Et né de terre, a Cadmus ainſi crye,
Ne pren pour nous les armes ie te prie,
Et ne reçoy aucune affection
De demeſler noſtre diſſention,
Ainſi diſant, il met à mort cruelle
L'un de la bande, & troupe fraternelle,
Et ayant mis celluy a dure Mort,
En peu de temps luy meſme il tombe mort.
De mettre à Mort l'un l'autre s'eſuertue,
Toute la troupe en brief eſt abbatue.
Et ayants beu vie courte & amere
Sont tous ſanglants ſur la Terre leur mere,
Cinq exceptez, par la voix de Minerue
Qui paix & foy leur ordonne & conſerue:
L'un de ces cinq Echion fut nommé.
Cadmus le fils d'Agenor renommé,
Pour compagnons loyaulx prendre les va,
Et auecques eux Thebes il eleua,
En enſuiuant Phebus & ſon augure
Qui a predict toute ceſte aduenture.
 Deſia eſtoit de Thebes la Cité
Hault erigée en grand felicité,
Et ia Cadmus en ſes biens plantureux,
De ſon exil s'eſtimoit bien heureux,
Et fortuné d'auoir en mariage
Femme de grand & diuin parentage,
Fille de Mars, & de Venus la belle,
Et bien heureux d'auoir de race telle
Grand quantité de filles & enfants,

     Cadmus
     edifica-
     teur de
     Thebes.

b   Nepueux

Nepueux aussi ieunes, & triumphants.
Mais le grant heur que priser il conuient
A mortel homme auant sa Mort ne vient.
Car il ne peult auoir soulas qui dure
Sinon apres derniere sepulture.
De ce tu as congnissance, ô Cadmus,
Car de douleur tes sens furent esmus,
Quant ton nepueu, pour qui fort tu endures,
Reçoit aux boys d'un Cerf les cornes dures,
Et quand ses chiens cruellement vont paistre,
Et se saouller dans le sang de leur maistre:
Mais si de pres ton iugement s'informe
Comme Acteon perdit l'humaine forme,
Aucun forfaict en luy ne trouueras,
Mais tout le crime au malheur donneras.

Acteon
nepueu
de Cadmus.

Cest Acteon encores ieune d'aage
Chassoit vn iour mainte beste sauluage
Dessus vn mont, & ia son enteprise
Se contentoit de mainte beste prise.
Et ia le iour estoit en sa moytié
Quand d'une voix remplie d'amytié
Il appella ses compagnons de chasse,
Dont vn chascun pareil butin pourchasse,
Si leur a dict: O mes plus chers amys.
Ce iour assez de guain nous a permis,
Puis la chaleur qui ia la Terre fend
De plus chasser auiourdhuy nous defend,
Noz retz sont pleins de sauluagine fresche,
Intermettons iauelot, dart, & flesche,
Puis quant verrons que la claire Aurora

Metamorphose d'Ouide.

Au point du iour la nuict chaſſée aura,
Plus allegez icy nous reuiendrons,
Et le labeur intermis reprendrons.
  Lors que la fin a ces propos fut miſe
Par Acteon, la chaſſe fut remiſe.
Or en ces lieux vne vallée eſtoit
Qui pluſieurs Pins, & haults Cyprés portoit,
Et de ſon nom s'appelloit Gargaphie,
Ou Diana (ainſi qu'on certifie)
Souuent alloit ayant ſa trouſſe ceincte
Pour s'y eſbatre auec ſa Troupe ſaincte,
Vne cauerne eſtoit en la vallée
De l'œil des gents, & chemin recullée,
Lieu vmbrageux, delectable, excellant,
Non point baſti par homme vigilant,
Non point conſtruict, d'induſtrieuſe cure,
Mais ſeulement de lengin de nature,
Tenant d'un arc la forme bien nayue,
Enraciné de mainte pierre viue,
Bref il ne ſent ſon artifice humain,
Vn clair ruiſſeau bruit a la dextre main,
Et tout autour de leau claire & bruiante
On voit tapis de l'herbe verdoyante.
En ce ruiſſeau Diane ſe bagnoit,
Quand le trauail de chaſſe la gangnoit.
La elle vient, & ſa troupe loyalle,
Pour y lauer ſa forme virginalle,
Des Nimphes l'une empoigne le carquoys
De ſa maiſtreſſe, auec ſon arc turquoys,
L'autre tira le manteau de ſur elle

Lavallée Gargaphie.

L'aduanture du chaſſeur Acteon.

b ij   Deux

Deux autres sont a deschausser la belle,
Et Crocalé trousse de toutes parts
Ses blonds cheueux dessus son col espars,
Nyphé, Rhanis, Psecas, & Phialé
Puysent de leau auecques Hialé.
 Quand Diana vierge saincte & haultaine,
Lauoit ainsi son corps en la fontaine,
Comme vouloit la fortune volage,
Acteon vint par l'incogneu passage
De la forest, voire iusques aux lieux
Ou se bagnoient les Nymphes aux beaulx yeulx,
Qui en voyant l'homme qui les a veues
De grand douleur n'ont esté despourueues,
Ains de leurs cris, & lamentables voix
Ont faict soubdain resonner tout le boys,
Et beaucoup plus de grief torment se donnent
Pour leurs maistresse, & subit l'enuironnent.
Mais c'est en vain, car elle estoit plus grande
De tout le chef, que Nymphe de la bande,
Dont son clair tinct par honteuse douleur
S'entremesla de semblable couleur
Dont nous voyons les nues estre teinctes,
Quand elles sont du chauld Soleil atteinctes,
Semblablement telle couleur elle ha
Que nous voyons a la rouge Aurora,
Diane estant honteuse du meschef
Honteusement va destourner son chef,
Et tout ainsi qu'auoir elle soubhete
Pour se venger, son arc, & sa sagette
De mesme cueur de leau elle puysa,
     Et d'Acteon

Et d'Acteon le visage arrousa,
Puis luy a dict d'une voix aigre & dure
Vn tel propos, ou gist sa mort future,
Soit maintenant par toy propos tenu
Que de Diane as veu le corps tout nud,
Si a aucun le peulx faire sçauoir
Contente suis qu'en faces ton debuoir.
Des que Diane eut mis fin a son dire,
Pour demonstrer contre Acteon son ire,
Dessus son chef cornes de Cerf rengea,
Son col aussi grandement allongea,
Des deux coustez luy haulsa les aureilles,
Si qu'un vray Cerf les ha toutes pareilles!
Deux piedz de Cerf deuiennent ses deux mains,
Deux mesmes piedz sont faicts ses piedz humains,
Vn chascun bras longue iambe deuient,
A tout le corps le poil espais suruient,
Bref tout se change en son corps sans demeure,
Fors la raison qui en son sens demeure,
Auec cela se mesle peur subite,
En tel meschef Acteon prent la fuyte,
Et de se voir courir si vistement
Au cueur luy vint grand esbahyssement,
Puis quand il vid ses deux cornes en l'eau,
Et tout son corps mué en corps nouueau,
Il voulut dire, ô moy trop miserable.
Mais pour le dire il n'eut voix fauorable,
Pour toute voix bien fort il souspira,
Et de ses yeulx non plus humains plora,
Que fera il d'aigreur si desloyalle?

Acteon mué en Cerf.

b iij   Doibt

Doibt il reuoir sa demeure royalle,
Ou se cacher en forest vmbrageuse.
De l'un il ha honte trop oultrageuse,
De l'autre il est trop doubteux & craintif.
Pendant qu'ainsi songe le Cerf plaintif,
Ses chiens l'ont veu, Melampe le premier

Les chiēs d'Actéō. Iette sur luy son aboy coustumier,
D'Ichnobates aussi la voix s'esclate.
Oyant crier Melampe né de Sparte,
Les autres chiens se mettent en auant,
Et vont courir royde comme le vent.
Pamphale prent course non resfroydie,
Et Oribase aussi, chiens d'Arcadie,
Dorcée auec, Nebrophonos aussi,
Lelaps, Theron n'ont pas moindre soucy,
Et Pterelas d'agilité soubdaine,
Auec Agré qui court a longue alaine.
Hylée aussi le chien aspre a couru
N'a pas long temps par vn Sanglier feru,
Auec Napé qu'un loup conceue auoit,
Et Pœmenis qui les troupeaux suyuoit,
Harpye aussi a la course bien née
De deux leurons legers accompagnée,
Lagon, Dromas, le Tigre, Alcé auec,
Et canaché, Sticté courent illec,
Le noir Asbole, auec le blanc Leucon,
Le chien Thous, Aello, & Lacon,
Et Lycisca du lieu de Cypre né
D'un chien pareil de race acompagné,
Et Harpalos roidement chemin tranche

Tout

Metamorphose d'Ouide.

Tout noir, sil neust au front la marque blanche,
Semblablement le chien dict Melanée
Auec Lachné de poil herissonnée.
Agriodos, & Labros chiens legers,
Sortis de pere & de mere estrangers,
Le pere yssu de Crete terre bonne,
La mere estoit chienne Lacedemonne.
Et Hylactor le chien de course drue
Qui aboyoit de voix aigre & ague,
Et autres maints, dont les noms icy mettre
Ce ne seroit que le compte remettre.
Tous ces chiens la par vallée & rocher,
Et par les lieux malaisez d'aprocher,
Par maint buysson, & boucage champaistre,
Suiuent le Cerf, qui fut iadis leur maistre,
Qui a present fuyt aux boys vmbrageux
Ausquelz iadis d'un cueur fort courageux
Il suyuoit Cerfz, & autre beste mainte,
De ses seruants, las, ores il ha craincte,
Quant il veult dire, & leur estre enseigneur
Quil est au vray Acteon leur seigneur
La voix default au desir raisonnable,
Pour approuuer la chose veritable.
Adonc ses chiens de leurs crys & aboys
Font retentir l'Air serein, & les boys.
Melanchetes chien de legereté
Premier sa dent sur le Cerf a getté.
Theridamas, & Oresitophus
Mordent l'espaule au Cerf triste & confus,
Bien tard partis, mais fort aduancez, pource

La mort
d'Acteō.
deuoré p
ses chiēs

b iiij Que

Que le hault mont precipitoit leur course,
Le demourant de la troupe nommée
Dessus son corps ha la dent animée,
Si qu'ilz l'ont mys desia en un tel ordre
Qu'il ny a plus sur luy place pour mordre,
Alors il iette un cry en gemissant,
Non pas un cry humain apparoissant,
Mais tel qu'un Cerf n'auroit garde de faire
Quand les chiens sont sur luy pour le defaire
Et de ce cry, & plaincte desolée
Acteon feit trembler mont & vallée,
Puis par ses chiens renuersé à genoulx,
(Qui de leurs dents sa mort pourchassent tous)
Il semble aduis qu'usant d'humble requeste,
Au lieu des bras tend sa muete teste,
Ses compagnons sa fortune ignorants
Sont contre luy les chiens fiers attirants,
Et ça & la, un chascun d'eux regarde
Pour voir celluy qui de venir n'a garde,
Comme s'il fust absent, a cors, & son,
Leur cry estoit Acteon, Acteon,
Un grand soucy leur donne son absence,
Aduis leur est que par sa negligence
Il perd lesbat de la presente proye,
Mais d'estre absent ce seroit grande ioye
A Acteon, plein de tristesses mornes,
Qui est present, & trahi par ses cornes.
Bien vouldroit voir par ses chiens pris le Cerf,
Mais qu'il ne fust par eux captif & serf:
Ses chiens felons de toutes parts l'assaillent,
                                    Et iusq

Et iusq au cueur le defcirent, & taillent,
Mettants leur maiftre a mort cruelle & dure
Pource qu'il ha d'un faulx Cerf la figure,
Parquoy fa mort non fans maints mortelz coups,
De Diana appaife le courroux.

    La renommée en maints lieux efpandue
De cefte mort, eft doubteufe rendue.
Les vns ont dict que trop de cruaulté
Contre Acteon en Diane a efté,
Les vns ont dict ce faict eftre louable,
Et a rigueur de vierge conuenable.
Des deux couftez, grandes raifons fe treuuent,
Et les raifons differemment fe preuuent.
Iuno pourtant de cest encombrement
En a receu, ioye et allegement,
N'ayant encor faoulée fon enuye
De fe venger, pour Europe rauie,
Dont le courroux qu'elle eut pour Europa
Contre les hoirs d'Agenor vfurpa.
A tel courroux & antique querele
Ioindre elle va caufe d'aigreur nouuelle,
Pour Semelé, dont Cadmus pere eftoit,
Et ce dont plus Iuno fe tormentoit,
C'eft qu'elle fceut Semelé eftre enceinte
Par Iuppiter, lors en fureur non fainête
Vn tel propos elle commence a dire.
Que m'a feruí tant de foys ma iufte ire?
Tu en perdras la vie, ou Semelé,
Et tout l'efpoir ou ton cueur s'eft meflé,
On congnoiftra, fi fuis en ceft endroit

La vengence de Iuno cōtre Semelé fille de Cadmus amye de Iuppiter

La grand Iuno, ou si i'ay aucun droict
Du sceptre ioinct a puissance royalle,
Et si ie suis seur, & femme loyalle,
De Iuppiter, &, qui plus me tormente,
Elle n'est pas de ses plaisirs contente,
Mais pour tousiours accroistre son delict,
Et pour plus fort contaminer mon lict,
Le ventre plein publie & manifeste
Son ord peché, & amour deshonneste,
De Iuppiter voulant fruict conceuoir,
Ce qu'a grant peine il m'est permis d'auoir,
Mais follement elle se glorifie
En sa beaulté, & trop elle s'y fie.
Du Dieu Saturne ores ne soys ie née,
Ne des honneurs d'une Royne exornée,
S'elle ne meurt (pour plus ne m'irriter)
En embrassant son amy Iuppiter.
Telle cholere en son cueur retenue,
Iuno descend par une espaisse nue
Du hault manoir, & aux lieux elle va
Ou Semelé bien a son gré trouua.
Lors Iuno s'est en vieille conuertie
Vn peu auant la nue departie,
Les cheueux blancs auoit de toute parts
Mal accoustrez, sur ses tamples espars,
Ridée estoit, & faisoit le semblant
De cheminer en pas courbe & tremblant,
Bref elle semble en forme, & voix propice
A Beroé de Semelé nourrice.
En tel habit Iuno dissimulée,

Tient

Metamorphose d'Ouide.

Tient Semelé doulcement accollée,
Qui en tenant propos soulacieux
Du faict d'amours, & fruict delicieux
En ses amours de Iuppiter se vente,
Et a Iuno tout son secret esuenté,
Iuno, qui fainct de souspirer, luy dict,
Las ie vouldroys te voir en ce credit,
Et que pour vray tu fusses si heureuse
Que Iuppiter te print pour amoureuse.
Ie crains danger, car soubs diuinité,
Maints ont pollu le lict de chasteté,
Encor posé que c'est Iuppiter mesme
Qui sent pour toy vne chaleur extreme,
Cela n'est rien, pour plus vray tesmoignage
Demande luy d'amours le certain gage.
Demande luy l'esbat resiouyssant,
Tel comme il va sa Iuno embrassant.
De tel propos la fille de Cadmus
Par ignorance eut les desirs esmus
A son amy faire telle priere.
Iuppiter vient a heure coustumiere,
Et Semelé, sans luy nommer le don
Dont elle veult l'octroy or l'abandon,
Luy dict, ô Dieu plain de misericorde
Ie te supply qu' vn don ton veuil m'accorde.
Lors Iuppiter luy dist, d'amours surpris,
Choysi le don en ton desir compris,
Tu ne fauldras de moy a l'obtenir,
Et pour plus fort certaine t'en tenir,
Ie le promettz par Styx fleuue au bas lieux,

C'est

C'est le serment fort redoubté des Dieux.
D'un tel octroy ioyeuse, lignorante
De son peril, & sa mort apparente.
Luy dist ainsi par curieux soucy,

La re-
queste
de Seme
lé faicte
a Iuppi-
ter.

Ie te supply de m'embrasser ainsi,
En tel pouuoir, & en figure telle
Comme Iuno, quand tu veulx iouyr d'elle.
Quand Iuppiter son amye entendit,
Clorre sa bouche adonc il pretendit,
Mais ia yssue en estoit la parolle,
Dont en son cueur grandement se desole,
Car il ne peult reuoquer son serment,
Ne Semelé son incongneu torment.
Donc ce grand Dieu de douleur surmonté,
Droit au plus hault des Astres est monté,
Puis il reuint enueloupé des nues,
Ou il mesla emotions menues
De gresle, auec tonnerre espouuentable,
Semblablement la fouldre ineuitable,
Et toutesoys de la fouldre la force
De son pouuoir affoiblir il s'efforce,
Et point n'usa de ces feux inhumains
Dont il chassa Typhoe ayant cent mains,
Car ceste fouldre ha le pouuoir trop fort,
Vne autre fouldre y a de moindre esfort,
Qui par la main de Ciclopes s'enflammes,
Et n'a pas tant de fureur en sa flamme.
Auec ce feu qui est moins vigoureux
Que le plus grand, Iuppiter amoureux
De Semelé, se va ioindre auec elle,

Mais

Metamorphose d'Ouide.

Mais Semelé, pource qu'elle est mortelle,
Ne peult souffrir ainsi pres de ses yeulx
Vn si grant bruit, & tonnerre des Cieulx,
Parquoy soubdain la trop ignare garse
De sa demande amoureuse fut arse.
Adonc l'enfant que Semelé portoit
Fut tiré hors du ventre ou il estoit,
Et fut nourry en la cuisse du pere
Ne plus ne moins qu'au ventre de la mere,
Iusques au temps, & iour de sa naissance.
L'enfant nourry en sa premiere enfance
Fut par sa tante Ino secretement.
Puis alaicté il fut songneusement
Du nouueau laict des Nymphes Nyseides.
 Pendant ce cours ou par diuins subsides
On nourrissoit Bacchus a deux foys né,
On dit qu'un iour Iuppiter adonné
A ieux, & ris auecques son espouse,
Vn tel propos apres mainte autre chose
Dist a Iuno: Ie dy certainement
Qu'au ieu d'amours, & proche attouchement,
La femme ha plus que l'homme, de plaisir.
Opinion contraire va saisir
Dame Iuno, du different tumulte,
Tiresias homme sage on consulte,
Qui parauant que femme auoit esté
En pouuoit bien dire la verité.
Si vous diray comme estoit deuenu
Femme, & depuis en homme reuenu.
Vn iour aduint passant par vn boys sombre,

La mort de Semelé.

La naissance de Bacchus fils de Iuppiter & de Semelé.

Que

Le iij. liure de la

Tirelias le deuin mué en femme, & depuis reprint forme virile. Iuge delegué au ioyeux different de Iuppiter, & Iuno.

Que deux serpents il apperceut en l'umbre,
Par feu d'amours l'un sur l'autre assemblez,
Lors d'un baston les a desassemblez.
Mais cela faict il perd virile forme,
Et en pourtraict femenin se transforme.
Et par sept ans changé ce sexe il n'a,
Ce temps fini, en ce lieu retourna,
Et voit encor ces deux serpents ensemble,
Il fault (dist il) que ie vous desassemble,
Pour esprouuer si en ceste maniere
Ie reprendray ma nature premiere.
Ainsi disant, les serpents il depart,
Et d'auec luy sexe femenin part,
En reprenant sa forme naturelle.
Dont pour vuyder la ioyeuse querele
De Iuppiter, & Iuno la Déesse,
A Iuppiter le bon droict il addresse,
Disant la femme au plaisir recité,
Trop plus que l'homme auoir de volupté,
Parquoy Iuno vn peu trop aigrement
Vengence print pour vn tel iugement,
Et de rigueur trop amere pourueue

Tiresias aueuglé par Iuno

Au iuge sien elle esfaça la veue,
Mais Iuppiter le pere tout puissant,
Des yeulx perdus l'eust rendu iouyssant
S'il eust esté à vn Dieu necessaire
D'un autre Dieu aucun acte refaire:
Et neantmoins pour appaiser son deuil,
Pour l'interest de perdre chascun oeil,
Il luy donna le pouuoir & augure

Metamorphose d'Ouide.

De deuiner toute chose future.
Tiresias eut louange famée
Par mainte ville en Grece renommée,
Car il disoit a creature toute
Cas aduenir, sans en faire aucun doubte.
Liriopé donnant foy a ses dicts
Alla vers luy, de Cephisus iadis
Liriopé en ses eaux fut rauie,
Duquel conceut vn enfant qui eut vie,
Digne d'aymer, car beau estoit dessus
Tout autre enfant, & fut dict Narcissus,
La Nymphe donc a ce Deuin demande
Si son enfant viendroit en aage grande
Ouy (dist il) s'il ne voit son visage.
L'opinion de ce Deuin tres sage,
Fut longuement pour vaine maintenue,
Finablement veritable tenue.
Veu que sa mort telle & semblable vint.
Ce Narcissus des ans n'auoit que vingt,
Et vn auec, pour sa beauté supreme
Nymphes l'aymoient d'une chaleur extreme,
Mais sa beauté d'orgueil l'auoit tant pris
Que toute amour il tenoit a mespris.

  Vn iour la Nymphe Echo vid a la chasse
Ce Narcissus, qui Cerfz crainctifz pourchasse,
Et ceste Echo (qui rien n'est plus que voix)
Aloit suiuant Narcissus par les boys.
Mais en ce temps n'auoit autre langage,
Que cil duquel ores elle ha l'usage,
N'ayant pouuoir de dire ou inuenter

La naissance de Narcissus qui debuoit mourir de sa beaulté.

La Nymphe Echo amoureuse de Narcissus.

Aucun propos, mais bien de repeter
Le dernier mot de parolle aduancée,
Et par la voix d'un autre commencée.
Premierement toutefoys elle auoit
Entiere voix, & bien parler sçauoit,
Mais par Iuno sa voix fut abregée,
Car bien souuent que Iuno s'est rengée
Aux boys, pour voir Iuppiter son amy
Entre les bras des Nymphes endormy.
Echo alors par sa voix longue & sage
Tant arrestoit la Déesse au passage,
Qu'apres l'esbat de l'amoureux plaisir,
Nymphes auoient d'eschapper bon loysir.
Or quant Iuno vid ceste deceuance,
Ie t'osteray (dist elle) la puissance
De ceste voix, qui m'a faict desoler,
En t'abregeant l'usage de parler.
Ce qui fut faict, mais pouuoir encor ha
De quelque voix, qui lors luy demoura,
Car elle faict resonnante response
Au dernier mot des choses qu'on prononce.
Donc quant Echo vid par le boys courir
Ce ieune enfant, amour la va ferir
Pour sa beauté, & excellente grace,
Dont elle suyt Narcissus a la trace,
Tant plus le suyt, tant plus son cueur s'enflamme
De la vigueur de plus prochaine flamme,
Ainsi qu'est pris le feu non separé
Du souffre vif aux torches preparé.
O que souuent elle voulut luy dire

Metamorphose d'Ouide.

Sa paßion, & amoureux martyre,
Et l'attirer par doulx blandißement
A supporter son amoureux torment?
Mais sa nature est hors de ce pouuoir,
Elle ne peult commencement auoir
D'aucuns propos, ains luy conuient attendre
La voix d'autruy, pour voix semblable rendre.
Or ce pendant par les sentiers vrgents
Narcißus fut esgaré de ses gents,
Si va cryer haultement, qui est la?
Echo disoit semblablement cela.
Il s'esbahit de la voix entendue,
Puis quand sa veue est par tout estendue.
Vien t'en (dist il) toy que i'entends icy.
La Nymphe Echo vien t'en, disoit außi.
Lors Narcißus va retourner le chef,
Mais rien ne voit, dont il dist de rechef,
Pourquoy me fuys? & Echo va respondre
Pourquoy me fuys? mais il ne voit que l'umbre.
Dont luy deceu de sa voix reciproque,
Va dire encor, d'ire qui le prouoque,
Aßemblons nous, a ce mot agreable
Echo luy va respondre le semblable.
Et comme luy disoit aßemblons nous
Deßoubs espoir d'auoir plaisir plus doulx,
Sort hors du boys pour Narcißus attendre,
Et ses deux bras deßus son col estendre.
Ce qu'elle feit, mais tel embraßement
Fuyt Narcißus, & court legierement.
Plus tost (dist il) de male mort ie meure,

Le iij. liure de la

Que le plaisir de mon corps te demeure.
Adonc Echo rien ne luy respondit
Sinon le mot dernier qu'elle entendit,
Et grandement de ce refus faschée,
Elle est aux boys honteusement cachée,
En se couurant de feuilles & rameaux,
Dont elle vit, mais pour les yeulx tant beaux
De Narcissus, ses amours ne descroissent,
Ains par douleur du refus tousiours croissent,
Et le soucy grand & insuperable
Oste la force a son corps miserable,
Elle amaigrist, son corps perd sa sustence,
La seule voix faict en elle assistence.

Echo muée en voix.

Quant a ses os, ilz changent de nature,
Et sont muez en mainte pierre dure.
Depuis ce temps aux boys elle se cache,
Et d'habiter les montaignes ne tasche,
Mais en tous lieux ou son seiour s'estend,
Qui ne la voit, pour le moins il l'entend.
Ainsi sentoit l'amoureuse estincelle
Pour Narcissus mainte Nymphe & pucelle,
Tant celles la qui les monts habitoient,
Que celles la qui des fleuues estoient,
Mais se fiant en sa grande beaulté,
Il leur ostoit d'amours la priuaulté,
Lors vne Nymphe estant vilipendée
Par Narcissus, & d'amours defraudée,
Tendit au Ciel les mains, & puis va dire,
Ainsi soit il pris de mesme martyre,
Ainsi soit il amoureux sans iouyr,

Metamorphose d'Ouide.

Et en cela vien moy fortune ouyr.
A ce propos la muable fortune
Va consentir, par raison opportune.
　Vne fontaine il y eut sans ordure,
Et sans limon comme argent nette & pure,
Non rencontrée encor des pastoureaux,
Ne des brebis qui sont en leurs troupeaux,
Chieures cherchants aux montaignes pasture,
Ne sçauoient pas ceste vnde aux doulx murmure,
Feuille, ou rameau que choir de l'arbre on voit,
Troublée encor ceste eau claire n'auoit,
Oyseaux du Ciel, & animaux sauluages
Encor venus n'estoient en ces riuages
Tout a lentour de ceste eau qui resonne,
D'humidité l'herbe croist, & fleuronne,
Et la feuilleue, & vmbreuse forest
Garde le chauld Soleil d'y faire arrest:
Au lieu susdict pour vn peu reposer,
Et le trauail de la chasse appaiser
Vient Narcissus, & quand il veult estaindre
La dure soif qui le venoit attaindre,
Vne autre soif plus extreme luy croist,
Car en buuant son image apparoist,
Et a aymer il mect son esperance
Cela, qui n'est qu'une faincte apparence:
Il cuide au vray que l'vmbre soit vn corps,
Ayant les yeulx immuables alors,
Il s'esbahist, & tel arrest il faict.
Comme vn ouurage estant de marbre faict.
Toute stendu il contemple ses yeulx,

Narciss°
amou-
reux de
luy mes-
mes.

c ij　Clairs

Clairs comme sont deux estoilles des Cieulx,
Il voit ses doigts de Bacchus non indignes,
Et ses cheueux du blond Phebus bien dignes.
Ses Ioues voit, & son menton forcheu
Sur qui le poil encores n'est escheu,
Il voit son col, si blanc, & poly, voire
Qu'on ingeroit que c'est du pur yuoire,
Il voit sa bouche ou vermeille couleur
A sa blancheur donne lustre & valeur,
Finablement du tout il s'esmerueille,
Pour sa beaulté excellente a merueille.
Comme imprudent luy mesme il se desyre,
Et pour l'amour de luymesme souspire.
Le reclamant il est, & reclamé,
Et par luymesme est son feu allumé.
O que souuent de sa riante face
Il veult baiser l'eau pleine de fallace?
O que souuent au milieu de ces eaux
Il a getté ses bras tant blancs, & beaulx
Pour embrasser de son col la figure,
Qui apparoist en l'unde qui murmure?
Mais quand ainsi il en veult approcher
Il ne peult rien que son vmbre toucher,
Il ne sçait pas qu'il voit certainement,
Mais ce qu'il voit le brusle incessamment,
Et par fallace à ses yeulx apperceue
Sa pensée est abusée, & deceue,
O Narcissus trop de leger croyant,
Pourquoy suis tu simulacre fuyant?
Ce que tu quiers c'est chose trop debile,

Metamorphose d'Ouide.

Las ce n'est rien que ton vmbre mobile.
Ceste vmbre la, certes, n'a rien de soy,
Elle te suyt, & demeure auec toy,
Et auec toy s'en ira sans doubtance
Si de partir tu as ceste puissance.
Sur l'herbe fresche est Narcissus couché,
Et longuement d'y estre n'est fasché,
D'aucun sommeil soucy ne le tient pas,
Ne de nourrir son corps d'aucun repas,
Ains sans cesser d'un oeil insatiable
Il voit en l'eau sa forme deceuable,
Et par ses yeulx clairs & estincellants
Il brusle & ard, tant ses yeulx sont bruslants.
Puis se leuant vn peu de ceste Plaine,   La plain-
Il tend les bras vers la forest prochaine,   &te de
Disant ainsi: O forestz vmbrageuses   Narciss.
Qui souffrit onc peines si oultrageuses
Au train d'amours? qui plus cruel esmoy
Peult endurer, prenant exemple a moy?
Vous scauez bien cela, boys vmbrageux,
Car a plusieurs aux veneriques ieux
Auez esté la cachete opportune,
Fauorisants au gré de leur fortune.
O boys espais depuis qu'estes plantez
Par si long ans, & siecles bien comptez,
Vous souuient il d'auoir veu vn amant
Souffrir au cueur vn si cruel torment?
Las, ce que i'ayme est aupres de ma veue,
Mais ma main n'est d'atouchement pourueue.
Ce que ie voy (las) trouuer ie ne puis,

c iij   Tant

Tant aueuglé en mes amours ie suis,
Et ce qui plus de torment me prepare,
A l'approcher la Mer ne nous separe,
Voye,ou montagne,ou porte qui soit close,
Ou ville estant de murailles enclose,
Mais seulement le cours de petite eau.
Et regardant ce visage tant beau,
Autant de foys que mon baiser est proche
Il semble aduis qu'au pareil il approche,
Si qu'on diroit tant prochaine sa bouche
Que peu s'en fault que la mienne ny touche.
O qu'vn bien peu m'est obstacle a noz vœux?
Puis ie luy dy, vien a moy si tu veulx,
Visage beau duquel ie suis espris,
Pourquoy mectz tu mon amour a vil pris?
Pourquoy fuys tu en grand mobilité,
Celluy qui t'ayme en grand fidelité?
Certainement i'ay beaulté conuenable,
Et l'aage aussi qui me peult rendre aymable.
Toute autre Nymphe ay en contennement,
Pour te seruir & aymer seulement.
Las tu me mectz par ton riant visage
Ie ne scay quoy d'esperance au courage,
Car quand mes bras dessus toy sont tendus
Pour m'embrasser les tiens sont estendus,
Tu ris aussi quand ie me prend a rire,
Pareillement si ie plore, & souspire
Ie t'apperçoy espandre larmes d'œil,
Et m'est aduis que fais semblable deuil,
Mais ie congnoys en ma pensée esmeue

Metamorphose d'Ouide.

Au mouuement qui ta bouche remue,
Que ie ne puis ouyr ce que tu dys:
Dont i'apperçoy sans plus de contredicts,
Que celluy suis que l'eau claire reçoit,
Et mon image ores ne me deçoit,
De mon amour moymesme ie m'enflamme,
Moymesme suis mon brandon & ma flamme.
Que fera donc cest amant langoureux?
Priant seray ie au pourchas amoureux,
Ou le requis? mais de quelle requeste
Pourray ie vser en l'amoureuse queste?
Ce que ie quiers, en moy certes, abonde,
De mon bien suis le plus pauure du monde.
O que ie peusse estre loing de mon corps,
Et ce que i'ayme eust separez accords.
Desia douleur qui son ire renforce,
Diminuant va de mon corps la force.
Aux ieunes ans ie suis pres d'assoupir,
Ie ne suis loing de mon dernier souspir,
Et ne m'est grief si la Mort se transporte
Pour m'assoupir, veu le mal que ie porte,
Mais ie vouldroys bien voir plus longue vie
A cil, qui a ma pensée asseruie
Helas tous deux longuement ne viurons,
Ains d'un accord en vne ame mourrons.
Ainsi disoit l'amant ia furieux,
L'eau se troubla des larmes de ses yeulx,
Dont plus ne voit en l'eau trouble & obscure
Sa trop plaisante, & belle pourtraicture,
Dont il s'escrie, ô face trop rebelle

c iiij   Pourquoy

Pourquoy fuys tu? aumoins permectz, cruelle,
Que de mes yeulx, cela ie puisse voir,
Que de toucher ie n'ay pas le pouuoir,
Si que donner ie puisse nourriture
A mon amour, ou gist triste aduanture.
A ces propos sa poictrine il desnue,
Frappant des mains sur sa chair tendre & nue,
Et en frappant ainsi sa chair tendrette,
La chair en prent la couleur vermeillette,
Ainsi qu'on voit que pommes sur les branches
Sont d'un costé rouges, & d'autre blanches,
Ou tout ainsi que la couleur qui poingt
Rasins, qui meurs encores ne sont point.
Quand Narcissus se vid si triste en l'unde,
(Qui ia estoit rendue claire, & munde)
Vigueur luy fault, toute sa force expire,
Ainsi que fond auprès du feu la cire,
Ou comme on voit qu'au matin descendue
La rousée est par le Soleil fondue.
Ainsi est il de cest amant fasché,
Qui perd vertu dessoubz vn feu caché,
Desia en luy couleur ne se presente,
Toute vigueur d'auecques luy s'absente.
Et le beau corps par Echo tant aymé
N'est plus celluy, tant il est disamé,
Et neantmoins sur luy getta sa veue
Quoy qu'elle fust de iuste dueil pourueue,
Pour le refus de l'amoureux soulas:
Autant de foys que l'enfant dict helas,
Autant de foys elle dict le semblable,

Metamorphose d'Ouide.

En respondant a son cry miserable,
Autant de foys que de coups inhumains
Ses tendres bras il frape de ses mains,
Autant de foys respond Echo la triste
Au son des bras de cil qui se contriste,
Et regardant tousiours l'eau coustumiere
L'amant vsa de ceste voix derniere.
O face adieu trop aymée en ce lieu.
Echo respond semblablement adieu.
Le pauure amant qui sent la Mort pressante
Tomba tout mort sur l'herbe verdissante,
Et aux Enfers, ou aller il debuoit,
En l'eau de Styx encores il se voit.
Il fut ploré par ses seurs les Naiades,
Semblablement par les Nymphes Dryades,
Mettants leurs crins en grand ceremonie
Dessus leur frere, ayant face ternie,
Et a leurs plainctz ouys a cause bonne
La voix d'Echo bien haultement resonne.
Desia le feu funeral s'apprestoit,
Desia aussi le tumbeau prest estoit
Pour l'inhumer, mais leur bonté humaine,
Et du tumbeau l'esperance fut vaine.
Car le beau corps arrousé de leur pleur
Fut conuerti en vne iaulne fleur,
Portant son nom, & est ceste fleur franche.
Ceinte au milieu de mainte feuille blanche,
   Tiresias ceste chose congneue
Par luy predicte auant qu'estre aduenue,
En diuers lieux augmenta son renom,

La mort de Narcissus qui fut muë en fleur de son nom.

                  Voire &

Le iij. liure de la

Voire & eut bruit dedans Thebes son nom,
Et a bon droict acquict la renommée
D'un grand Deuin par science estimée.
Mais Pentheus des haults Dieux contempteur
Filz d'Echion, de ce Diuinateur
Seul desprisoit les dicts pleins de sagesse,

La pro-
phetie
de Tire-
sias de la
mort de
Pentheu'
silz d'E-
chió yf-
su des
dents du
serpent
de Mars.

Et vrays propos de sa meure vieillesse,
Iusq'a getter propos iniurieux
Que par Iuno il fut priué des yeulx.
Tiresias, qui son blanc chef remue,
Respond alors a la parolle esmeue
De Pentheus, o qu'heureux seroys tu,
Si tu perdoys de tes yeulx la vertu,
Comme iay faict, & que point tu ne visses
Du Dieu Bacchus la feste & les seruices.
Car en bref temps le fils de Semelé
Icy viendra, Dieu Liber appellé,
Et si de luy n'honnores les autelz,
Et ses honneurs diuins, & immortelz,
En mille lieux desmembré tu seras,
Et de ton sang la terre tacheras,
Et te mettra a mort dure, & amere
Ta mere propre, & les seurs de ta mere,
Il aduiendra comme ie le deuine,
Car honnorer de louange diuine
Ce Dieu nouueau Bacchus tu ne vouldras,
Et de mes dicts trop tard tu te plaindras.
Sur ces propos Pentheus plein de rage
Va irriter du Deuin le presage,
Mais a ses dicts foy adiouster conuient,

Car tost

Metamorphose d'Ouide.

Car tost apres ce qu'il predict, aduient,
Le Dieu Bacchus vient auec melodie,
Et deuant luy on chante & psalmodie,
Si que desia resonnent boys & champs
Du bruit haultain des doulx accords & chants,
Le peuple grand de Thebes s'y assemble,
Maris y vont, & les femmes ensemble,
Pour honnorer, par incongneu office,
Du Dieu Bacchus le nouueau sacrifice.
Dont Pentheus seul contempteur des Dieux.
Au peuple dist ces mots audacieux.

 Quelle fureur estrange ou insensée
O peuple, tient ores vostre pensée,
D'ainsi priser, comme vn bien souuerain,
Fraude magique, & buccines d'airain?
Ne pensez vous a Mars, & son serpent,
Dont vostre race en tant de lieux s'espand?
Estes vous meus de ces voix femenines,
Qui comme forts belliqueurs, & insignes,
N'auez heu peur ne des glaiues trenchants,
Ne des clairons d'ennemys approchants?
Estes vous meuz de telle compagnie
De vin troublée? & qui suyt l'armonie
De tabourins? vous Anciens, helas,
Voulez vous bien estre pris en ces laqs,
Veu que du lieu de Tyre prouenus
Auez par Mer tant de maulx soustenus?
Veu qu'exilez de voz pays grant erre
Vous auez mys voz Dieux en ceste terre?
Ainsi vaincus serez, sans dessoubz Mars

La venhue du Dieu Bacchus a Thebes.

La harengue au peuple faicte par Pentheus pour empescher le sacrifice de Bacchus.

Faire

Faire bransler piques, & braquemars?
Vous ieunes gents de plus grande proesse,
Qui me suyuez de puissante ieunesse,
Considerez que sur voz chefz tant beaulx
Mal aduenants sont feuilles, & rameaulx,
Et que plus tost voz testes encor vertes
D'un fort armet doibuent estre couuertes.
Ie vous supply par requeste benigne
Souuenez vous de la fiere origine
Du fort serpent, qui tant par force feit
Que plusieurs gents luy seul il desconfit.
Prenez bon cueur, & en vostre ieune aage,
De ce serpent reprenez le courage,
Ce serpent la pour sa fontaine est mort
En combatant tousiours Iusq' a la Mort,
Vous pour l'honneur de vostre bruit defendre,
Ne voulez vous en main les armes prendre?
Ce serpent la qui tant de nom acquict,
Ceulx qui estoient hardys, & forts, vainquit,
Vous, pour en rien n'abaisser vostre gloire,
De foibles gents emportez la victoire,
Et conseruez par vn puissant effort
Le naturel du serpent fier, & fort.
Las si des Dieux la haulte prouidence,
Mettoit ainsi Thebes a decadence,
Mieulx nous vauldroit par bellique terment
De noz grands murs voir le definement,
Plus grand honneur nous seroit de voir luyre,
Glaiues, & feux, pour noz maisons destruire.
Bien est il vray que grief mal nous feroit,

MAis

Metamorphose d'Ouide.

Mais toutefoys sans crime se seroit,
Et en cela legitime douleur
Se complaindroit, sans taire son malheur.
Voire les pleurs des hommes & des femmes
Ne seroient point vergongneux, & infames,
Or ce pays maintenant est captif
Par vn enfant sans armes, & craintif,
Auquel ne plaist la guerre fouldroyante,
Ne de porter glaiues en main puissante,
Point ne luy duict monter sur fiers cheuaulx,
Pour soustenir de guerre les trauaulx,
Mais le plaisir de personne si folle
C'est de la Myrre en sa perruque molle,
Semblablement de fleurs chappeaux mollets
Entrelacez a ses cheueux moult laids,
Sur pourpre & or tyssue est sa vesture,
De couleur mainte illustrant la dorure.
Doncques laissez sa veneration,
Car i'en prendray telle punition,
Qu'il nous dira que fils de Iuppiter
Il s'est voulu faulsement reputer,
Et qu'a grand tort, & par enorme vice
Il veult d'un Dieu l'honneur, & le seruice.
Acrisius de constance eut le pli
Quant a ce Dieu de vanité rempli,
De faire honneur il ne fut incité
En luy fermant Arges sa grand cité,
Pourra donc bien ce nouueau estranger
Auec la gent de Thebes me ranger?
Allez (dist il a ses serfz, & sergents)

Allez

Allez en pas haſtifz, & diligents,
Et m'amenez ſans arreſter en place,
Les bras liez, ce Dieu plein de fallace.
 De ces propos que Pentheus tenoit,
Son ayeul lors bien fort le reprenoit,
Et Athamas de ſes prochains parents,
Et autres maints de ſa race apparents.
Mais c'eſt en vain quilz blaſment l'entrepriſe,
La cholere eſt par leurs dicts plus eſpriſe,
Par leur conſeil, & moderation
Sa rage croiſt, & male affection.
Ainſi i'ay veu plus doulx le cours d'un fleuue
De celle part ou obſtacle il ne treuue,
Mais du coſté qu'il ha empeſchement
De buſche ou pierre, il va plus roydement,
Et faiſant bruit plus grand que de couſtume
Il gettera plus de vague & eſcume.
 Quant Pentheus plein de fureur & rage
Vid de retour ſes gents, a qui la charge
Donnée eſtoit pour Bacchus arreſter,
De ne le voir ſe print a deſpiter,
Et en vſant de ſa cholere grande,
Ou il eſtoit ſoubdain il leur demande.
Nous auons faict (diſent ilz) le debuoir,
Mais rencontrer ne l'auons peu, ne voir,

Et ceſtuy

Metamorphose d'Ouide.

Et cestui cy,(sans plus)pris nous auons,
Lequel ministre estre bien nous sçauons
Du sacrifice, & seruant plus fidele
Que ce Bacchus a son seruice appelle.
Puis l'ont liuré a leur maistre inhumain,
Ayant liée, & l'une, & l'autre main.
Et cestuy la ainsi pris & raui,
Auoit iadis le Dieu Bacchus serui.
Par sacrifice en la gent Tyrrhenée
Qui comme luy a ce fut adonnée
D'un œil cruel Pentheus le regarde,
Et a grand peine en parlant il retarde
De le punir, vien ça(dist il)meschant,
Bien tost seras par la mort tresbuschant,
A celle fin que ta mort soit exemple
De voz abus,que le peuple contemple.
Mais dy ton nom premierement icy,
De ton pays,de tes parentes aussi,
Et puis pourquoy ta sottise se range
A frequenter ce sacrifice estrange,
Le prisonnier n'ayant peur,ne soucy,
A Pentheus alla respondre ainsi.
  Ia n'est besoing que mon nom ie te nye,
C'est Acetes, ma terre est Meonie,
Mes parents sont de pauure nation

De bas

Le iij. liure de la

Les raisons d'Acetes prisonnier deuãt pẽtheus, pour le sacrifice quil faisoit a Bacchus.

De bas estat, & de condition,
Du pere mien ie n'ay heu heritage
Pour ioindre beufs au ioug du labourage,
Encores moins petits troupeaux a laine,
N'autres plus grands pour repaistre en la plain.
Pauure estoit il, & prenoit les poyssons,
Auec filez, & crochus hameçons.
Et de son art l'vsage entretenu
C'estoit son bien, & tout son reuenu,
Qui en voyant que de mort il approche,
Me dist ainsi, o fils de mon sang proche,
Ores reçoy l'art & vacation
Du pere tien, pour ta succession,
C'est ma richesse, & tout le bien entier
Duquel laisser ie te puis heritier.
Ainsi mourut, dont vacation telle
Ie puis nommer richesse paternelle.
Depuis ce temps, comme les bons Nochers,
Pour frequenter tous estranges rochers,
Songneusement, & en louable estime
Des grandes naufz, iay apris le regime,
Et a noter plusieurs signes des Cieulx
Comme la Chieure en son cours pluuieux,
En congnoissant aussi bien que mes voiles,
L'ourse du ciel, les Hyades estoilles,
Semblablement des vents la demourance,
Et tous les ports ou naufs ont asseurance.
  Aduint vn iour que ma nef conduysant
Droict en Delos par vent doulx, & duisant
Sans rencontrer aucun nuysant orage,
              Au port

Metamorphose d'Ouide.

Au port de Chie arriuay sans dommage.
La ie couchay, puis quand sans nul seiour
Aurora vint rougir aut point du iour,
Premier leué, mes compagnons i'exhorte
Que de l'au doulce vn chascun d'eux apporte,
En leur monstrant le ruisseau clair & munde
Ou ilz pourroient puyser de la claire vnde,
Puis ie montay en lieu hault pour sçauoir
Si vent contraire ou bon pourrions auoir.
Dont i'appellay, voyant le temps propice,
Mes compagnons en leur deu excercice.
Nous sommes prests (Opheltes va respondre)
Qui le premier estoit de tout le nombre,
Et auec luy vn ieune enfant menoit
Qui le maintien d'une vierge tenoit,
L'ayant trouué, comme fortune octroye,
En vn desert, pensant que ce fut proye.
Cest enfant la de beauité excellant,
Sembloit de vin, & sommeil chancellant,
Et a grand peine ayant pouuoir de suyure,
Tant il sembloit a vn chascun d'estre yure.
Quand ie le vy, ie vins a espluscher
Son beau maintien, sa face, & son marcher.
Et contemplant sa contenance telle,
Ie n'apperçoy chose qui soit mortelle,
Et me voyant la verité sentir,
Mes compagnons ie vins tous aduertir,
En leur disant, ie ne suis point records
Quel Dieu il peult apparoistre en ce corps,
Mais en ce corps ie vous promectz, & iure

Bacchus mué en enfant.

d   Que

Que d'un vray Dieu apparoist la figure.
Quiconques soys donc, ô Dieu que ie prise,
A noz trauaulx par grace fauorise,
En pardonnant a ceulx la qui t'ont pris,
Leur ignorance, ou ie les voy surpris.
Dictys alors d'une parolle fiere,
Me dist, pour nous ne fais point de priere.
Ce Dictys la qui me faict telle honte
Estoit celluy qui le plus soubdain monte
Dessus le Mast, & en plus d'auantage
En descendoit tout le long du chordage.
Libys consent a son opinion,
Alcimedon est de mesme vnion,
Et le rousseau Melanthus les aduoue
Qui lors estoit gouuerneur de la Proue,
De leur conseil Epopeus estoit
Qui ordre & fin aux auirons mettoit,
Et de sa voix incitoit les courages
De ceulx, qui sont soubz mis a telz seruages.
Bref ceste troupe est toute desreiglée,
Et du desyr de la proye aueuglée,
Dont fort esmeu, & troublé de leur dire
Ie vins tout seul a leur veuil contredire,
En leur disant, ie ne vous veulx permettre
Tel larrecin en ceste nef commettre.
Car vous sçauez que i'ay la plus grand part
En ceste Nef, si bien on la depart,
Lors ie vouloys leur empescher l'entrée
Pour n'embarquer ceste proye sacrée,
Mais Lycabas le plus audacieux

Des

Metamorphose d'Ouide.

Des autres tous, se monstra furieux,
Qui par vn meurtre accusé & puni
De son pays Tuscan estoit banni.
Voyant mon bras qui empesche & defend
De faire entrer en la Nef cest enfant,
Du poing me feit oultrage si amer,
Qu'il tint à peu que ne cheut en la Mer,
Mais i'empoignay d'auanture vne chorde.
Toute la troupe à son meffaict accorde
Sans à mes dicts, & raisons donner lieu.
Lors cest enfant (qui pour vray estoit Dieu
Nommé Bacchus) faignant de s'esueiller
De son sommeil, & de s'esmerueiller.
Leur dist ainsi : las en quelle maniere
M'auez vous pris o Troupe mariniere?
Vostre clameur m'a mys en grand esmoy,
Que voulez vous, amys, faire de moy?
Lors Proreus luy dist en doulceur faincte.
Tay toy enfant, & chasse toute crainte,
Dy nous la terre ou nauiguer tu veulx,
Tu y seras conduict selon tes vœux.
En Naxe c'est, (Bacchus leur respondit)
C'est ma maison, où i'ay bien le credit
De vous loger, si ne voulez me nuyre,
Ains seurement à ce port me conduire.
Les Mariniers songeants à deceuoir,
Iurerent tous par les eaux qu'on peult voir
En la grant Mer, & par tous les haults Dieux,
Qu'ilz le rendroient en ces desyrez lieux.
Et ces propos par eux mys en auant

d ij   M'ont

M'ont commandé mettre voiles au vent,
Dont i'appliquay mes voiles à la dextre
Ou ie sçauoys l'Isle de Naxos estre.
Mais Opheltes crya tout haultement,
Que veulx tu faire, homme sans iugement?
Quelle fureur ores ton cerueau lie?
Ou nous veulx tu mener par ta follie?
Par la ie vy que ceste bande toute
De nauiguer en Naxe faisoit doubte.
Les vns de l'oeil maint signe me faisoient
D'aller à gauche, & les vns me disoient,
En murmurant aupres de mon aureille
L'intention du dol qui s'appareille.
I'eus peur adonc, & leur dy aigrement,
Ait qui vouldra tout le gouuernement
De ceste Nef, du tout ie m'en descharge,
Et du larcin, qui de crime vous charge.
De ce vouloir plein de iuste torment
Ilz m'ont blasmé tous generalement,
Entre lesquelz Ethalion s'aduance,
Estimes tu (dist il) nostre esperance
Morte par toy, quand tu nous defauldras?
Ainsi parlant, il excerce ses bras
A mon office, & le nauire tourne,
Et du chemin de Naxe nous destourne.
Adonc Bacchus va faindre sagement
D'auoir congneu leur dol nouuellement,
Dont regardant la Mer de tous coustez,
Comme ilz pensoient, tristes pleurs a gettez,
En leur disant o Mariniers volages

Metamorphose d'Ouide.

Pas ne m'auez promis qu'en ces riuages
Conduict seroys, & pour ayde & support,
Ie n'ay requis ceste terre, & ce port.
Las qu'ay ie faict pour tel mal receuoir?
Et quel honneur en pourrez vous auoir,
Si vous, gents forts, sans prouuer mon offense
Me trompez seul & encor en enfance?
Voyant les pleurs de Bacchus, ie souspire,
Mais les malings ne s'en faisoient que rire,
Et roydement les auirons poulsoient,
Et leur chemin par la Mer aduançoient.
O Pentheus ie te fais vn serment
Par ce Dieu la (car plus presentement
Possible n'est qu'vn autre Dieu i'appelle)
Que tout cela qu'ores ie te reuele
Est aduenu, & veritable autant
Qu'vn vray propos que lon va racomptant.
Donc en cuydant aduancer nostre voye,
La nef s'arreste, & demoura plus coye,
Que s'elle fust en lieu sec peruenue.
Et par default d'eau viue, retenue,
Ces Mariniers en eurent promptement
Vng grand esmoy, & esbahyssement,
Si se sont mys a leurs voiles abbatre,
Et auirons de plus grand force batre,
Voire en l'esmoy qui les incite, & trouble
Cuydoient nager auec auiron double.
Qu'aduint il lors? les auirons diuers
Vont apparoir de lierre couuerts
Qui empeschoit la force & le pouuoir

d iij   Aux

Aux avirons de leur lieu se mouuoir,
Encores plus fut ce peuple estonné
Quand de Bacchus le chef enuironné
Il apperceut de mainte branche verte,
De rasins meurs bien chargée & couuerte.
Puis leur sembloit qu'vne lance il tenoit
Que maint rameau de vigne enuironnoit,
Et que de Lyncs grand nombre l'enuironne,
Qui le regard des Mariniers estonne,
Plus ilz voyoient des Pantheres sauluages,
Tigres sembloient prochains a leurs visages,
Lors ie ne scay si peur les a rengez,
Ou bien s'ilz sont deuenus enragez.
Mais le premier (si bien i'en suis records)
Nommé Medon, eut tout courbé le corps,
Et en poisson son corps noyrci se mue

Les mariniers de Meonie muez en Daulphins.

Qui en saultant en la Mer se remue.
Quand Lycabas luy dict quel Dieu estrange
En telle forme admirable te change?
Luymesme il ha vn fort ouuert museau,
Et en parlant se courbe son naseau,
Sa cuisse aussi deuint en dure escaille.
Libys qui lors aux avirons trauaille,
Sentit ses mains plus briefues deuenir
Et d'un poysson les aisles retenir,
L'autre cuydant les chordes desmesler
Pour du secours de la nef se mesler,
N'eut plus de bras, & son corps se courba,
Et en la Mer soubdainement tomba,
Finablement ceste Troupe imbecille

Auec

Metamorphose d'Ouide.

Auec tel corps, la queue eut en faucille.
Et tout ainsi qu'on voit apparoissant
La Lune auec ses deux cornes croissant,
Ainsi muez, ilz se gettent aux vndes,
Ores plongez dessoubs les eaux profondes,
Ores ensemble ils iouent sur les eaux,
Et de Daulphins ont les ouuerts naseaux.
Pour faire brief, de vingt hommes nagueres
Ainsi muez en formes estrangeres,
Ie restoys seul, ayant palle semblant,
Et tout le corps morne, froid, & tremblant.
Si que ce Dieu a grant peine eut pouuoir
Du premier sens asseuré me pouruoir.
De peur (dist il) ta main ne soit fleschie
Et retournons tout droict au port de Chie.
Ce que ie feis, & a ce port venu
Tousiours Bacchus i'ay vray Dieu maintenu,
En frequentant par vn loyal office
Temples, ausquelz on luy faict sacrifice.
 Quand a ses dicts mys fin eut Acetes,
Assez plongé en mensonge tu s'es
(Dist Pentheus) mais tel retardement
A mon courroux a mys accroissement.
Sus donc mes serfz, prenez le en diligence,
Et que sa mort me serue de vengence,
Mais de son corps ne soit la vie ostée
Premier que d'estre aigrement tormentée.
Oyants ces dicts de Pentheus les gents
Contre Acetes sont bourreaux diligents,
Et enfermé l'ont en prison obscure,

     d iiij En

En preparant pour sa mort, & torture,
Glaiues, & feu, quand cela ilz preparent,
Chainnes des bras du captif se separent,
De la prison les huys clos, & serrez,
D'euxmesmes sont desclos, & desserrez,
Dont Acetes s'en va deliure, & quicte.
Mais Pentheus pour cela ne le quicte,
Ains iusq' au mont de Cytheron le suyt,
Qui raisonnoit des chants, & du hault bruit
Des voix de ceulx qui receuoient ce Dieu,
En luy faisant sacrifice en ce lieu.
Lors tout ainsi qu'un cheual souuerain
En guerre oyant la trompette d'airain,
Saulte, & hennist, & s'appreste a la course.
Semblablement le bruit qui prent sa source
Des voix du peuple, & vole iusq' au Cieulx,
Rend Pentheus plus aspre, & furieux.
Tout au milieu de la montagne sacre
Ou de Bacchus les honneurs on consacre,
Estoit vn champ de nul arbre paré,
De la forest prochaine separé.
Quand en ce lieu sur la feste bacchique
Pentheus eut mys son regard inique,
Premiere l'a veu Agaué sa mere,
Premiere a pris sur luy la course amere,
Et en ayant la premiere couru
Premiere l'à de son rameau feru.
Puis tout soubdain s'escrye, O mes deux seurs
Aprochez vous, voz bras soient aggresseurs
De ce sanglier, qui court a si grand erre

Metamorphose d'Ouide.

En nostre champ, & labourable terre.
C'est le Sanglier sur qui ie doy courir
Pour de ma force asprement le ferir.
A ces propos tout le peuple s'assemble
Sur Pentheus, qui de peur fuyt & tremble,
Ne parlant plus de cholere, & courroux,
Et son peché confesse deuant tous,
Mais ia sentant blessure vehemente,
Helas(dist il) Autonoé ma tante
Secourez moy par clemence & pardon,
Souuenez vous du malheur d'Acteon.
Autonoé qui met en oubliance
Cest Acteon, & sa proche alliance,
A son nepueu couppe de sa main fiere
Le dextre bras, tendu pour sa priere.
Et l'autre bras Ino sa tante aussi
Luy arracha sans pardon ne mercy,
Dont le pauuret n'ha dextre, ne senestre,
Qu'il face aux yeulx de sa mere apparoistre,
Mais au default de luy tendre les mains
Monstre sa playe, & ses coups inhumains,
En luy disant o ma mere regarde,
A son propos Agaué ne print garde,
Ains haultement se va prendre a huller,
Et de son fils les crins espand en l'air
Finablement la teste luy arrache,
Et de son sang ses doigts, & vngles tache,
Criant au peuple, o œuure plein de gloire,
La fin venue est de nostre victoire.
Pentheus donc ainsi cruellement

Est mys

Le iij. liure de la

Est mys a mort,& plus soubdainement
Feuilles ne sont en Automne abbatues
Des aspres vents,ne du froid combatues,
Que dessus luy fut battu chascun membre
Par ses parents,dont chascun le desmembre.
Exemple tel les Ismenides veirent,
Dont sans cesser ce nouueau Dieu seruirent,
En perfumant d'encens ses saincts autelz,
Pour reuerer ses honneurs immortelz.

Fin du ij.liure.

Le Quatriesme liure de la Metamorphose d'Ouide.

Lcithoë l'vne des Mincides,
Ne consentit comme les Ismenides
A receuoir ce sacrifice sainct,
Ains presumant Bacchus estre vn Dieu fainct,
Filz du grand Dieu Iuppiter ne l'estime,
Ayant ses seurs compagnes de son crime.

La forme du sacrifice de Bacchus.

Le Prestre faict cesser oeuures diuers,
En commandant de peaulx estre couuerts
Les estomacz des femmes appellées
Au sacrifice,estants deschevelées,
Et de porter en la teste chappeaux
De belles

Metamorphose d'Ouide.

De belles fleurs, & en main verds rameaux,
Et a vn tel commandement enioinct,
Le grand peril fort a craindre fut ioinct
De mettre obstacle au diuin sacrifice,
Les femmes lors par vn loyal office,
Laissent panniers, toiles vont reculer,
Semblablement leurs laines a filer.
Tous assemblez de voeux encor recents
Au nouueau Dieu font seruice d'encens,
En le nommant Bacchus a haulte voix,
Et Bromius, Lyeus, né deux foys,
Par feu conceu, Nyseus, Thyonée,
Nyctelius, Iacchus, & Lenée,
Pere Eleleus, plantateur de la vigne,
En l'honnorant de louange condigne,
Liber aussi, & par maint autre nom
Duquel florist en Grece son renom.
Puis ilz chantoient d'un cueur plein de liesse
Tu es le Dieu d'eternelle ieunesse,
Enfant diuin, eternel, gracieux,
Dont la beaulté penetre iusq'aux Cieulx,
Quand tu n'as point de cornes en la teste,
Ton chef ressemble au chef de vierge honneste,
Ceulx d'Orient par toy sont surmontez,
Par toy Indoys, & les Gangeoys domptez,
Par toy sa vie a Pentheus finie,
Et Lycurgus auecques sa congnie,
Qui contemnoient comme faulx sacrileges
De tes honneurs les diuins priuileges,
Par toy Nochers Meoniens plongez.

Sont en

Sont en la Mer, & en Daulphins changez.
Tu es porté par Lyncs mys au collier
Qui ont leurs freins d'ouurage singulier,
Tu es suyui des prestresses Bacchantes
A ton diuin sacrifice vacantes,
Pareillement des Satyres cornus,
Et du vieillard enyuré Sylenus,
Qui ne se peult qu'a peine soustenir
Dessus son asne, & son baston tenir.
En tous les lieux ou tu prens ton addresse,
La voix d'enfants, & des femmes necesse,
De sesiouyr, cors d'airain bien sonnants,
Flustes de buix, tabours sont resonnants,
Donc haultement les Ismenides cryent,
Et en faisant le sacrifice, prient
Le Dieu Bacchus, de leur estre propice,
Bref les Thebains laissent tout excercice
Pour l'honnorer, sans estre transgresseurs,
Fors seulement les Mineides seurs,
Qui par desdaing le sacrifice troublent,
Et le labeur de leurs seruantes doublent,
Car elles vont, ou en laine filer,
Tistre la toyle, ou le fil demesler.

Le sacrifice de Bacchus desprisé par les troys Mineides seurs.

L'vne des seurs, qui de son poulce habile
En desprisant Bacchus, trauaille, & file,
Va dire ainsi, o mes seurs bien aymées,
Puis que voyons les autres tant charmées
De frequenter ces sacrifices vains,
Faisons ouurage vtile de noz mains.
Car nous auons pour Déesse, Minerue

A qui

Metamorphose d'Ouide.

A qui honneur plus iuste se reserue,
Donc ne cessons, & affin que le temps
Ne semble long a noz esprits contents,
L'vne apres l'autre a noz vuydes ayreilles
Faisons recits, qui plaisent a merueilles.
A ce propos ses deux seurs luy ont dict
De commencer qu'elle auoit le credit,
Lors elle pense entre diuerses choses
Qui sont au vif en sa memoire encloses,
Ce qu'elle doibt a dire commencer,
Ou sil leur plaist de l'ouyr prononcer
Comment Dircé de Babilonne yssuë
En Palestine est poisson apperceuë.
Ou sil leur plaist qu'a ce poinct elle tombe
Comment apres sa fille fut coulombe,
Et qu'elle vsa ainsi ses derniers iours
Prenant son vol dessus les haultes tours,
Ou sil leur plaist auoir la congnoissance
Comment Näis par trop forte puissance
D'herbes & fleurs, & magiques chansons
Conuertissoit ieunes gents en poissons,
Iusques a tant que par mesme aduanture
Elle receut dun poisson la figure.
Ou s'il leur plaist qu'au poinct elle demeure
De racompter comme au Morier la Meure
Noire deuint, du seul attouchement
De sang vermeil, veu que premierement
Blanche elle estoit, cela leur semble affable
Car ce n'est pas vne commune fable,
Si commença, filant tousiours sa laine,

Dircè muée en poisson. & sa Fille en coulombe.

La Nymphe Naïs muée en poisson.

Ce qui

Ce qui s'ensuyt, auecques longue alaine.
En Babilonne (ou par Semiramis
Les fondements de haults murs furent mys)
Iadis on vid vn Iouuenceau illustre
De grant beaulté, qui luy donnoit ce lustre,
Et vne vierge au visage riant
La fleur & choix des filles d'Orient.
Le Iouuenceau Pyramus on appelle,
Thisbé estoit le nom de la pucelle.
Tous deux ioignants de rue, & de maison
Et par le temps qui creut auec raison
Aussi en eux amour croist, & enflamme
Le feu yssu de puerile flamme,
Si que d'amour se fussent assemblez
Mais par parents furent desassemblez
Mettants obstacle a l'acces reciproque,
Mais c'est en vain, amour qui les prouoque
Les faict parler par signes, & par gestes,
Et tant moins sont leurs amours manifestes,
Plus ont de force, & moins est euident
Le feu des cueurs, tant plus il est ardent,
Parquoy on peult de leurs peres entendre
Quilz defendoient ce quilz n'ont peu defendre.
Or leurs maisons de si pres estoient ioinctes
Qu'elles n'estoient sinon d'un mur disioinctes.
Dedans lequel (qu'est ce qu'amour ne sente?)
Les deux amants regardent vne fente,
Non aperceue encores d'aucuns yeulx,
Pa le seiour des siecles longs & vieulx.
De ceste fente apperceu tel visage

*Les a-
mours de
Pyramus
& de la
belle
Thisbé.*

Metamorphose d'Ouide.

Des deux amants la voix trouue passage,
Et bien souuent y approchants leur bouche
S'entredisoient ce qui plus leur cueur touche
L'un apres l'autre vsants dece propos
Au mur, qui tant empeschoit leur repos,
Mur enuieux pourquoy mectz tu defense
A noz amours que malheur trop offense?
O que l'octroy au pris te seroit cher
De tout le corps nous laissant approcher?
Ou (si cela vn don trop hault te semble)
De receuoir noz deux bouches ensemble?
Et toutefoys ingrats ne sommes point
En ton endroict, en confessant ce poinct,
Que seulement ce bien nous te debuons
Dont le passage oportun nous auons
Pour escouter reciproque parolle,
Qui nostre aureille amoureuse console.
De ces propos les deux amants vsoient,
Et de baisers non conioincts se baisoient,
Disants adieu la nuict interuenue.
Le lendemain qu'Aurora reuenue,
S'estoient au Ciel les Estoilles cachées,
Et que desia herbes estoient sechées
Par le Soleil estincellant, & chauld
Ayant transmis ses clairs rayons d'enhault,
Au mesme lieu les deux amants reuiennent,
Ou maint propos de leur torment ilz tiennent,
Finablement, d'amour qui les induict,
Ont proposé la subsequente nuict
Sortir dehors de la maison fermée,

Leur pa-

Leur parenté de sommeil assommée,
Deliberants hors la ville sortir,
Et pour du seur chemin ne diuertir,
Ne d'estre en peine au champ trop spacieux
De s'egarer de leur bien precieux,
Ont accordé de se trouuer en l'umbre
Du grand morier, large, feuillu, & sombre,
Auquel Ninus en sepulture estoit,
Cest arbre la blanches meures portoit,
Vne fontaine on voit en ceste place
Dont l'eau couloit aussi froyde que glace,
Aux deux amants plaist ceste conuenue,
Et leur sembloit la nuict trop tard venue,
Thisbé adonc sortit secretement,
Ayant ouuert les huys subtilement,
Et en crahant sa face gracieuse,
(Amour ainsi la rend audacieuse)
Vint la premiere au tumbeau recordé,
Et se va seoir dessoubs l'arbre accordé.
Si vid de loing aux rayons de la Lune
(Qui a la nuict donnoit sa clairté brune)
Vn grand Lion, qui est sanglant encores
Du sang brutal, donc saoulé s'estoit ores,
Qui à ceste eau prochaine s'aduançoit
Pour estancher la soif qui le pressoit,
Thisbé eut peur, & de course craintifue
Fuyt la fureur du Lyon qui arriue,
Et se cacha soubs vn grand buysson verd
De mainte branche obscur, & bien couuert,
Mais en prenant la fuyte si legere

Son fin

Metamorphose d'Ouide.

Son fin manteau luy cheut par le derriere,
Quand le lion eut beu abondamment,
De la fontaine il part soubdainement,
Et retournant en la forest obscure
Il approcha sa patte dauanture
Du lieu, ou gist de Thisbé le manteau,
Qu'il a taché de son sanglant museau.
Or Pyramus pour rencontrer la belle
Laissa plus tard la maison paternelle.
La paruenu, il voit dedans le sable
Les pas grauez du Lion redoubtable,
Dont sa couleur deuint palle, & blesmie,
Mais quand il vid l'habit de son amye
Que le Lion de son sang auoit teinct,
Ha (dist il lors par douleur qui le teint)   La plain-
Vne nuict seule ha desir par enuye,   cte de
De faire perdre a deux amants la vie,   Pyramˢ.
Desquelz non moy, mais Thisbé tant aymable
De longue vie estoit digne & capable.
O moy chetif, & qu'offense remord,
Cause ie suis (ô belle) de ta mort,
En te faisant d'amoureuse contraincte
Venir de nuict en ces lieux pleins de craincte,
Ou ie debuoys premierement courir
Pour a ton mal iniuste secourir.
O fiers Lions estants en ceste roche,
Chascun de vous soubdainement s'approche
Pour m'arracher les entrailles du corps.
Mais ces soubhaictz me font estre records
D'homme craintif, qui tost mourir desire.

                          Ainsi

Le iiij. liure de la

Ainsi disant le pauure amant souspire,
Puis le manteau de la belle amassa,
Et au Morier vmbrageux s'aduança,
Et quand auec mainte larme menue
Il eut baisé la robe bien congneue,
Reçoy (dist il) o piteux vestement,

La mort de Pyramus.
Du sang de moy le tinct semblablement,
Parlant ainsi de son glaiue il se tue,
Et en mourant si fort il s'esuertue
Qu'il a tiré le glaiue bien taillant
Du coup mortel encores tout bouillant,
Si cheut son corps mort en terre estendu,
Le sang en sort, haultement entendu,
Comme il aduient d'auanture soubdaine
Le plomb gaste d'une source & fontaine
Que l'eau plus royde en sort, par le conduict,
Et en sortant remplist l'air de son bruit.
Du sang espais de Pyramus occis,

Les Meures blanchesteinctes du sang de Pyramꝰ.
Les fruicts tous blancs du Morier sont noyrcis,
Car la racine arrousée amplement
Du sang yssu du corps recentement
Aux Meures lors donna couleur vermeille.

Thisbé apres du retour s'appareille
A cellefin de faire son debuoir
Vers son amy, & ne le deceuoir,
Mais sa frayeur n'estoit encor passée,
Si va cherchant des yeulx, & de pensée,
Son cher amy, voulant luy reciter
Les grands perils, qu'elle a peu euiter,
Et regardant le Morier conuena

Metamorphose d'Ouide.

En autre forme estrange deuenu,
Et aux rameaux la Meure coulourée,
S'esbahyssoit, comme non asseurée
Si ce l'estoit. & ainsi qu'elle en doubte.
Son oeil la mect hors de liesse & doubte,
Car elle voit le corps encor tremblant
De son amy, sur la terre sanglant,
Si retira de peur son pied arriere,
En s'effrayant de semblable maniere
Que nous voyons que la Mer bien souuent
S'enfle, & faict bruit esmeu dun petit vent.
Mais quand elle eut congnoissance certaine
De son amy qui gist mort en la Plaine,
De grand despit, & de coups inhumains
Ses bras molletz va frapper de ses mains,
Puis arrachant ses cheueux beaulx & blonds,
Et en gettant soupirs tristes & longs,
De son amy embrasse le corps roydé,
Et en plorant baise sa face froide,
Entremeslant les larmes de ses yeulx
Auec le sang du corps qu'elle ayme mieulx.
O Pyramus mon cher amy (dist elle)
Qui est l'autheur de ceste Mort cruelle?
O Pyramus qui me mectz en esmoy
De ton malheur? ie te pry responds moy.
Las c'est Thisbé ton amye fidele,
Amy responds à Thisbé qui t'appelle,
Leue ces yeulx iadis riants, & verds,
Et a present endormis & couuerts.
Lors Pyramus ses yeulx vn peu leua

La plainte de Thisbé pour la Mort de Pyramus.

e ij   Quand

Le iiij. liure de la

Quand de Thisbé ouyr le nom il va,
Puis les ferma par la Mort qui le presse
Quand il eut veu de son cueur la maistresse.
Qui congnoissant son manteau sanglant, voire
Le glaiue mys hors du fourreau d'yueire,
Va dire ainsi: or veritablement,
Congnoys ie bien, qu'amour iniustement
T'a bien deceu, & que par ta main mesme
Tu as souffert la mort dure, & extreme,
Doncques ma main ne se veult espargner
Pour apres mort ton ame acompagner,
Et si la main n'ha suffisante force,
Amour assez ma puissance r'enforce,
Et de la Mort qui ton corps desassemble
Seray compagne, & cause tout ensemble,
Si que la Mort qui seule auoit pouuoir
De mettre obstacle a mes yeulx de te voir,
Sera deceue, & point n'esloignera
Ce mien desir, qui t'accompagnera.
Vous de nous deux les parents miserables
Ores soyez vers nous tant fauorables,
Que ceulx qui morts sont d'un mesme flambeau,
Soient mis aussi en vn mesme tombeau.
Toy arbre grand qui d'espaisse ramée
Couures le corps d'une personne aymée,
Ores seras couuerture de deux.
Donc en tesmoing de ce malheur hydeux
Doresnauant noires Meures apporte,
Couleur propice a cil qui le deuil porte,
Pour tesmoigner que par nostre malheur

Metamorphose d'Ouide.

Ton fruict recent la vermeille couleur.
Ces mots finis en sa poictrine blanche
Elle enfonça le cousteau iusq'au manche,
Qui tiede estoit du sang frais repandu
De Pyramus, sur la terre estendu.
Et neantmoins ses desirs apparents
Sont accomplis des Dieux, & des parents,
La Meure estant en sa saison venue
Du veuil des Dieux vermeille est deuenuë,
Et les parents par mutuelz accords
En vn tombeau ont posé les deux corps.

 Ainsi meit fin la Mineide seur
A ses propos, pleins de si grand doulceur,
Que la iournée a demy aduancée
Ne leur sembloit qu'un bien peu commencée.
Lors en son rang, ses seurs faisants silence,
Leuconoé son compte ainsi commence.

 Compter vous veulx comme amoureuse ardeur
Surprit Phebus, qui par viue splendeur
De ses rayons tempere tout le monde.
Son oeil premier vid l'adultere immunde
Du grand Dieu Mars, & Venus, car ce Dieu
Phebus, voit tout de son hault siege & lieu.
Dont tout soubdain grand douleur il sentit,
Et de ce faict Vulcanus aduertit,
Feure excellent, mary de Cytherée
Auecques Mars en vn lict retirée.
Vulcan voyant notoirement le lict
Contaminé de l'infame delict,
De grand douleur presque fut insensé,

La mort de Thisbé.

La surprise de la Déesse Venus est adultérée auecq le Dieu Mars

Des

Le iiij. liure de la

Des mains luy cheut son œuure commencé,
Puis tout subit en sa diuine forge
Chaynnes d'airain subtilement il forge,
Et retz menus, & petit laqs courants
Qui tous regards pourroient rendre ignorants,
Car plus fins sont que la soye espandue,
Et que la toile ou l'Araigne est pendue.
Ces retz sont mys sur le lict proprement,
On se y prendroit du seul atouchement.
Voicy venir Mars adultere infame
Auec Venus de Vulcanus la femme,
Mais aussi tost qu'ilz se sont estendus
Dessus les laqs au lict si bien tendus,
Par l'art subtil d'inuention nouuelle
Les deux amants sont pris en façon telle,
Qu'on les peult voir en leur embrassement
Entrelacez, & pris honteusement.
Soubdain Vulcan les portes faict ouurir
De fin yuoire, affin de descouurir
Le crime aux Dieux, qui en ce lieu Venus
Regardent Mars surpris auec Venus.
Lors l'un des Dieux qui se print a soubzrire
Estre ainsi pris honteusement desyre,

Les a-
mours
du Dieu
Phebus,
& de Leu-
cothoé
fille du
Roy de
sabé.

Mesme risée en feirent tous les Dieux,
Et longuement le compte en fut aux Cieulx.
   Le souuenir de la recente iniure
Contrainct Venus prendre vengence dure
Contre Phebus, qui ses plaisirs couuerts
Auoit ainsi monstrez, & descouuerts.
Parquoy de chaulde & ardente sagette

                      Rend.

Metamorphose d'Ouide.

Rend sa pensée a mesme amour subiette.
Donc o Phebus en beaulté glorieux,
Dequoy te sert ton regard radieux?
Quoy que ton feu brusle toute la terre,
Vn autre feu te brusle & te faict guerre.
Tes yeulx luysants qui au monde sont deubs
On voit dessus Leucothoé tendus,
Et toy qui doibs regarder toutes choses
Sur le regard d'une vierge reposes,
Ores leue plus tost que de coustume
Au Ciel es veu par amour qui t'allume,
Ores plus tard, laissant tes rais tant beaulx,
Coucher t'en vas au plus profond des eaux,
Et quand par trop Leucothoé regardes,
Ta clairté deue aux humains tu retardes,
Et pour trop tard a ton siege arriuer,
Tu fais venir les briefs iours de l'hyuer,
Ores voit on ta face se ternir,
Souffrir eclipce, & morne se tenir,
Espouuentant toute pensée humaine,
De voir en toy obscurté si soubdaine.
Mais ce default te vient d'une pensée
Qui est d'amour surprise, & insensée,
Point ne te vient ce pallissant visage
De voir la Lune approcher son image,
Plus tost que toy, de noz terrestres lieux.
Leucothoé du pourtraict de ses yeulx
Te faict pallir, ceste seule prisée,
Toute autre amour est par toy mesprisée.
Plus de Clymene, & Rhodos n'es pressé,

e iiij   Plus

Le iiij. liure de la

Plus ne te plaist la mere de Circé,
Quoy qu'elle soit de grand beaulté heureuse,
Ne Clytié de toy tant amoureuse,
Que se voyant par toy mise à mespris,
Ha tout le cueur de ialousie espris.
Leucothoé, dont te plaist l'alliance,
T'en ha beaucoup faict mettre en oubliance.
Leucothoé, qui Phebus tormentoit,
D'Orchamus fille, & d'Eurinome estoit,
Et tout ainsi que la mere precelle
Toute autre femme en beaulté naturelle,
La fille aussi en aage paruenue
Fut sur la mere excellente tenue.
Cest Orchamus Roy septiesme regnoit
Apres Belus, & en paix gouuernoit
Tout le pays de Sabe, qui emporte
Bruit, & renom des odeurs qu'il apporte.
 En Occident repaissoient les cheuaulx
Du Dieu Phebus, intermis leurs trauaulx,
Ayants assez de celeste Ambrosie
Pour bien repaistre au lieu d'herbe choysie.
Donc eux estants au nocturne repos
Pour au trauail du iour estre dispos.
Le Dieu susdict sentant chaleur amere
La forme print d'Eurinome la mere
De son amye, & auec tel habit,
En sa maison royalle entra subit,
Ou reluysoient clairs flambeaux & chandelles,
Au milieu vid de douze damoyselles
Leucothoé, qui de son poulce beau

Phebus mué en femme.

Filoit

Metamorphose d'Ouide.

Filoit la ioye, en tournant son fuseau,
Dont, comme baise vne mere sa fille,
Phebus baisa Leucothoé qui file.
Puis pour iouyr d'amours tant singulieres,
Retirez vous (dist il aux chamberrieres)
C'est vn secret, la mere n'empeschez,
Dire a sa fille aucuns propos cachez.
Lors quand raui d'amoureuse estincelle
Il se vid seul auec ceste pucelle.
Leucothoé (dist il) ie suis le Dieu
Nommé Phebus, qu'on reclame en tout lieu,
Dieu toue voyant, qui d'egale mesure
Diuinement le cours de l'an mesure.
Ie suis celluy dont la clairté diuine
Tous les climatz de la terre illumine,
Asseure toy que sur toutes m'a pris
Ta grand beaulté, & grace de hault pris,
La belle adonc a telle peur succombe,
Que de frayeur sa quenoille luy tombe.
Mais ceste crainte & peur, qui l'estonnoit,
Fut fort honneste, & bien luy aduenoit,
Luy tout espris reprint forme premiere
Et sa beaulté de splendeur coustumiere,
La vierge lors (combien que ceste face
Qui la deçoit, bien grande peur luy face)
Ne resista a l'amoureuse ardeur
Du Dieu Phebus, voyant sa grand splendeur,
   Quant Clytie de Phebus trop rauie
Le vid aymer de si feruente enuye
Leucothoé, & que l'affection
              Ne s'appaisoit

La mort de Leucothoé.

Ne s'appaisoit de moderation,
D'aigre courroux en cueur ialoux conceu,
Par elle fut cest adultere sceu,
Dont Orchamus Roy de Sabé, son pere,
Sa cruaulté recente ne tempere
Enuers sa fille, ains fier la regardant
Vers le Soleil ses deux mains estendant,
Bien qu'elle dist le Soleil ma forcée,
Soubs terre l'a toute viue enfoncée,
Et luy nyant le sepulchre honnorable,
N'a honnoré son tumbeau que de sable.
Quant le Soleil ce malheur entendit,
Le creux tumbeau de ses rais il fendit,
Si qu'on eust peu voir la Nymphe iolie
Nagueres viue en terre ensepuelie,
Mais ia estaincte & morte a ce meschef
Garde n'auoit de releuer son chef,
Dont fort iré fut Phebus, & dict on
Qu'apres la mort de son filz Phaeton,
Oncques douleur si grande il n'endura.
Or de ses rais bien fort il laboura
De rechauffer le corps sans efficace
De son amye aussi froyde que glace,
Mais congnoissant fatale voulunté
Luy estre obstacle a tant de liberté,
Il arrousa du doulx Nectar des Cieulx
Le corps iadis son bien delicieux,
Dessus lequel il feit longue complaincte.
De ceste odeur la terre fut attaincte,
Dont peu a peu par miracles recents

Metamorphose d'Ouide.

Sortit de terre vne verge d'encens,
Qui print soubdain naturelle origine
Du corps mué en semblable racine.
Phebus apres auoir faict ce mistere,
Vers Clitié eut courroux si austere,
Que sans daigner son amour excuser
Qui luy a faict la defuncte accuser,
Oncques depuis ne voulut auec elle
Prendre l'esbat de volupté charnelle,
Dont Clitié d'impatient courage
Entra si fort en l'amoureuse rage,
Que nuict & iour descheuelée & nue
Dessus la terre humide s'est tenue,
Neuf iours sans boire, & manger elle fut,
A tout le moins la viande qu'elle eut,
Helas c'estoient ses pleurs, & la rousée,
Sans se leuer, & la pauure abusée
Incessamment son regard eleuoit
Au clair Phebus, qui soucy n'en auoit.
Ses membres lors par extreme douleur
Furent muez en fleur, dont la couleur
Est iaulne, & rouge, & en racine mise
Encor se tourne au Soleil qu'elle prise.
Et transmuée en fleur dicte Soulcye,
Suyt le Soleil, & de luy se soucie.

   Ainsi la seur Mincide comptoit
Le cas susdict, qui merueilleux estoit,
L'vne des seurs le disoit impossible,
L'autre, qu'aux Dieux toute chose est possible,
Et en cela que chascune racompte

Leucothoé muée en verge d'encens.

Clytié la ialouse muée en Soulcye.

Du Dieu

Le iiij. liure de la

Du Dieu Bacchus ne se faict point de compte,
Alcithoé, ses sœurs pres d'escouter,
Feit en filant sa parolle esclater
Comme il s'ensuyt: raison point ne m'octroye
De vous compter, comme vn pasteur de Troye

Daphnis le berger mué en pierre.
Nommé Daphnis, fut d'vne Nymphe aymé,
Et puis par elle en pierre transformé,
Quant a la Nymphe il vsa de refus,
Tant sont amants enflammez & confus,
Point ne conuient que ie vous renouuelle
Comment Scython par nature nouuelle
Ores fut homme, ores femme deuint.

Celmus mué en pierre d'aymāt.
Point ne vous veulx compter comme il aduint
Qu'on vid Celmus en aymant deuenu,
De Iuppiter iadis bien cher tenu,
Ou comme d'eau du Ciel en abondance
Iadis ont pris Curetes leur naissance,
Mais laissons la le recit des Curettes,
Et comme fut en petites fleuretes
Crocus mué, & Smilax son espouse.
Car trop vulgaire est vne telle chose,
Ces comptes la sont trop communs, & vieulx,
Vous en ourrez vn plus soulacieux.
Scauoir pourquoy Salmacis la fontaine

La vertu de la fō-taine Salmacis.
Peult remollir par puissance certaine
Membres virils, si que l'homme en rapporte
Le double sexe, ains que de l'eau il sorte.
Ceste fontaine ha de longue saison
Telle vertu, escoutez la raison,
Vn ieune enfant de Venus, & Mercure

Fut né

Metamorphose d'Ouide.

Fut né iadis, qu'en grand labeur, & cure
Au mont Ida Naiades nourriſſoient,
De pere, & mere en luy apparoiſſoient
Les vifz pourtraictz, dont ainſi renommé
Hermaphroditz a bon droict fut nommé,
Puis quand il eut deſia quinze ans paſſez,
Par luy les lieux naturelz ſont laiſſez,
Et s'eſloignant des montagnes congneues,
De ça & la par terres incongneues
Alloit errant, & prenoit grand ſoulas
De contempler nouueaux fleuues, & lacs.
Si que le grand plaiſir quil y mettoit,
Le ſouuenir du trauail luy oſtoit.
Aduint vn iour quil arriue en Lycie,
Et aux Caroys, terre, qui s'aſſocie
Aux Lyciens, & illec s'arreſta
Aupres d'une eau, ou ſon oeil il getta,
Ceſte eau eſtoit tant claire, & delectable
Qu'on euſt peu voir le fons iuſques au ſable,
La ne voit on Ioncs pointus, ne rouſeaux,
Comme aux Mareſtz, & lymonneux ruiſſeaux,
Car la fontaine eſtoit liquide & pure,
Et en tout temps odorante verdure
De toutes parts le bort enuironnoit.
Pres de ceſte eau Salmacis ſe tenoit,
Nymphe plaiſante aux Naiades congneue,
Seule au regard de Diane incongneue,
Car onc voulu s'appliquer elle na
D'aller chaſſant auecques Diana,
Ni a courir, ou ſe rendre ſubiette

La naiſſance de Hermaphroditus.

De porter

De porter l'arc garni de sa sagette.
On dict pourtant que ce sont propos seurs
Que fort reprise elle en fut de ses Seurs,
Qui luy disoient o Salmacis soys ceincte,
Ainsi que nous, ou d'une Trousse painctē,
Ou pren en main vn dard pour t'excercer
Comme faisons, & appren a chasser.
Mais Salmacis n'y voulut onc entendre,
Reiecte l'arc, & le dard ne veult prendre,
Quitte la trousse, & renonce au plaisir
Qu'on peult au train de la chasse saisir,
Mais en ceste eau sont bien souuent bagnez
Ses membres beaulx, puis ses cheueux pignez,
Puis pour sçauoir ce qui plus fort luy duict
Elle se myre en l'vnde qui reluist,
Aucunefoys d'un bel habit couuerte,
Elle se couche en l'herbe fresche, & verte,
Et bien souuent elle amasse des fleurs
Les choysissant de diuerses couleurs,
Et lors des fleurs amassoit d'auanture

La Nymphe Salmacis amoureuse de Hermaphroditus.

Quant elle vid la belle pourtraicture
De cest enfant, & lors qu'elle l'eust veu,
Son cueur d'amour ardente fut pourueu,
Voir le desire, & de plus pres parler,
Mais deuers luy point ne voulut aller,
Sans regarder si sa robe est bien iointe,
En s'accoustrant pour estre belle & cointe,
Puis ayant fort son visage poli
Va dire ainsi a cest enfant ioli:
O bel enfant gracieux, & insigne

Du nom

Metamorphose d'Ouide.

Du nom d'un Dieu bien fort capable, & digne,
Si tu es Dieu, ie croy que, pour certain,
Tu es le Dieu Cupido tres haultain,
Ou si tu es de nature mortelle,
Bien heareux sont qui personne si belle
Ont engendrée, heureuse est, pour le seur,
Celle qui peult se dire estre ta Seur,
Et pleine d'heur est celle creature
Qui t'a donné de son laict nourriture,
Mais celle encor plus heureuse sera
Qui t'aura sien, & qui t'espousera.
Or si tu as desia femme assemblée
Par mariage, aymons nous a l'emblée.
Ou si tu n'es par mariage ioinct
Mon lict au tien soit vni, & conioinct.

De ces propos que la Nymphe luy compte
Couleur vermeille au visaige luy monte,
Dont Salmacis ainsi congnoist & voit
Qu'encor d'amours congnoissance il n'auoit,
Et neantmoins ceste couleur tesmoigne
De sa beaulté, & honneste vergongne,
Telle couleur on voit sur mainte branche
De l'arbre ou pend la pomme rouge & blanche.
Ou quand on voit dessus le blanc yuoire
De couleur rouge vne tache notoire,
Ou quant la Lune vne couleur reçoit
Qu'en sa blancheur rougir on apperçoit,
Quand de vaisseaux d'Airain trop follement
A son eclipse on mect empeschement.
La Nymphe adonc pour son feu appaiser

Incessamment

Incessamment luy requiert vn baiser,
Pour le moins chaste, & tel qu'auec doulceur,
Au frere sien donneroit vne sœur.
Et ia le col plus blanc qu'yuoire embrasse
De cest enfant, pour obtenir sa grace,
Quand il luy dist, si plus ainsi me presses,
Pour m'en fuyr ie prendray les addresses.
La Nymphe eut peur de le perdre de loing,
Si luy a dict, puis que de moy n'as soing,
Il me conuient autre voye entreprendre,
Et te laisser l'esbat seul icy prendre.
En ce disant elle fainct son depart,
Et de chercher plaisir en autre part,
Mais tout aupres s'est en l'umbre cachée
De verds buyssons, ou elle s'est couchée,
Et ou son œil ne se monstre endormy
De contempler ce que faict son amy,
Luy comme enfant qui ne se donne garde
Qu'il y ait œil qui son maintien regarde,
Puis ça, puis la sur l'herbe fresche court.
Puis pres de l'eau il retourne tout court,
Le bout du pied y mect premierement,
Puis le talon, & tout soubdainement
Qu'il congnoist l'eau en temperance mise,
De son corps tendre il oste la chemise,
Lors Salmacis qui voit sa beaulté nue
Sent en son cueur plus grand chaleur venuë,
Mesmes ses yeulx qui le vont regardants
De ce regard deuiennent plus ardents,
Ne plus ne moins que quand le soleil dure,

Et en

Metamorphose d'Ouide.

Et en son cerne ha sa lumiere pure,
Si vn miroir opposer on luy vient,
De ses rayons l'estincelle reuient
Contre sa face, en ceste sorte mesme
La Nymphe sent par ses yeulx feu extreme,
Qui ne se peult, qu'a peine contenir
De s'aduancer pour sa ioye obtenir.
Et le temps brief du plaisir esperé
Desia luy semble estre trop differé,
Desia le corps qui luy donne martyre
Elle souhaite, & embrasser desyre.
Or cependant cest enfant tendre & beau
Plonge son corps, & ses deux bras en leau,
Ou plus luysoient ses membres bien polis,
Qu'au voirre clair l'yuoire & le blanc lys,
Cela voyant Salmacis amoureuse,
Ie suis (dist elle) ores victorieuse,
Or est tu mien, & en disant cela
Va deuestir tous les habits qu'elle ha,
Se plonge en leau, & va nager apres,
Desia le tient, & le serre de près,
D'assubiectir ses mains elle s'efforce,
Le baise, & touche a l'esthomac par force,
Et ça & la a luy entrelacée,
Auecques luy dedans l'eau s'est lancée,
Finablement voyant son cueur contraire
Et qu'eschapper il veult & se distraire,
Plus fort a luy se lie, & le contrainct,
Ne plus ne moins que l'Aigle qui estrainct
Vne couleuure en l'air, & le serpent

f Qui

Incessamment luy requiert vn baiser,
Pour le moins chaste,& tel qu'auec doulceur,
Au frere sien donneroit vne seur.
Et ia le col plus blanc qu'yuoire embrasse
De cest enfant, pour obtenir sa grace,
Quand il luy dist, si plus ainsi me presses,
Pour m'en fuyr ie prendray les addresses.
La Nymphe eut peur de le perdre de loing,
Si luy a dict, puis que de moy n'as soing,
Il me conuient autre voye entreprendre,
Et te laisser l'esbat seul icy prendre.
En ce disant elle fainct son depart,
Et de chercher plaisir en autre part,
Mais tout aupres s'est en lumbre cachée
De verds buyssons, ou elle s'est couchée,
Et ou son œil ne se monstre endormy
De contempler ce que faict son amy,
Luy comme enfant qui ne se donne garde
Qu'il y ait œil qui son maintien regarde,
Puis ça, puis la sur l'herbe fresche court.
Puis pres de l'eau il retourne tout court,
Le bout du pied y mect premierement,
Puis le talon,& tout soubdainement
Qu'il congnoist l'eau en temperance mise,
De son corps tendre il oste la chemise,
Lors Salmacis qui voit sa beaulté nue
Sent en son cueur plus grand chaleur venue,
Mesmes ses yeulx qui le vont regardants
De ce regard deuiennent plus ardents,
Ne plus ne moins que quand le soleil dure,

Metamorphose d'Ouide.

Et en son cerne ha sa lumiere pure,
Si vn miroir opposer on luy vient,
De ses rayons l'estincelle reuient
Contre sa face, en ceste sorte mesme
La Nymphe sent par ses yeulx feu extreme,
Qui ne se peult, qu'a peine contenir
De s'aduancer pour sa ioye obtenir.
Et le temps brief du plaisir esperé
Desia luy semble estre trop differé,
Desia le corps qui luy donne martyre
Elle souhhaite, & embrasser desyre.
Or ce pendant cest enfant tendre & beau
Plonge son corps, & ses deux bras en leau,
Ou plus luysoient ses membres bien polis
Qu'au voirre clair l'yuoire & le blanc lys,
Cela voyant Salmacis amoureuse,
Ie suis (dist elle) ores victorieuse,
Or est tu mien, & en disant cela
Va deuestir tous les habits qu'elle ha,
Se plonge en leau, & va nager apres,
Desia le tient, & le serre de pres,
D'assubiectir ses mains elle s'efforce,
Le baise, & touche a l'esthomac par force,
Et ça & la a luy entrelacée,
Auecques luy dedans l'eau s'est lancée,
Finablement voyant son cueur contraire
Et qu'eschapper il veult & se distraire,
Plus fort a luy se lie, & le contrainct,
Ne plus ne moins que l'Aigle qui estrainct
Vne couleuure en l'air, & le Serpent

f   Qui

Qui se voit pris, & dont la teste pend,
Tout alentour des piedz de l'aigle grille,
Et de sa queue aux aisles s'entortille.
Ou tout ainsi que nous voyons en serre
Parmy le tronc des arbres, le lyerre
Ou comme en Mer les Pescheurs espiez
Tient Polypus, poisson a plusieurs piedz.
La Nymphe ainsi a l'enfant ioincte estoit.
Par grand effort l'enfant y resistoit,
Luy empeschant de toute sa puissance
Son pretendu espoir de iouyssance,
Et Salmacis vsant de grand effort
Ioincte a l'enfant le serre encor plus fort,
Et pour auoir sa ioye pretendue
De tout son long sur luy s'est estendue,
Puis luy a dict, comme par grand despit,
Tant que vouldras resiste, & pren respit
Mauluais garson, si neschapperas tu
Hors de mes mains, par aucune vertu.
O Dieux puissants, ne mettez en arriere
L'intention de mon humble priere,
Permettez moy que noz corps assemblez,
En aucun temps ne soient desassemblez.
Ceste priere aux Dieux fut agreable,
Car tout soubdain a accident immuable,
Ioincts les deux corps sont mutuelement,
Mais vn visage ont heu tant seulement,
Et comme aduient qu'un Iardinier qui ente
Ieunes rameaux en l'escorce recente,
Il les voit croistre, & par l'accroissement

Desassemblez

Metamorphose d'Ouide.

Desaßemblez ne sont aucunement,
Ainsi apres que ces corps alliez,
D'embraßement ferme furent liez,
Plus ne sont deux, ains vne double forme,
Si que ce n'est sexe au masle conforme,
Ne femenin, l'un ne l'autre ne semble,
Et semble auoir les deux sexes ensemble.

   Hermaphrodite ayant doncques congneu
Que moytié homme il estoit deuenu,
Et que ceste eau touchant sa chair polie
L'auoit aussi par sa force amollie,
Tendit les mains, & dire sans arrest
Va, d'une voix qui plus virile n'est
O Pere cher, & vous ma mere aussi?
De vostre fils entendez le soucy,
Qui le vray nom de pere & mere porte,
Vous suppliant, si aucun se transporte
Dedans ceste eau, qu'en changeât forme, & face,
Le cours de l'eau demy homme le face.
Ceste oraison qu'Hermaphrodite faict
Vers pere & mere emporta son effaict,
Qui ont vsé de recepte incertaine
Pour tel pouuoir donner à la fontaine.

   Alcithoé meit la fin a ces termes,
Mais auec elle encor ses Seurs sont fermes,
De mespriser ce venerable Dieu,
Et en donnant a leurs ouurages lieu,
Troublent la feste, & imputent a vice
De l'honnorer par aucun sacrifice.
Lors tout subit par ce crime commis,

Commēt Hermaphrodit eut les deux natures.

En leurs maisons tabourins sont transmis,
Non apparents en aucune façon,
Mais bien ouys auec vn rauque son
Par la maison de Myrrhe perfumée,
Et de safran odorant embasmée,
Semblablement les corps d'Airain resonnent,
Et dont plus fort les tristes Seurs s'estonnent.
Leur toile fut muée en rameaux verds,
Et leurs habits de verdure couuerts
Ont d'vne part de lyerre la forme,
L'autre partie en vigne se transforme,
En tronc de vigne est leur fil transmué,
L'estain de laine est en bourgon mué,
De leur habit l'Escarlate bien fine
Donne aux rasins sa couleur tres insigne
Et ia le iour sembloit estre passé,
Aumoins le temps tellement compassé
Qu'on n'eust sceu dire en raison bien congneue
Le iour failli, ne la nuict suruenue,
Et toutefoys la nuict estoit prochaine
Quand ce manoir d'emotion soubdaine
Tréble, & faict bruit, aux Seurs qui regardoient

La punition des seurs Mineides muéesen chauues souris.

Sembloit aduis que leurs maisons ardoient,
Et leur sembloit aussi qu'alentour d'elles
Venoient huller maintes bestes cruelles,
Dont tout subit les troys Seurs bien faschées
Par le manoir fumeux se sont cachées,
Et ça & la euitent par la nuict
Ceste fumée, & le feu qui leur nuict,
Mais quand du feu elles fuyent l'encombre

Pour

Metamorphose d'Ouide.

Pour se cacher en lieu obscur & sombre,
Incontinent, & en petit discours
Leurs membres grands deuiennent mēbres courts,
A chascun bras est vne aisle venue,
Et par la nuict obscure interuenue
Notice au vray le Mineides n'ont
Pourquoy ainsi muées elles sont,
Plumes n'ont heu, mais en l'air soustenues
Sont seulement de leurs aislés menues,
Puis en voulant d'humaine voix parler
Vn petit cry ont espandu par l'air.
Tousiours depuis les maisons ont aymées,
Sans habiter aux grāds forests ramées,
Et en ayant en hayne la lumiere,
Volent de nuict par façon coustumiere:
Chauues souris nommées proprement,
Pris de Vesper le nom premierement.

 Doncques par tout Thebes la grand cité
N'y eut celluy qui ne fust incité
De faire honneur a la diuine essence
Du Dieu Bacchus, & louer sa puissance,
Mesmes sa tante Ino de tous coustez
Du Dieu nouueau compte les deitez,
Qui seule estoit encores preseruée
De la fortune a ses Seurs arriuée,
Et maintenoit ses honneurs triumphants
Par le regard de ses petits enfants,
Et du support d'Athamas son mary,
Et de Bacchus qu'elle a de laict nourry.
Quoy preuoyant Iuno la grand Déesse

L'inimitié de Iuno côtre Athamas & Ino sa femme.

En heut

Le iiij. liure de la

En heut au cueur merueilleuse detresse,
Et desgorgeant le deuil qui luy poysoit,
Au Ciel, a part, telle plaincte faisoit:
Celluy qui est né d'une concubine,
Meoniens rochers en l'eau marine
A sceu plonger, & d'estranges façons
Leurs corps humains conuertis en poissons,
Bien a il faict mourir de mort amere
Le propre fils, par les mains de sa mere,
Et pour saouler ses sens d'ire nourris,
Muer troys Seurs en troys Chauues souris.
Rien ne pourra Iuno en ses valeurs
Fors sans vengence endurer ses douleurs,
Sans me venger me doibt il bien suffire
De supporter si iniuste martyre?
Est ce l'honneur de ma force & pouuoir
De seulement mon deuil ramenteuoir?
Mon ennemy Bacchus assez m'enseigne
Le but certain, quil conuient que ie preigne.
Pour se venger on peult licitement
De l'ennemy prendre l'enseignement.
Bien m'a monstré Bacchus que c'est d'offense
Faisant mourir Pentheus par vengence.
Doncques qui nuict au pouuoir de Iuno
De se venger du grand orgueil d'Ino?
Ores est il saison qu'elle se sente
De la misere a ses Seurs bien decente.

Le voya-
ge de Iu
no aux
Enfers.
En tel courroux du celeste manoir
Iuno descend au gouffre obscur, & noir
Des bas Enfers, voye obscure, & hydeuse.

Et de

Metamorphose d'Ouide.

Et de mortelz arbres contagieuse,
Passer conuient par vmbreuses allées
Iusques aux eaux profondes & halées
Du fleuue Styx, ou les nouuelles vmbres
De leurs tumbeaux viēnent par ces lieux sombres.
Et la voit on tristesse a l'arriuer,
Et le temps froid du nubileux hyuer,
Et les nouueaux esprits qui la descendent
Des sieges bas le chemin point n'entendent.
Et ignorants sont ilz ou est la sale
Du Roy Pluton noir, furieux, & sale.
Et neantmoins ce bas regne fameux
Ha mille acces en son centre fumeux,
Lesquelz ouuerts tousiours on apperçoit,
Et tout ainsi que la grand Mer reçoit,
Toutes les eaux des fleuues de la terre,
Aussi ce lieu plein de bruit, & tonnerre.
De receuoir toutes ames consent,
Et leur venue a grandes troupes sent.
De ça & la les ames se pourmenent
Sans corps & os, & deuil piteux demenent,
Les vnes sont a ouyr iugement
Des iuges fiers de ce bas monument.
Les autres sont au Palais & contrée
Du Roy Pluton dont obscure est l'entrée.
La plus grand part, comme iadis excercé
Encor maint art, & science diuerse.
D'autres esprits chascun sa peine porte,
Et tormentez sont de diuerse sorte,
   Donc en ce lieu vmbrageux, & nocturne

Le iiij. livre de la

Vint du hault Ciel la fille de Saturne
Tant son courroux ha de force & vigueur
Par malueillance esprise de rigueur.
Quand pour entrer la Déesse devalle,
Tremblé en a la grand porte infernale.
Et Cerberus, qui troys teste leva
Troys grands aboys ensemble faire va
Adonc Iuno les Furies appelle,
Race maligne, implacable & rebelle,
Assises lors estoient devant les portes
De dur Aemant bien encloses & fortes,
Et en ce lieu pignoient pour plus beaulx œuvres
Leurs long cheueulx tous liez de couleuures.
Et quand ces seurs (semence de la nuict)
Veirent Iuno par cest obscur conduict,

Les tormentsde plusieurs aux Enfers.
Incontinent de leurs lieux se leuerent,
Et la Deesse humblement saluerent.
Non loing de la sont les lieux criminelz,
Et deputez aux torments eternelz,
La Titius geant desmesuré
Par vn Voultour ha le cueur desciré.
Qui sans cesser a son corps faict la guerre
Corps aussi grand que neuf arpents de terre
Et Tantalus est vn petit plus loing
Fort tormenté par vn extreme soing,
Pour appaiser sa soif en la fontaine,
Qui plus s'approche, & plus elle est loingtaine,
Et de sa bouche est pres le pommier tendre,
Mais il s'enfuyt, quand au fruict il veult tendre,
Et Sisiphus pour ses crimes infaicts

Dessus

Metamorphose d'Ouide.

Dessus vn mont porte le triste faix
Incessamment d'vne poysante pierre,
La faict rouller, & tousiours la va querre.
Sur vn: roue est pendu Ixion
Qui tousiours tourne en son affliction,
Et le soucy qui les Belides mord
Pour auoir mys leurs cousins a la mort,
C'est qu'en vaisseaux sans fons incessamment
Puysent de l'eau en grand peine, & torment.
Lors que Iuno d'ire non despourueue
Eut dessus tous mys de trauers sa veue,
Elle arrestant son œil sur Sisiphus
De grief torment langoureux & confus
Pourquoy(dist elle)en ces torments austeres
Est cestuy cy puni sur tous ses freres?
Athamas est en son Palais royal
Vers mon mary, & moy si desloyal,
Qu'il a tousiours par sa fiere arrogance
Mis en mespris nostre haulte puissance.
Lors exposa Iuno l'intention
De son chemin, & son affection.
Et qu'elle veult par leur pouuoir tant faire
Que de Cadmus elle puisse defaire
Le grand Palais, & qu'Athamas soit pris.
De grand fureur, & de crime surpris.
Iuno vsa vers ces faulses Deesses
De grand priere, & de plusieurs promesses,
Puis de royal, & hault commandement,
Dont Tisiphonne esloigna promptement
Ses blancs cheueulx, ou les serpents espars

Dessus sa bouche estoient de toutes parts,
Et a Iuno Royne du hault empire
Ceste Chimere infernalle va dire:
Ia ne conuient tenir plus longs sermons,
Tous tes desirs, ausquelz tu nous semonds,
Seront perfaicts, doncques, Royne estimable,
Absente toy de ce lieu non aymable,
Et t'en retourne au Ciel resplendissant,
De meilleur Air que ce lieu gemissant.
 Iuno la bas guieres ne seiourna,
Ains bien contente au Ciel sen retourna,
Ou par Iris elle fut arrousée
D'eau, de senteurs diuines composée.
Point ne tarda de sortir Tisiphonne
Hors des enfers furieuse, & felonne,
Et en sa main vne torche tenoit
Trampée en sang, & de sang bouillonnoit
Le vestement dont elle estoit vestue,
Ceincte elle fut d'une serpent tortue.
Deuil, craincte, esfroy, & apparente rage
Font compagnie a son tremblant visaige.
Si arriua a la porte en pas laids,
Et d'Athamas seit trembler le Palais,
En infectant les huys de son alaine,
Du clair Soleil la splendeur souueraine
S'en obscurcist, & Phebus tout fasché
Hors de son lieu s'en est fuy & caché.
Lors Athamas, aussi Ino sa femme
Furent troublez de voir ce Monstre infame,
Si ont voulu hors la maison partir,

Mais

Metamorphose d'Ouide.

Mais ilz n'on heu le pouuoir d'en sortir,
Car Tisiphonne a leurs yeulx apperceue
Leur empeschoit de la porte l'yssue,
Et tout soubdain de ses bras serpentins
Par grand despit a ses cheueux atteincts,
Mainte couleuure adoncques fut esmeue
Dedans ses crins, qu'elle bransle & remue,
Et en grillant de ses horribles crins,
Plusieurs Serpents s'arrestent sur ses reins,
Les autres cheus sur lestomac peruers
Font sifflements terribles, & diuers,
Gettants venim de leurs puantes bouches,
Puis elle print deux couleuures farouches
Dessus son chef villain, & mortifere,
Et les getta de sa main pestifere
Sur Athamas, & sur sa femme aussi,
Et les serpents qui sont gettez ainsi
Dedans le sein d'Athamas prennent place
Et l'ont rempli de furieuse audace,
Sa femme aussi de ces Serpents surprise,
Est comme luy de fureur toute esprise,
Et ces Serpents a leurs corps ne font mal,
Mais a l'esprit font torment enormal.
Oultre cela Tisiphonne cruelle
D'Enfer auoit apporté auec elle
Du noir venim du grand Monstre Lernée,
L'escume aussi fort infectionnée
De Cerberus, chien horrible a troys testes,
Auecques pleurs, oubliance, & tempestes
Du trouble esprit, rage, crime, & douleurs,

Amour

Le iiij. liure de la

Amour de meurtre, & d'iniques malheurs,
Et quand elle eut tout amassé cela,
Dans vn mortier ensemble le pila,
Et pour donner la force plus ague
A ce poyson, y meit de la Cigue,
Le destrampant de sang qu'elle y mesla.
Puis quand congneu certainement elle a
Qu'espouuentez sont ses deux ennemys,
En l'estomac ce venin leur a mys,
Et iusq aux fons de leur foye & entrailles
Descendre feit ces aigreurs infernalles,
Puis autour d'eux, ayant sa torche en main,
Tant feit de tours de son corps inhumain,
Que de fureur, & rage enuenimée
Rend leur pensée asprement animée.
Puis aux Enfers reuient victorieuse,
Ayant repris de sa main furieuse
Ses deux serpents, au seing entrelacez
Des deux Thebains de grand rage lassez.

La punition d'Athamas & sa femme Ino.

Bien tost apres Athamas furibond,
En son palais ça & la vagabond,
S'escrye ainsi o mes seruants fideles,
En ces forestz, tendez retz, & chordeles,
Car a present i'ay veu vne Lyonne
Auec ses deux Lyonceaux tres felonne:
En ce disant apres sa femme il fuyt,
Et de cerueau incensé la poursuyt,
Pensant que c'est la beste par luy veue,
Dont sa veue est de pitié despourueue,
Car Learchus du giron maternel,

Luy ar-

Metamorphose d'Ouide.

Luy arracha, qui au col paternel.
Tendoit les bras en se prenant a rire,
Et par deux foys voire troys en grand ire
Le bransle en l'air, comme on faict vne fonde.
Rage & fureur, dont son esprit abonde,
Luy faict getter son tendre & ieune enfant
Contre vn pillier, qui la teste luy fend.
La mere adonc, ou de venim estraincte,
Ou de la Mort du fils, a ce contraincte,
Court en hullant mal saine, & euolée,
De ça & la toute descheuelée.
Son autre enfant Melicerta portant,
Qui est nuds bras, puis en se tormentant
Bacchus appelle, & a ce nom, Iuno
Se print a rire, & se mocquant d'Ino.
Appelle fort ton Bacchus (ce dict elle)
Qui fut iadis nourri de ta mammelle,
Requier son ayde, au besoing maintenant.
Vn rocher est en ce lieu eminant
A qui la Mer contresflottant est ioincte,
Et qui en Mer s'estend en longue poincte,
Dessoubs lequel l'eau marine rendue
Est a couuert, des pluyes defendue,
Sur ce rocher va la pauure insensée,
Portaut son fils, & de trouble pensée,
Par la vertu du poyson tres amer,
Auec son fils se getta dans la Mer,
De ceste cheute escumes furibundes
Dedans la Mer ont faict blanchir les vndes.
  Adonc Venus pour sa niepce, irritée,

Et de

Le iiij. liure de la

La reque-
ste de la
Déesse
Venus
pour sa
niepce
Ino &
son filz
addres-
sée a Ne
ptune,
qui les
feit Di-
eux ma-
rins.

Et de sa peine aspre non meritée,
Feit oraison piteuse, & opportune
(Comme il sensuyt) a son oncle Neptune.
O Dieu des eaux en Mer aussi puissant,
Qu'a Iuppiter le Ciel obeissant,
Ce que ie quier, ce sont grands dons & biens,
Mais ie te pry auoir pitié des miens,
Lesquelz tu voys deuant moy desolée
Plongez au fons de la grand Mer sallée.
Aux Dieux marins par toy grace soit faicte
Sur qui tu as puissance plus perfaicte,
Car en la Mer i'ay quelque Deité
Ou gist l'honneur de ma natiuité,
En me creant iadis de son escume,
Parquoy Aphros me nomme Greque plume.
Ceste oraison par Venus prononcée,
Fut a ses vœux par Neptune exaulcée,
Car a Ino, & a Melicerta
Ce qu'ilz auoient de mortel, il osta,
Et leur donnant grand maiesté nouuelle,
Change leur nom, leur face renouuelle,
La mere fut dicte Leucothea,

Le Dieu
Palemõ.

Dieu Palemon nommé le filz il a.
  D'Ino pourtant les compagnes qui virent
Si grand malheur, leur maistresse suyuirent
De leur pouuoir, iusqu'a la haulte roche,
Predestinée a sa fortune proche,
Mais apperceuz dans le rocher ses pas,
Elles n'ont peu doubté de son trespas,
Dont en grand deuil leurs cheueulx arracherent,
Et de

Metamorphose d'Ouide.

Et de despit leurs vestements trancherent,
En deplorant de funebre oraison
Du Roy Cadmus la dolente maison,
Et par courroux qui de fureur approche
Font a Iuno execcrable reproche,
D'auoir vsé de rigueur trop austere
Vers Semelé surprise en adultere,
Iuno, qui n'a peu souffrir ces iniures,
Va dire ainsi peines encor plus dures
Vous porterez, car par desloyaulté
Me prouoquez a plus grand cruaulté.

Ainsi fut faict car l'vne de ces femmes
Qui de Iuno feit ces plainctes infames,
Non sans Ino aigrement regretter,
Dedans la Mer lors se voulut getter.
Mais quand le sault en Mer prendre elle tasche
Muée en pierre au roc elle s'attache.
Les bras de l'vne estants lors remuez
Pour se ferir, en pierre sont muez,
La main de l'autre en la grand Mer tendue
Fut main de pierre en la Mer estendue,
L'autre voulant ses cheueux arracher,
Sentit ses doigts durs comme le rocher.
Bref sur le poinct des gestes qu'elles font,
Leurs corps muez en dure pierre sont,
L'vne partie en pierre fut muée,
L'autre partie en oyseaulx transmuée.
Encor voit on voleter ces oyseaux
Au mesme endroict de ces marines eaux.

Rien de sa Niepce, & nepueu ne sçauoit

Les cōpagnes d'ino les vnes muées en pierre, les autres en oyseaux.

Le Roy

Le iiij. liure de la

Le Roy Cadmus, lesquelz Neptune auoit
Faictz Dieux marins, mais aigreur vehemente
Detant de maulx son pauure esprit tormente,
Et tant de cas apparus a ses yeulx,
Remplis d'horreur, & fort prodigieux,
Hors de la ville a faict triste sortie
Iadis par luy en grand honneur bastie,
Si s'en alla par tout le Monde errant
Menant sa femme auec luy souspirant,
Finablement en deuil melencolique
Sont arriuez en la tere Illyrique,
Là seiournants desia vieulx & cassez,
Parloient vn iour de leurs honneurs passez,
Et en mettant leurs maulx en souuenance
Renouuelloient leur deuil & desplaisance,
Lors (dist Cadmus qui grands souspirs espand)
Sacré & diuin n'estoit celluy Serpent
Par moy occis quand ie party de Tyre
Les dents duquel semence ont peu produire?
Dieux immortelz, ores s'il est ainsi
Que de vengence auez certain soucy,
Ie vous supply qu'en ceste peine i'entre
En estendant, comme vn Serpent, mon ventre,
Si tost que fut son parler entendu
Comme vn Serpent s'est son ventre estendu,
Et tout subit ses deux cuysses noyrcies
Se sont auec dure escaille endurcies
Tout son corps fut taché de couleur perse,
Son estomac contre terre il renuerse,
Iambes, & piedz tout a vn coup s'assemblent,

Et d'vn

La muta-
tion de
Cadmus
& de sa
femme
en Ser-
pents.

Metamorphose d'Ouide.

Et d'un Serpent la queue bien ressemblent,
Ne restoit plus que les bras a muer,
Lesquelz il va estendre a remuer
Vers son espouse, & en tendant les mains
Il gettoit pleurs des yeulx encor humains
En luy disant O ma dolente Espouse
Pendant que i'ay d'humain corps quelque chose,
Approche toy, & pendant qu'ay la main,
Et qu'en Serpent n'ay tout le corps humain.
Cadmus voulant vn plus long propos dire,
Langue n'a heu pour a cela suffire,
Car en deux parts sa langue s'est fendue
Et plus ne fut qu'en siflant entendue,
Sa femme alors (que grand frayeur abbat,)
Son estomac en grand tristesse bat,
Puis en cryant dict O Cadmus demeure,
Deliure toy de ce Monstre a ceste heure.
Las qu'est cecy? ou sont les piedz congneus?
Que sont tes mains, & tes reins deuenus?
Ou est ta face? ou est peu tout aller,
Des maintenant qu'a toy ie vien parler?
O Dieux faisants mon mary tant disformé,
Las faictes moy Serpent de mesme forme.
Lors le nouueau Serpent vint approcher
De son Espouse, & sa femme lescher,
Touchoit son sein, & le col acolloit
Lequel iadis tant aymer il souloit,
Mais tout soubdain sa femme triste & blesmé
Deuint Serpent d'une figure mesme.
Donc en Serpents furent muez tous deux.

g   Leurs

Leurs cols luy ſoient grillants, & fort hydeux.
Dont leurs seruants qui la, ſont dauanture,
Sont eſfrayez de ſi laide figure,
Les deux Serpents ſe traynants contre terre
Au boys prochain ſe retirent grand erre,
Ou a preſent ilz ſont veuz grands & longs,
Mais ilz ne ſont dangereux, ne felons,
Point n'ont ilz peur des hommes la, paſſants,
Et en nul lieu ne les vont oppreſſants,
Ains viuent la, en fortune aſſouuie,
Rememorants leur miſerable vie.
Et neantmoins Bacchus les viſitoit,
Comme nepueu, & les reconfortoit.

 Les Indoys font ſacrifice notoire
Au Dieu Bacchus, ayant ſur eux victoire,
Et toute Grece en honneurs immortelz
Au nom de luy faict temples, & autelz.
Acriſius né de meſme origine
A l'honnorer touteſoys ne s'encline,
Ains en fermant d'Arges chaſcune porte
Contre ce Dieu faict la guerre bien forte.
Et ce qui l'a contre Bacchus attraict,
C'eſt que des Dieux ne le penſe eſtre extraict.
Et pour nepueu Perſeus n'a receu
Que Danaé ſa fille auoit conceu
De Iuppiter, quand par chaleur qui l ſent,

La naiſ-
ſance de
Perſeus.

En goutte d'or en ſon ſein il deſcend.
Mais toſt apres en ha tant d'aſſeurance,
Qu'il ſe repent que par ſon ignorance
Au Dieu Bacchus n'a faict ſeruice, & væu,

Et

Metamorphose d'Ouide.

Et recongneu Perseus son nepueu.
Or ia Bacchus loing de dangers molestes
Est honnoré aux regions celestes,
Et l'autre en l'air de ses aisles resonne
Vainqueur du chef serpentin de Gorgonne.
Que ça & la il porte par my l'air,
Et quant vn iour il se print a voler,
Dessus Libye addressant sa volée,
Du chef hydeux mainte goutte est coullée
De sang esbais, sur ceste terre la,
Dont engendré plusieurs monstres elle a,
Et a present est Lybie gastée
De ces Serpents, qui l'ont toute infectée.
Perseus vole en regions diuerses,
Les vents & luy sont en grands controuerses
Dont ça & la il est porté souuent
Comme la pluye agitée du vent,
Il voit d'enhault de Mer les eaux irées,
Et de la Mer les terres separées,
Prenant son vol sur les pays diuers
Qui sont enclos par le monde vniuers
Troys foys il print son vol a grandes courses
Pour contempler du Ciel les froides Ourses,
Troys foys il vid par vn mesme accident
Les bras du Cancre, & puis en Occident
Dressa son vol, & souuent rencontrée
Ses aisles ont d'Orient la contrée.
Or luy voyant le iour se definir,
Et de la nuict l'obscurité venir,
A celle fin que son vol ne foruoye

Le iiij. liure de la

Il ne se veult sur la nuict mettre en voye,
Et pour donner repos a son corps las,
Vient au manoir Hesperide d'Atlas.
Ou il requiert lieu de repos nocturne
Iusques au poinct de celle heure oportune
Ou Lucifer aux Cieulx resplendira,
Et qu'Aurora le clair iour produira.

La force du Roy Atlas.

Celluy Atlas estoit noble, & auguste
Oultrepassant de corps grand & robuste
Tous les humains, la Terre Occidentale
Estoit dessoubs sa puissance royalle,
Pareillement la grand Mer Hesperide,
Ou sont receus pour nocturne subside
Du clair Phebus les superbes cheuaulx,
Pour alleger ordinaires trauaulx,
Mille troupeaux il ha qui portent laine,
Autant de beufs, & vaches en la Plaine,
Sans qu'en son grand, & riche lieu champaistre
Aucun voisin ses troupeaux face paistre.
Et ce qui est de sa richesse encor,

L'excellence du Pómier du iardi du Roy Atlas.

Vn arbre auoit dont la feuille n'est qu'or,
D'or pur & fin les rameaux reluysoient.
Qui d'or aussi les pommes produisoient.
Donc Perseus qui demande a loger
Au Roy Atlas à dict pour abreger,
Si quelque chose en tout endroict merite
Gloire & honneur du sang dont l'homme herite,
De Iupiter i'ay pris forme, & naissance,
Ou si tu prens quelque resiouyssance
D'ouyr compter grands, & merueilleux faicts,

Tous

Metamorphose d'Ouide.

Tout esbahy seras des miens perfaicts.
Regarde donc par ce bening propos,
De m'octroyer logis pour le repos.
　Atlas adonc en sa memoire a mys
Ce que luy dist la Déesse Temis
Qu'vn iour seroit raui par violence
Le fruict doré de l'arbre d'excellence,
Et que celluy qui le pourchasseroit,
De Iuppiter geniture seroit,
Dont luy craignant perdre ses fruictz tant chers,
Enclorre feit de solides rochers
Son iardin riche, & le meit soubz la garde
D'vn grand Dragon, qui ce beau pommier garde,
Et en craignant de choir en ces dangers,
De son pays chassoit tous estrangers.
Qui rudement a Perseus va dire
Fuy t'en d'icy pour euiter mon ire,
Ou Iuppiter, dont tu prens faulx recours,
Ne te vouldroit donner aucun secours.
Ainsi disant ce Roy par grands audaces
Vsa de force auecques ces menaces,
Voulant chasser Perseus rudement,
Qui tend les mains, & le prye hunblement.
Comme celluy qui est de force moindre.
Car qui vouldroit s'accomparer, ou ioindre
Au fort Atlas? lors Perseus luy dist
Puis que ie n'ay de loger le credit
Reçoy le don que ie te liure & donne,
Et luy monstra la teste de Gorgonne
En se tournant, dont le regard estrange

g iiij

Le iiij. liure de la

Le Roy Athlas mué en mortaigne par le regart de Meduse.

Le grand Athlas en mont sublime change.
Car sa grand barbe, & cheueux sans arrest
Changent leur forme en espaisse forest.
Espaules, mains, en montaigne deuiennent,
Ses os en pierre, & sa durté retiennent,
Ce qui sur luy iadis chef a esté,
De la montaigne est la sublimité.
Bref de son corps accroissent les parties,
Et en croissant en mont sont conuerties,
Qui le hault Ciel du veuil des Dieux soustient,
Auecques tant d'estoiles qu'il contient.
Desia estoit Lucifer eleué
Clair & serain, au point du iour leué,
Et Eolus ceste belle saison
Auoit ses vents mys en forte prison
Quand Perseus se va leuer grand erre
En delaissant l'Occidentale terre,
A ses talons ses deux aisles lia,
Son glaiue agu de ceindre n'oublia,
Se met en voye, & de valeur instruict

Perseus amoureux de la belle Andromeda fille du Roy Cephée laquelle fut liurée au monstre marin.

Par le pur Air de ses aisles faict bruict,
Et delaissant diuerses nations,
De ça & la, pays, & regions,
Finablement Ethiope il contemple,
Et le pays illustre, noble, & ample
Du Roy Cephée, adonc il regarda
Sur vn rocher liée Andromeda
Fille du Roy, sur ce dur rocher mise,
Tant seulement pour la faulte commise
Par le babil de sa mere & sermon,

Dont

Metamorphose d'Ouide.

Dont irrité fut Iuppiter Hammon,
Qui en ce lieu, pour de vengence amere
Estre vengé du crime de la mere,
Feit attacher sa fille en belle monstre,
Pour estre proye, & pasture d'un Monstre.
Nue elle estoit, & si ses blonds cheueux
Le vent n'eust faict voleter a ses vœux,
Ou si ses yeulx a la crainte exposez
N'eussent esté de larmes arrousez,
Ia Perseus qui en ce lieu arriue,
Ne l'eust pensée estre personne viue,
Ains Marbre fin, doncques quand il l'a vid,
Sa grand beaulté d'amour tant le rauit,
Que peu s'en fault que par ces estincelles
Il ne s'oublie a esbranler ses aisles,
Et s'arrestant, pour y donner remede,
Ainsi parla a la triste Andromede.
Merité n'as lien si rigoureux,
Ains le lien plus doulx & sauoureux,
Duquel liez sont d'un cueur reciproque
Loyaux amants, quand amour les prouoque.
Si te supply de ne me celer point
Ton nom, ta terre, & pourquoy en tel poinct
Dessus ce grand rocher es attachée.
Andromeda dolente & fort faschée,
Du premier coup a c'il n'osa respondre,
Qui de parler ainsi l'alloit semondre.
Puis elle estant vierge chaste & honteuse,
En sa fortune amere, & trop piteuse
N'osoit vn homme incongneu appeller,

g iiij   Et desyroit

Et desyroit son visage celer
De ses deux mains, mais trop estrainte chorde
De remuer ses mains ne luy accorde,
Bien que son deuil monstre assez clairement
Des pleurs gettez par elle largement.
Mais Perseus de l'enquerir ne cesse,
Elle craignant, si elle ne confesse
La verité, que Perseus estime
Qu'elle soit la iugée pour son crime,
Luy dit son nom, sa terre, & alliance,
Et que sa mere eust trop folle fiance
De sa beaulté, & encores n'auoit
Tout racompté cela qui luy seruoit.
Que tout subit de la beste felonne
On voit le vol, dont la grand Mer resonne
La Vierge adonc cris & pleurs ne tempere,
Et alentour ploroit le Roy son Pere,
La mere aussi, mais a cause plus iuste
Ploroit la fille en son torment iniuste
N'ayant secours de ses propres parents
Sinon de pleurs, & de crys apparents,
Qui regretans leur fille miserable,
Pres du corps nud font vn deuil lamentable.
Dont leur a dict le filz de Iuppiter,
Par voz longs pleurs trop pourriez arrester
Pour vostre fille empescher de mourir,
A qui de brief il conuient secourir:
Mais si voulez femme la me promettre,
(Si ie la puis hors de ce danger mettre)
Ie me mettray en ma force & vertu

De triumpher

Metamorphose d'Ouide.

De triumpher du Monstre combatu:
Ne refusez Perseus vostre gendre,
Ie suis celluy que Iuppiter engendre
Quant Danaé enclose le reçoit
En goutte d'or, & ainsi me conçoit.
Et si voulez louange plus diffuse
Iay mys a mort la Gorgonne Meduse,
Ayant pouuoir pres des haults Cieulx aller,
En esbranlant mes deux aisles en l'air,
Donc si du veuil de celeste ordonnance,
Andromeda ie mectz a deliurance;
Consentez vous pour tant iuste sallaire
Que ie l'espouse auecques son douaire?
Les deux parents luy respondent alors
Quilz le vouloient, & que par ces accords,
Non seulement leur fille espouseroit,
Mais le Royaulme en douaire il auroit,
(Et qui plus est)ilz vsent de priere
Pour l'esmouuoir contre la beste fiere,
Qui sapprochant d'un cueur fier, & amer
Bruire faisoit les vndes de la Mer.
Ainsi que faict vn fort, & grand nauire
Quand par effort les auirons on vire,
Et non plus loing qu'vn gect de fonde estoit,
Quand Perseus qui ne sespouuentoit,
Bien asseuré de ses aisles congneues,
A pris son vol iusq au plus pres des nues,
Et en la Mer apparoissoit son vmbre,
Ou s'amusoit ce Monstre plein d'encombre
Et tout ainsi que l'Aigle fort & cault

Voit en

Le cōbat de Perseus cōtre le monstre pour deliurer samye Andromeda.

voit en vn champ le serpent de bien hault,
Qui au Soleil clair & resplendissant
Monstre a loysir son dos fort pallissant,
Et l'ayant veu, par subtile bataille
Ses vngles fiche en son col plein d'escaille,
En assaillant le Serpent par derriere,
A celle fin qu'en aucune maniere
Son aguilon il ne puisse leuer,
Pour resister a l'Aigle, & le greuer.
Ne plus ne moins Persevs va estendre
Son vol par l'Air, & tout subit descendre,
Et tellement par derriere pressa
Le monstre grand (ou son fer il dressa
Par grand vigueur), que son glaiue qui tranche,
Il feit entrer dans ses reins iusq'au manche,
Le monstre hydeux voyant sa chair percée
Si griefuement du glaiue de Persée,
Ores de grand ire qui le semond,
Sublime en l'air se dresse contremont,
Ores de grand fureur dont il abonde.
Se va plonger dedans la Mer profonde,
Il suyt Persée en ceste mesme sorte
Que le Sanglier, qui des chiens a la flotte
Est assailli, le fils de Iuppiter,
Scait par son vol, la morsure euiter
Du Monstre fier, & maint coup luy assigne
Aucunefoys dessus sa dure eschine,
Aucunefoys dessus la coste dextre,
Aucunefoys sur la coste senestre,
Puis sur la queue, & du coup violent,

Le monstre

Metamorphose d'Ouide.

Le monstre est tout rendu sanguinolent.
Qui s'esforceant perseus assaillir
Faict sang & eau de sa gueule saillir,
Dont Perseus sent ses aisles souillées,
Et les voyant foibles d'estre mouillées,
Ne s'osa plus a leur vertu fier,
Ains pour le monstre autrement defier,
Diligemment d'un rocher approcha,
Ou de la main senestre il s'acrocha,
De l'autre main propice pour cambatre
Luy mect le fer par troys foys, voire quatre
Iusques aux foy, & si fort l'oppressa
Que deuant tous mort il le renuersa.
Puis fut receu en triumphante gloire,
De tout le peuple aise de sa victoire.
Des voix du peuple esiouy grandement
La Mer resonne, & l'air pareillement
Le Roy Cephée, & Cassiope aussi
Ont pour leur fille osté deuil & soucy,
Et a leur gendre ont donné le salut
Duquel si fort la proesse valut,
En le nommant la conseruation
De leur demeure, & habitation,
Andromeda piteusement liée,
Ioyeusement par eux est desliée,
Qui est le bien d'inestimable pris
Dont le vainqueur tant de labeur a pris,
Qui lors laua sa main victoricuse
Teincte du sang de beste furieuse.
Et ce pendant il coucha dans le sable

La mort du monstre, & Andromeda deliurée p le vaillāt Perseus.

Le chef

Le iiij. liure de la

Le chef hydeux de Meduse doubtable,
Et mect dessus feuilles a grands ionchées,
Herbes aussi de la terre faulchées,
Semblablement vergettes, & rameaux
Qui ont racine, & croissent dans les eaux,
Lors les rameaulx de recente verdure
Furent muez en mainte pierre dure.
L'horrible chef les verges faict roydir
Que lon voyoit nagueres reuerdir,
Nymphes de Mer ioyeuses du miracle
L'ont esprouué, & sans aucun obstacle
Les vers rameaulx sont durs comme vn rocher.
Incontinent qu'elles les font toucher
A ce pourtraict de teste serpentine.
Et des rameaux gettez en l'eau marine

D'ou vit le corail & de la nature.
Vint le Corail, a qui est demourée
Ceste nature, et est chose asseurée,
Que dedans l'eau est rameau verdissant,
Et hors de leau en pierre roydissant,

    Le preux vainqueur par triumphant office
Feit a troys Dieux vn nouueau sacrifice.
Dame Pallas Déesse d'armature,
Eut l'autel gauche, & le dextre eut Mercure,
Et Iuppiter le grand Dieu Immortel
Eut au milieu son venerable autel.
A Pallas fut offerte vne Genice,
D'un Veau fut faict a Mercure seruice.

Le mariage de Perseº & d'Andromeda.
A Iuppiter sur son autel sacré
Fut vn Taureau dignement consacré.
Puis l'Espousé en honneur nuptial

Mene sa

Metamorphose d'Ouide.

Mene sa femme au grand Palais royal.
Hymeneus le Dieu des espousailles
A consenti aux amours nuptiales,
Doulces edeurs par la Sale espandues,
De toutes parts, & chansons entendues,
Harpes, & Lucs, & fluste qui accorde
Bien doulcement aux instruments a chorde
Du lieu Royal chasque porte est ouuerte,
La Salle estoit de fin or bien couuerte,
Et le conui illustre, & non pareil
Fut preparé de royal appareil.
Donc au banquet du noble roy Cephée
Dedans la Sale ainsi bien estofée,
Les grands seigneurs prudents, & bien rassis
En leur degré digne se sont assis.
Pris le repas delicieusement,
Auquel Bacchus donna consentement,
Le preux Persée en tous endroicts s'informe,
Des loix, edicts, & maniere conforme
De ce pays, adonc vn des plus meurs
Des assistents, luy va compter les meurs,
L'estat de viure, & la condition,
Et les edicts de ceste nation.
Puis quand il eut mys tout en euidence
De voix diserte, auec meure prudence,
Mais compte nous o Perseus (dist il)
Par quel moyen, & par quel art subtil
De la Gorgonne as emporté le chef
Plein de Serpents, & dangereux meschef.
A ce propos Perseus racomptoit

Que soubs

Le iiij. liure de la

Le recit de la cõqueste du chef de Meduse p Perseus.

Que soubs le mont d'Atlas vn lieu estoit,
Bien asseuré d'une sublime roche
Pour se garder de militaire approche,
Et qu'en ce lieu les deux Seurs habitoient
Qui de Phorcus propres filles estoient,
Et toutes deux n'auoient yeulx au visage
Fors vn, encor par mutuel vsage,
Dont il auoit par astuce aduisée
Raui cest œil de sa main supposee,
Que par sentiers lourds, & inaccessibles
Auoit entré en ces maisons horribles,
Voyant par tous les chemins, & sentiers
Muez en pierre hommes iadis entiers,
Pour auoir veu Meduse seulement,
Et que muez il vid semblablement
Maints animaulx, qui par mesmes massacres
Sont a present pierres, & simulacres.
Puis racompta qu'en la grand resplendeur
De son escu (qui luy fut vn grand heur)
Il vid Meduse, & qu'en son plus grand somme,
Qui de sommeil ses couleuures assomme,
Du fer trenchant le chef luy emporta,
Que deux cheuaulx du sang qui degoutta

Le cheual volãt Pegasus procrée du sang de Meduse.

Furent créez, dont l'un par grands merueilles
Dict Pegasus, pour voler eut des aisles,
Leur compte aussi en combien de dangers,
A veu en l'air maints pays estrangers,
Et (ce qu'on doibt priser encores mieulx)
Combien il a veu de signes aux Cieulx,
Par le secours de ses aisles legieres,

Et n'auoit

Metamorphose d'Ouide.

Et n'auoit mys ces choses estrangeres
Encor a fin, lors qu'vn riche seigneur
Le supplya de luy estre enseigneur
Pourquoy Meduse estoit ainsi terrible
Ayant le chef de serpents tres horrible.
Puis que tu veulx (dist Perseus) sçauoir
Ce cas icy, digne de receuoir,
Escoute donc le poinct de ta demande.
Ceste Meduse auoit beaulté si grande,
Que de plusieurs le cueur elle rauit,
Cela ie sçay par homme qui la vid,
Et qu'elle estoit par cheueleure blonde
Le choix esleu des vierges de ce monde,
Dont Neptunus de la Mer president,
Fut raui d'elle, & de crime euidens
Qu'a perpetrer ailleurs il ne reserue,
L'a viola au temple de Minerue:
Minerue adonc honteuse se cacha,
Et ses deux yeulx de son escu boucha,
Mais ne voulant que ceste villainie
Aucunement demourast impunie,
Elle changea de Meduse la forme
En chef hydeux, serpentin, & disforme,
Dont a present Pallas prudente & saincte
Pour mieulx tenir ses ennemys en crainte,
Porte ce chef horrible & furieux
Sur son harnoys noble, & victorieux.

La raisõ pourquoy Le chef de la Vierge Meduse fut mué en teste Serpentine.

Fin du iiij. liure de la Metamorphose d'Ouide.

Le v. Liure de la
Metamorphose d'Ouide.

La merueilleuse guerre de Phineus oncle d'Andromeda côtre Perseus filz de Iuppiter

Vand Perseus ces choses racôptoit
Qu'vn nôbre grand de seigneurs escoutoit,
Vn bruit de gents s'esmeut dedans la Sale,
Non pour parler de feste coniugale,
Mais pour tumulte austere denoncer,
Et pour la guerre horrible commencer,
Si qu'on pourroit d'apparente raison
De ce conuy faire comparaison
A la grand Mer, laquelle on voit paisible,
Puis par les vents soubdain fiere & horrible.
Lors Phineus de tout ce bruit autheur,
Et de l'assault temeraire inuenteur,
Branslant vn dard par fiere violence,
A Perseus dist en telle insolence.
Ie suis celluy qui veulx d'ardente enuye
Ores venger mon Espouse rauie.
Hors de mes mains ia n'eschapperas tu
Par ton pennage ou tu metz ta vertu,
Et Iuppiter qui d'or print la semblance,
Ne te sera salut, ne deliurance.
Lors de getter son dard il s'esforça.
Mais Cepheus en cryant prononça
Ce qui s'ensuyt, frere que veulx tu faire

Quelle

Metamorphose d'Ouide.

Quelle fureur t'induict a cest affaire?
Est ce l'espoir de iuste recompense
Qui du vainqueur les hault faicts recompense?
Est ce l'honneur du douaire requis
D'auoir salut a ma fille conquis?
Certainement si de sens raisonnable
Tu veulx ouyr vn propos veritable,
De Perseus plaindre ne te conuient,
Ce n'est pas luy d'ou ceste perte vient,
Ce n'est pas luy qui t'a ma fille ostée,
Mais du grand Dieu la fureur irritée,
Et le courroux des Nymphes de la Mer,
Bref c'est le Monstre inhumain & amer
Qui de mon sang & tendre geniture
Venoit querir sa proye & sa pasture,
Et ia estoit de toy alienée
Des qu'elle fut a la mort condamnée.
Encor ie croy que ta grand cruaulté
Contente est lors de la desloyaulté
De sa fortune, & que desir te mord
De me voir faire vn grief deuil pour sa Mort,
Si toy present elle a esté liée,
Et au secours de la Mort oubliée,
Si toy son oncle, & mary fiancé
A tel besoing ne tes poinct aduancé,
As tu de deuil la pensée asseruie,
Si par autruy elle ha salut & vie?
Et au vainqueur veulx tu en cest endroict
Oster par force vn legitime droict?
Si ce thresor te sembloit noble & cher,

b Tu

Tu le debuoys requerir au rocher,
Dessus lequel ta dolente amoureuse
N'attendoit plus que la Mort douloureuse.
Laisse iouyr doncques du bien exquis
Celluy, qui l'a en grand danger acquis,
Et qui a tant faict par sa grand proesse
Qu'ores sans hoir n'est ma blanche vieillesse,
Ne trouble point en son auctorité
Celluy, qui a tant d'honneur merité,
Et qui suyuant nostre accord conuenu
Est au vray but de son loyer venu,
Et croy quil ha sur toy la preference
Au mariage & meilleure apparence,
Puis quil s'est mys en danger de mourir
Pour de la Mort ma fille secourir.
  Phineus rien a ce ne respondoit.
Ains l'un & l'autre en fureur regardoit,
Songeant auquel il doibt faire greuance
Et par courroux, qui double sa puissance,
Getta son dard, cuydant en molester
Et mettre a Mort le fils de Iuppiter,
Le dard passa, lors Perseus saillit
Hors de la table, & prit dessus vn lict
Le mesme dard, quil rua promptement
Vers Phineus, & si aucunement
L'en eust attainct, auec son arrogance
Phineus fust mys a mortelle oultrance,
Qui se cacha lors derriere vn autel
Pour obuier a ce peril mortel,
Et fut l'autel propice & secourable

Metamorphose d'Ouide.

Au malheureux, plein de crime execrable,
Et neantmoins du dard la fine poincte
Le fust laissa, & roydement fu ioincte
Dedans le front de Rhetus, qui tomba,
Puis quand de l'os tiré le fer il a,
La Mort l'esmeut, & en telles atteinctes
Du sang de luy les nappes furent teinctes.
Le peuple adonc par cholere imprudente
Entre en fureur, & ire tres ardente.
Dards sont ruez par la gent eschauffée
Tant pour a mort mettre le Roy Cephée,
Que Perseus, mais Cephée le Roy
S'absenta lors de ce piteux desroy,
En reseruant d'auctorité royalle
L'honneur aux Dieux, au gendre foy loyalle.
 Lors pour donner a Perseus soulas
Suruint sa seur la Déesse Pallas
De son bouclier luy faisant couuerture,
Et incitant son cueur a l'armature
Et ce conflict y eut vn ieune enfant,
Né de seze ans, en beaulté triumphant,
D'Inde estoit il, & fut Atys nommé,
Dessoubs Ganges le fleuue renommé,
Limniacé Du mesme fleuue yssue
Auoit d'Atys la grand beaulté conceue,
Qui d'appareil, & riche accoustrement
A sa beaulté donnoit accroissement,
Son manteau fut d'escarlate bien fine,
D'or esmaillé, d'une brodure insigne.
Son col estoit richement decoré.
    h ij   D'un

Le secours de la Déesse Pallas a son frere Perseus.

D'un carquan d'or, d'ouurage elabouré,
Et ses cheueux par ordre disposez,
D'odeur de Myrre estoient bien arrousez.
Celluy Atys auoit l'experience
De ficher dards d'une longue distance,
Mais encor mieulx bender l'arc sçauoit il,
Et en cela estoit prompt & subtil.
Et lors son arc par grand cure il bendoit,
Et Perseus occire pretendoit,
Mais Perseus qui le voit entreprendre,
Dessus l'autel vn vif tison va prendre,
Dont il frappa Atys si rudement
Qu'il tomba mort de ce coup seulement,
Quand Lycabas, du regne Assyrien,
Mort estendu vid Atys l'Indien,
Grand deuil en eut, car de son alliance
Fut Lycabas, & de telle acointance,
Qu'aucunement il ne dißimuloit
L'amour, & bien qu'a Atys il vouloit.
Donc quand de pleurs, & regrets non petits
Il eut ploré dessus le corps d'Atys,
De saisir l'arc n'a long temps attendu
Qui par Atys nagueres fut tendu,
Et tout enflé d'aigre courroux, & d'ire,
A Perseus arrogamment va dire:
Contre vn enfant ta puissance excercer
Tu ne deuoys, ains a moy t'addresser,
Qui te feray par ma force congnoistre
Que de sa mort longuement ioyeux estre
Tu ne pourras, & que plus enuieux

Est vn

Metamorphose d'Ouide.

Est vn tel faict que noble & glorieux.
Encor n'auoit Lycabas dict cela
Quand desbendé soubdainement il a
Son arc tendu, duquel la flesche viste
Perseus lors diligemment euite,
Et neantmoins la flesche rencontra
L'habillement, & le pli penetra,
La mesme flesche est par luy vsurpée,
Et dans le sang de Meduse trempée,
Puis dans le corps de Lycabas la meit,
Qui en mourant aupres d'Atys gemit,
Pour luy tenir aux enfers compagnie
Auecques soy en mesme mort vnie.
En bataillant couroit Amphimenon,
Auec Phorbas le filz de Methion
Qui en courant vont tomber a l'enuers
Sur les carreaux de sang tiede couuerts,
Et se cuydoient tost releuer de terre
Pour de rechef renoueller la guerre,
Mais Perseus, qui les va empeschant,
En occist l'un de son glaiue trenchant
Pres de Phorbas, qui sang espais desgorge
Car Perseus luy a coupé la gorge.
Mais Erithus qui le precipitoit
D'vne bien grand congnie quil portoit
Ne fut occis en ceste mesme sorte
Par Perseus, du fer trenchant qu'il porte,
Car il saisist vne couppe massifue
Sur vn baffet, & de force excessifue
Contre Erithus a deux mains la getta,
   h iij   Si que

Si que du coup la vie luy osta.
A mort auſſi Polydegmon amys
Qui de la race eſt de Semiramis,
Puis Abaris qui luy faiſoit nuyſance
Du mont Caucaſe ayant pris ſa naiſſance.
Semblablement coup mortel a donné
A Lycetus, par luy a mort mené
Eſt Phlegias, Elyces, & Clytus,
Foullant des piedz tant de corps abbatus.
  Lors Phineus, qui crainct ſur toute choſe
Son ennemy, & ſur luy courir n'oſe,
Luy gette vn dart foruoyant dauenture
Et a Idas feit ſentir ſa poincture,
Qui toutefoys guerre n'entreprenoit,
Et de nul d'eux le parti ne tenoit.
Ainſi nauré diſt au cruel Phinée,
Puis que par toy ma vie eſt terminée,
Ores reçoy celluy pour ennemy
Auquel tu n'as monſtré vray tour d'amy,
Et pren ce coup pour reciproque paye,
Et pour tribut de ma mortelle playe.
Ainſi diſant ſe voulut eſſayer
Le dard trempé en ſon ſang renuoyer
Vers Phineus, mais en vain il s'efforce,
Car il tumba ſans naturelle force
La Odites qu'honneur enuironnoit
Apres Cephée, & qui le gouuernoit,
Fut mis a mort du glaiue de Clymene,
Et Hypſeus, Protenor ainſi mene,

Puis

Metamorphose d'Ouide.

Puis Hypseus est par vn mesme faict
Par lyncides assailli, & defaict.
Emathion qui estoit de vieil aage,
Creignant les Dieux, iuste, prudent & sage,
Veu ses ans vieulx, du corps ne trauailloit,
Mais seulement de la voix batailloit,
En blasmant ceux qui ont faict ces alarmes,
Et qui ont pris iniustement les armes.
Adonc Cromis de fureur tout bouillant
Iusq' a l'auteil suyt ce vieillard tremblant,
Et d'vn seul coup de sa trenchante espée
Luy a la teste iniquement coupée.
Et neantmoins sa langue demy viue
Va prononcer excecrable inuectiue
Contre Cromis, puis elle rendit l'ame
Dessus l'autel dedans la viue flamme.
Phinée occist Broteas par ses mains
Auec Ammon tous deux freres germains
Qui par bouletz d'acier veus inuincibles,
Sur glaiue & fer n'ont heu bras defensibles,
Puis meit a mort Alphytus par rudesse,
Qui prestre estoit de Ceres la Déesse
D'vn blanc lien ayant serré le chef.
Iapetides, par semblable meschef,
De sa nature aux armes mal propice,
En excerceant son naturel office,

h iiij   Pour

Pour au conuy paix, & soulas donner,
Faict doulcement sa harpe resonner
Auec sa voix, en celebrant la feste
De doulx accords, & melodie honneste,
Mais Pettalus qui le voit loing distant
Auec sa harpe en musique chantant,
Va(ce dist il)au regne Plutonique
Paracheuer l'accord de ta musique,
En ce disant en fureur le contemple
Et meit son fer dedans sa gauche temple,
Iapetides tomba soubdainement,
Et en mourant dessus son instrument
Des doigts encor feit vn son lamentable,
En tesmoignant de sa Mort miserable.
Mais Lycormas n'eut si lasche remord
Qu'il ne vengeast du menestrier la Mort,
Si arracha d'vn grand huys la barriere,
Dont Pettalus frappe en telle maniere
Dessus le col, qu'a terre mort le rue,
Comme le beuf que lon assomme & tue.
Et Pelates vouloit semblablement
La barre oster d'vn autre huys promptement,
Mais Coritus du fer a pointe ague
Luy a la main dedans le boys cousue.
Abas le vid pendant & attaché,
Qui en ses flans a son glaiue caché,
Dont Pelates en a l'esprit rendu,
En demourant a la barre pendu.
Lamys a Mort Menaleus on voit
Qui le parti de Perseus suyuoit.

Metamorphose d'Ouide.

La Dorilas sa vie a terminée
Du glaiue agu du fier Alcyonée,
Qui le blessa en l'ayne, lieu mortel:
Ce Dorilas qui receut vn coup tel
Fut opulent en terrestre heritage
Sur ses voysins ayant bel aduantage
Du reueau & proffit de ses bledz,
De plusieurs champs cueillis & assemblez,
Donc quand celluy Alcionée eut veu
Que Dorilas d'un coup mortel pourueu
Tournoit les yeulx enfonsez, & debiles,
Luy dist ainsi, de tant de champs fertiles
Que tu auoys en ta possession,
Contente toy de ceste portion
Ou rien ne peulx par aucune vigueur
Auoir, sinon de ton corps la longueur,
Ainsi mourut, lors en grand diligence
Pour Dorilas Perseus print vengence.
Hors du corps mort la flesche il retira,
Et sans faillir au visage tira
D'Alcyonée, & par le nez entrant
Le dard poinctu va le col penetrant.
Puis ce pendant qu'il congnoist que fortune
Est a sa main aydante & opportune,
Met Clytius, & Clanis a l'enuers
Freres occis par luy de coups diuers,
A Clytius sa lance il addressa,
Et de ce coup ses deux cuisses percea,
Et a Clanis si rudement il touche
Du dard agu, qu'il luy fendit la bouche.

Puis le

Puis le bastard Astreus, sans pardon,
Il meit a mort, auecques Celadon.
Et Ethion sachant choses futures,
Mais bien deceu pour lors en ses augures.
Puis l'escuyer de Phinée le Roy
Dict Thoastes, chet en mortel desroy
Par Perseus, qui occis Thoastes,
Faict prendre fin a l'infame Agyrtes
Ayant iadis d'enorme vitupere
De sa main propre occis son propre pere.
Et nonobstant si grant nombre a mort mys,
Perseus ha encor plus d'ennemys
Qui sont viuants, & contre luy tendus,
Qu'il n'en y a sur la terre estendus,
Et contre vn seul troupe desmesurée
D'un homme seul a la Mort coniurée,
Ayant assez de persuasion
Pour impugner la iuste occasion
De l'Espousé, sur le bien qui merite
Qu'on mette obstacle a la foy & merite.
En cest endroict de bellique ferueur,
Vers Perseus est vaine la faueur
Du Roy Cephée, & de la Royne aussi,
Rien ne luy sert le deuil plein de soucy
Qu'auec eux prent la nouuelle Espousée.
Car de la troupe aux armes disposée
Sort plus de bruit, tant du son des armures
Que des naurez de mortelles blessures.
Pallas aussi par ces gents dissolus
Voyant les Dieux domestiques pollus,

En grand

Metamorphose d'Ouide.

En grand fureur la guerre renouuelle
Baignant son bras dedans leur sang rebelle.
　De toutes parts Phineus & ses gents
Sont d'assaillir Perseus diligents,
Flesches & dards volent plus dru que gresle
Lors qu'en hyuer abondamment il gresle,
Et ainsi dru contre luy sont gettez
Le plus souuent aupres de ses coustez,
Pres de ses yeulx, & pres de ses aureilles.
Dont luy voyant les forces nompareilles
Des ennemys, pour secours singulier
Va garentir ses reins contre vn pilier,
Et s'asseurant d'une telle maniere
De n'auoir point d'assault par le derriere,
Soustient l'esfort de l'aduersaire bande
Qui contre luy toute d'un flot se bande.
Si en vid deux de la troupe infinie,
L'un de Nabathe, & l'un de Chaonie.
Le premier fut Ethemon a la dextre,
Et Molpheus estoit a la senestre,
Lors comme vn Tygre affamé & hydeux
Oit deux troupeaux, ne sçait auquel des deux
Premier courir, & est fort pensif, pource
Qu'il vouldroit bien aux deux prendre la course,
Ainsi estoit Perseus a penser,
Ne sçait auquel il se doibt aduancer,
Si se tourna a la senestre main
Sur Molpheus, & d'un coup inhumain
Tout a trauers la iambe luy perça
Qui en fuyant le lieu vuyde laissa

A Ethemon

A Ethemon, qui ne voulut attendre
De Perseus le bras qui n'est pas tendre,
Ains follement voulut la main lever
Pour sur le col son ennemy grever,
Mais le pilier rencontre en grant despit
Contre lequel son glaive se rompit,
Et d'icelluy saulta la fine poincte,
Qui au gosier de son maistre fut ioincte.
Et neantmoins ce coup ne suffist pas,
Pour d'Ethemon advancer le trespas,
Dont Perseus qui trop en vain le vid
Tendre le bras, la force luy ravit.
Car il l'occist de son glaive poinctu.
Mais quand il vid que sa force & vertu
Estoit ia foible a souffrir les efforts
De tant de gents adversaires & forts,
Il leur a dict: puis que par telle sorte
Me contraignez de violence forte,
C'est bien raison que i'emprunte les armes
D'un ennemy, pour vaincre voz alarmes,
Quiquonques soit qui mon amy se face,
Ie luy supply de destourner sa face,
En ce disant, de Meduse le chef
Il eleva, mais a trop grand meschef
Luy respondit vn natif de Thessale,
Cherche (dist il) vn homme en ceste sale
Autre que moy, qui se puisse esmouvoir
D'illusions, que tu veulx faire voir,
Lors il voulut, apres parolle telle,
Tout droict viser d'une flesche mortelle

A Perseus

Metamorphose d'Ouide.

A Perseus, mais au geste ou il est,
Homme de marbre il deuint sans arrest,
Amphix adonc de son glaiue oultrageux
Voulut frapper Lyncides courageux,
Mais tout soubdain sa main luy deuint royde,
Et fut de pierre vne stature froide.
Et Nileus qui pour ses tiltres beaulx
Se disoit fils du Nil a sept tuyaulx,
Semblablement en son bouclier illustre
Feit entailler sept fleuues par grand lustre,
Son bouclier fut d'vne part bien doré,
Et d'autre part d'argent elabouré.
Voy(ce dist il)en ce bouclier insigne,
O Perseus, ma premiere origine.
Certainement grand allegence auras
Quand de ma main forte succumberas.
De Nileus la parolle derniere
Fut estouppée, & en telle maniere
Quil semble ouurir la bouche pour parler
Mais sa voix n'ha yssue pour couller.
Adonc Erix grandement les accuse,
En leur disant, friuole est vostre excuse.
Voz cueurs craintifz plus tost fault accuser,
Que sur Gorgonne ainsi vous excuser:
Ensuyuez moy, & prosternez a terre
L'enfant, qui d'art magique vous deterre,
Lors de courir se meit en son debuoir
Sur Perseus, mais il n'eut ce pouuoir,
Car il deuint figure inanimée
Tenant le port de pourtraicture armée.

Plusieurs muez en statues de pierre, pour auoir veu Le chef de Gorgonne.

Or de

Or de tous ceulx la transmutation
Meritoit bien ceste punition,
Fors le gentil Aconteus, gendarme
De Perseus, qui vid en cest alarme
L'horrible chef de Gorgonne, & adonc
Il fut mué en marbre grand & long.
Astyages, le pensant auoir vie
L'alla ferir par merueilleuse enuye,
Mais son cousteau dans le marbre resonne,
Et quand du cas merueilleux il s'estonne,
Il deuient marbre en stature pareille,
Ayant le vis d'homme qui s'esmerueille.
Longue seroit la recitation
De tous les noms de celle nation
Qui batailloit pour Perseus confondre,
Dont en restoit deux cents encor de nombre,
Deux autres cents qui la Gorgonne veirent,
Estants muez comme marbre roydirent.
Lors Phineus, dont la noyse depend,
De sa querele iniuste se repent,
Ne sçait que faire, il voit de toutes parts
Des siens plusieurs simulacres espars,
Les congnoist tous, par leur nom les appelle,
Et leur requiert ayde & secours fidele,
Et peu croyant leurs humaines figures
Deuenir marbre, & muetes statures,
Les prochains corps il touche de ses mains,
Mais il congnoist quilz ne sont plus humains.
Lors destournant son regard de Meduse,
A Perseus d'un tel propos il vse,

En luy

Metamorphose d'Ouide.

En luy tendant, comme a noble vainqueur,
Les ioinctes mains, monstrant son lasche cueur,
Tu as (dist il) louange bien notoire,
O Perseus, ayant sur moy victoire,
Si te supply reculer loing de moy
Tes monstres laids, qui m'ont mys en esmoy,
Et ce regard de ta Gorgonne esmeue
Qui corps humains en dur marbre transmue.
Cupidité de regne posseder
Ne nous a faict en guerre proceder,
Encores moins d'inimitié conceue
Entre nous deux bataille est apperceue,
Mais vne espouse ou nous voulions pretendre
Nous a contrainct l'vn vers l'autre armes prendre
Laquelle a moy fiancée & promise
A meilleur droict as par vertu conquise,
Et me desplaist, pour mieulx m'en acquitter,
Que n'ay voulu tout le droict t'en quitter.
Donc laisse moy la vie, O trespuissant,
Et soys du reste a ton gré iouyssant,
  A ces propos que Phineus disoit,
Et qui celluy voir en face n'osoit,
Auquel de voix il vsoit de priere,
Perseus va dire en ceste maniere:
Du don par toy requis, crainctif Phinée,
Par moy te peult saisine estre donnée,
Combien que grand soit le don & bienfaict
Vers l'homme plein de cueur lasche & defaict.
Et neantmoins ie te veulx bien promettre,
Par fer trenchant a mort de ne te mettre,

La victoire de Perseus contre le Roy Phineus.

Mais

Le v. liure de la

Mais pour certain ie te iure & promects
Que tu seras pour spectacle a iamais
Au grand Palais royal de mon beaupere,
Auquel ma femme, ainsi comme i'espere,
Prendra plaisir de regarder l'ymage
D'un, qui luy fut promys en mariage.
Ainsi disant il transporte tout droict
Le chef Meduse en ce lieu & endroict,
Phineus Ou Phineus, de sa force aduerti,
mué en Ha son tremblant visage conuerti,
statue de Qui desyrant encor tourner sa veue,
marbre Si que par luy Gorgonne ne fust veue,
par le re- Le col eut royde, & en marbre deuint,
gard de Telle durté a ses deux yeulx aduint,
Meduse. Et neantmoins regard non asseuré
A son pourtraict de pierre est demeuré,
Auec les mains soubz mises, & la face
Qui demander semble pardon, & grace.
 Lors Perseus, vaincu le Roy Phinée,
En son pays a sa femme menée,
Contre Pretus faict la guerre prospere
Ayant tollu le regne a son grand pere
Acrisius, lequel en liberté
Du regne il meit, sans l'auoir merité.
Car a Pretus des armes le secours
Na rien seruy, ne les sublimes tours
d'Acrisius son frere mal conquises,
Car Perseus dessus ces entreprises
Luy a faict voir son gorgonique Monstre
Dont il deuint statue en belle monstre.

Et neant-

Metamorphose d'Ouide.

Et neantmoins trop endurcy tu t'es
En ton iniure, o fol Polydectes
Roy de Seriphe, & la force approuuée
De Perseus, par trauaulx esprouuée
N'amollissoit ton courage mocqueur,
Ains mesdisant d'un si noble vainqueur,
Sans mettre fin a ton inique plaincte,
Tu soustenois que c'estoit chose fainte
Du chef hydeux par Perseus conquis.
Si verras tu que i'ay vray los acquis,
(Dist Perseus) que les autres se gardent,
Que Monstre tel leurs yeulx point ne regardent.
Cela disant, de Seriphe le Roy
De sa Meduse il meit en tel desroy,
Que sans luy faire au corps autre blessure,
Le feit roydir comme vne pierre dure,
Lors se depart la Déesse Pallas
De Perseus son frere, auquel soulas
Ayde, & confort n'auoit point espargné.
Et iusq icy l'ayant accompagné
Print voye en l'air, couuerte d'une nue,
Et delaissa Seriphe isle congnue
Semblablement Gyare, & Cythne aussi,
Et en prenant en l'air sa voye ainsi,
Par le plus court chemin sur Mer alla,
En en passant a Thebes, deualla
Sur Helicon la montagne sacrée.
A mainte vierge, & Nymphe consacrée.
Ou s'arrestant aux Muses, doctes Seurs
Dist ces propos pleins de toutes doulceurs.

Le voyage de Pallas sur la montagne de Helicon cōsacrée aux Muses.

i Esmeue

Le v. liure de la

Des
coups de
pied du
cheual
Pegasus
yssue la
fontaine
des Mu-
ses.

Esmeue m'a la haulte renommée
De la fontaine en ce lieu renommée,
Ou Pegasus de coups de pied hurtant
Est le moyen que l'unde y va flottant.
Certes voyla la cause de ma voye,
Affin qu'un faict si merueilleux ie voye,
Car ce cheual dessus mentionné
Ie vy du sang de Meduse estre né.
Lors Vranie a la parolle prise
Qui l'une estoit des Muses bien aprise.
Noble Déesse auec telle raison
Qu'il t'aura pleu de voir nostre maison,
Elle nous plaist, & la tienne venue
Doulce nous est, tu soys la bien venue.
Certainement bien est vray le renom
De la fontaine, & de son estre & nom
Pegasus est la premiere origine.
Cela disant, la fontaine diuine
Elle monstroit a Pallas la Déesse
Qui longuement de s'esbahir ne cesse
En regardant courir a contreual
L'eau, que des piedz iadis feit un cheual.
Puis tout autour de ce mont autentique
Va regarder mainte forest antique,
Mainte cauerne, herbes maintes, & fleurs
Mises a part de diuerses couleurs
Dont elle va dire aux Muses bien nées
Qu'elles estoient de grant heur fortunées,
Tant pour le lieu delectable, & plaisant
Que pour l'estude a leur sçauoir duysant.

Adonc

Metamorphose d'Ouide.

Adonc luy dist des Meonides l'vne.
Sage Pallas, si vertu opportune
A plus haults faictz ne t'auoit incitée,
Bien humblement tu seroys inuitée
D'estudier en ce lieu nuict & iour,
Et auec nous prendre place & seiour,
Ton dire est vray, & a bon droit tu prises
Le lieu, & l'art qui nous rend bien aprises,
Et nous seroit encor plus agreable
Nostre fortune en ce lieu delectable,
Si nous estions en paisible seurté,
Car les mechants remplis d'iniquité
Ne trouuent rien qu'on leur doibue defendre
Quand de malfaire ilz veullent entreprendre,
Puis vouluntiers vierges honteuses sont,
Et tousiours peur de toutes choses ont,
Et mon cueur est encores souspirant
Pour Pyrenée aspre & cruel tyrant,
Et ne suis pas encor bien asseurée
Du souuenir de sa fureur irée.
Ce Pyrenée inique Roy de Thrace
Daulis la ville occupoit par audace,
Et de Phocis le regne iniustement.
Et y estoit pour lors certainement
Que nous auions pris le chemin du temple
De Parnasus, le tyrant nous contemple
En cheminant, puis le faux seducteur
Nous venerant d'un visage menteur,
(Car des long temps ce faulx traistre subtil
Nous congnoissoit) Meonides (dist il)

i ij   Ie vous

Le v. liure de la

Ie vous supply d'humble, & ardant courage,
Arrestez vous, attendant que l'orage
Du temps se passe, (& le temps lors estoit
En gresle & pluye, & fort nous molestoit)
Rien ne deuez craindre (ie vous asseure)
En ma maison prenants vostre demeure.
Car bien souuent les plus souuerains Dieux
Ont faict seiour aux cases & bas lieux.
Sur ces propos, veu le temps qu'il faisoit,
De faire vn peu d'arrest il nous plaisoit.
Ce qui fut faict, nous entrons en la Sale
De Pyrenée ayant cueur ord & salle,
Car aussi tost qu'Auster vent pluuieux
Par Aquilon serein & gracieux
Fut surmonté, & que pluyes & nues
Au Ciel luysant ne furent plus congnues,
Vouloir adonc nous prit du partement,
Mais le cruel ferma subitement
Les huys sur nous, & en l'instant s'esforce
De nous poursuyure, & de nous prendre a force,
Dont nous montons au plus hault d'une Tour,
Et en volant fuyons le villain tour

Les neuf Muses muées en oyseaulx pour euiter la force du tyrant Pyreneus.

Qu'il pretendoit, affin de nous attraire
A son plaisir, au nostre tout contraire,
Luy de trop pres pourchassant nostre honte,
Ainsi que nous aux faix de la Tour monte,
Ie vous suyuray (dist il) par le lieu mesmes
Ou pris auez legeretez extremes.
Ainsi parlant le Tyrant insensé
De ce hault lieu apres nous s'est lancé,

Et en

Metamorphose d'Ouide.

Et en tombant la face contre terre
Autre plaisir sur nous ne peult acquerre,
Fors qu'il se rompt le col de rude atteincte,
Et de son sang la terre est toute teincte.
  De ces propos que la Muse tenoit
Vn grand plaisir a Minerue donnoit,
Qui en oyant la Muse ainsi parler
Sur arbres grands entend oyseaux voler,
Ayants la voix d'une homme qui salue.
Adonc Pallas Déesse de value,
Leua les yeulx sur les feuilleus rameaux
Asquelz estoient arriuez ces oyseaux,
Et demanda d'ou viennent & resonnent
Si fermes voix, dont ses esprits s'estonnent,
Car elle croyt ceste voix estre yssue
D'homme viuant, mais elle est bien deceue.
Et ces oyseaulx qui venoient ce bruit faire
Pies c'estoient qu'on voit tout contrefaire.
De nombre neuf sur les branches estoient,
Et pour leur grand malheur se tormentoient.
Et quand Pallas s'esmerueilloit ainsi,
Vrania la mect hors de soucy
En luy disant: les oyseaux que tu voys
Au naturel sayure l'humaine voix,
Vierges estoient qui a leur honte grande
Nagueres ont des oyseaux creu la bande,
Pierus fut leur pere pour le seur
Qui lors estoit de grands biens possesseur
En Thessalie, & leur mere nommée
Eut Anippé, qui par sa renommée

La mort de Pyreneus.

Le v. liure de la

La dispute de neuf Pierides cõtre les neuf Muses.

En Peonie auoit pris sa naissance,
Qui par neuf foys inuoqua la puissance
De Lucina, ces neuf filles conceut.
Et tant d'orgueil ces folles seurs deceut
(Pource que neuf se veirent de ce nombre)
Que soubs espoir de nous vaincre & confondre,
Elles n'ont crainct tant de villes passer
Par Emonie, & Grece oultrepasser
Pour en ce lieu nous semondre a querele:
En nous disant d'une arrogance telle,
Deportez vous Muses doresnauant
De deceuoir le peuple non sçauant
Par fainctz accords, par vains chants & aubades,
Et disputez (o Nymphes Thespiades)
Auecques nous, si tant estes hardies,
(En vous fiant a voz grands melodies)
De nous ouyr, qui en nombre pareil
Auons de voix, & d'art tel appareil,
Que quand noz voix seront bien escoutées,
Nous ne serons par raison surmontées.
Et pour sçauoir qui triumphe obtiendra,
Nymphes auoir sur ce nous conuiendra
Pour adiuger la victoire & merite
En cest endroict, qui mieulx l'honneur merite.
Et si a nous les filles d'Anippé
L'honneur est deu, quictez Aganippé
Fontaine noble aux Muses consacrée
Et d'Helicon la fontaine sacrée.
Mais si sur nous par honneur meritoire
Vous emportez le prix de la victoire,

En

Metamorphose d'Ouide.

En Emathie, a noz grands interestz,
Nous laisserons les antiques forestz,
Semblablement les montz & les valleés
De Peonie, ou sommes consolées.
A telle gent qui ainsi nous troubloit,
De disputer le cas vil nous sembloit,
Mais encor plus de nous rendre vaincues.
Les Nymphes donc au iugement esleues
Se vont assoir sur vne roche viue
Le serment faict par l'infernalle riue
Du fleuue Styx, la plus hastiue d'elles
Premiere ayant commencé les quereles,
Sans ordre aucun, & sans election
Chanta la guerre, & altercation
Des Dieux puissants, & les Geants indignes
Meśt en honneur par louanges insignes.
Et desprisant les faicts resplendissants
Des plus grands Dieux souuerains & puissants,
Disoit Thyphon filz de la Terre infime
Auoit faict peur aux Dieux du Ciel sublime,
Dont ilz s'estoient comme molz & craintifs
Tous mys en fuyte, en pas prompts & hastifs,
Et qu'en fuyant de course si subite,
Las de courir ilz vindrent en Egypte,
Et iusq'au Nil le fleuue de hault pris
Dedans lequel sept tuyaux sont compris.
Puis elle dist Thyphon rude & moleste
Auoir suyui ceste Troupe celeste
Iusq'en ces lieux, & que de peur esmeue
Diuersement son corps desguise & mue.

i iiij   Que

Le v. liure de la

Phebus en Corbeau.
Bacchus en bouc.
Mercure en Cygongne
Venꝰ en poisson.
Iuno en Vache.
Diane en Chat

Que Iuppiter le plus grand Dieu tenu
S'estoit mué en vng mouton cornu,
Que sa puissance en Libye, honnorée,
Soubs telle forme en estoit adorée.
Oultre elle dist que Phebus Dieu tant beau,
S'estoit mué en forme d'un corbeau,
Bacchus en Bouc, & que le Dieu Mercure
De se muer en Cycongne print cure.
Puis elle dist en mesme accord & son
Que Venus print figure d'un poisson.
Que Iuno prent forme de blanche Vache,
Et Diana muée en Chat se cache.
  A tant se teut des Pierides l'vne,
Et meit repos a ses harpe importune.
Lors pour chanter nous fusmes apprestées.
Non toutesfoys sans en estre inuitées.
Mais tu n'as pas (peult estre) le loysir
D'ouyr noz chants, & d'y prendre plaisir,
N'en doubte point (dist la sage Pallas)
De vous ouyr mon esprit n'est pas las.
Si te supply par ordre me compter
Celle chanson, qu'il vous conuint chanter,
Et ce disant en vn lieu frais & sombre
De la forest, Pallas se sied en l'umbre.
La Muse adonc a Pallas ainsi compte.
  Ou de victoire, ou deshonneur & honte,
L'une de nous eut la somme & le faix
Et pour venir au compte que ie fais,
Calliopé prudente se leua,
Sa doulce harpe empoigner elle va,

De toutes

Metamorphose d'Ouide.

De toutes parts le lierre enuironne
Ses longs cheueulx, puis sa harpe elle ordonne
En essayant les chordes de son poulce,
Puis en auant ces chansons elle poulse.
    Dame Ceres inuenta la premiere
De labourer l'art, vsage, & maniere,
Et de semer, & cueillir grains menus,
Dont les humains a Ceres bien tenus
Sont sustentez de doulce nourriture,
Ceres premiere inuenta la droicture
Loix, & edicts, & raisons equitables,
En tout luy sont les hommes redeuables.
C'est celle donc (sans point me mescompter)
De qui ie veulx les honneurs racompter,
O que ie pusse auoir le pouuoir digne
De dire vn chant de son los non indigne,
Et pour le moins elle merite bien
Chant aussi bon, & meilleur que le mien,
    Trinacre c'est vne Isle longue assez,
Qui de Typhon tient les membres pressez.
Celluy Geant iadis d'ire inhumaine
Voulut rauir le supernel dommaine,
Le mont Pelore est sur la dextre main
De ce Geant seuere, & inhumain,
Et sur la gauche est Pachin qui l'oppresse.
Et Lylibée en grand peine, & detresse
Charge ses piedz, & son chef repos n'a
Car dessus luy il ha le mont Etna,
Dessoubs lequel d'estre a genoux contrainct
Ce fier Geant, par fureur qui l'estraingt,

Ceres Inuentrice de l'art d'agriculture, & de semer bledz, & des loix & police humaine.

L'isle Trinacre.

De ça

Le v. liure de la

De ça & la gette & espand le sable
Gettant le feu de sa bouche execrable.
Souuentefoys de se leuer il tend,
Et demolir de la Terre il pretend
La poysanteur, s'efforceant de dissouldre,
Et conuertir monts & villes en pouldre,
Et quand ainsi ses forces il assemble
Visiblement toute la Terre en tremble,
Dont le recteur des ames taciturnes
Pluton, congnoist ces forces importunes
Ayant grand peur de voir Terre s'ouurir,
Et son manoir obscur se descouurir.
Dont s'esfrayer pourroient par la lumiere
Ames, tremblants de crainete coustumiere.
Cela craignant il sort des bas manoirs

L'yssue de Plutô hors des Enfers.
Monte en son char porté par cheuaulx noirs,
Et cautement de Sicile enuironne
Les fondements, qui sont en seurté bonne.
Dont quant il vid d'un oeil aise & ioyeux,
De ruiner exempts estre ces lieux,
Ioyeux s'en va, toute peur retire.
De loing la veu la belle Cytherée
Qui lors estoit sur Erix son hault mont
Auec son filz volant, qu'elle semond
De doulx baisers, puis lembrasse & le baise,
En luy disant ces propos a son aise.

La reque- ste de Ve- nus a son filz Cu- pido.
O Cupido ma force & mon pouuoir
Ie te supply par filial debuoir
De prendre en main les dards dôt on peult croire
Que contre tous tu obtiens la victoire.
Contre ce Dieu prepare ta sagette

Metamorphose d'Ouide.

A qui d'Enfer la Contrée est subiette,
Et qui par sort eut la possession
Du regne mys en triple portion.
Les Dieux du Ciel souuerains & puissants
Quand il te plaist te sont obeissants.
Mesmes le grand Iuppiter Dieu qui tonne
Par toy vaincu, de ton pouuoir s'estonne,
Les Dieux marins par toy sont surmontez,
Selon ton veuil d'amour pris & domptez.
Mesmes Phebus qui la terre illumine
Sent ton pouuoir qui d'amour le domine,
A quoy tient il donc que de ta puissance
Les bas Enfers n'ont point de congnoissance?
Pourquoy l'empire a toy & a moy deu
N'est amplement par ta force espandu?
Question est de la tierce partie
Du monde, affin qu'el soit assubiettie
A ton pouuoir, mais en noz lieux celestes
Nous endurons iniures trop molestes,
Car auec moy la Déesse d'amours
Ton hault pouuoir s'abaisse tous les iours.
Ne voys tu pas que Diane, & Minerue
Rendent desia nostre puissance serue?
Semblablement la fille de Ceres
Vierge sera a noz grands interests
Si l'endurons, car toute sa pensée
Est d'estre au nom virginal aduancée.
Donc o cher fils pour conseruation
De ton pouuoir, & iurisdiction,
Si i'ay honneur par ta force infinie
Qui a la mienne est visuement vnie.

Le v. liure de la

Bende ton arc, pour Proserpine poindre
Et à Pluton son oncle la conioindre.
  Amour oyant Venus qui le supplye,
Saisist son arc, & sa Trousse deslie,
Puis entre mille vne flesche il esleut,
Comme le gré de sa mere voulut,
Qui peult & doibt estre bien asseurée
Que flesche il n'ha qui soit mieux acerée,
Ne plus certaine, & qui mieulx obeyr
Puisse a son arc, pour sa mere esiouyr.
Lors le genoil visuement estendu

Le Roy Pluton feru du dard de Cupido.

Subitement il a son arc tendu
Si que du coup la flesche a fine poincte
Dedans le cueur du Roy d'Enfer fut ioincte.
Non loing d'Etna ville grand & diffuse

Le lac de Perguse.

Vn Lac y a qui se nomme Perguse
Dedans lequel oyt on Cygnes chanter,
Autant ou plus qu'au fleuue Cayster,
Vne forest circuit, & couronne
Ce lac susdict, & l'herbe autour fleuronne,
Et les rameaux mys en belle rondeur
Seruent de voile a estaindre l'ardeur
Du clair Phebus, par plaisante froydure:
La terre humide est pleine de verdure
Qui en ce lieu diuerses fleurs produict,
La est tousiours le Printemps iour & nuict.
Or en ce lieu qui tousiours renouuelle
S'esbatoit lors Proserpine la belle
Ores cueillant de ses doigts bien polis
Petites fleurs, & ores du blanc lys,

                         Et quand

Metamor phose d'Ouide.

Et quand par soing, qui tient de son enfance, *Le rauis-*
panniers & seing d'emplir elle s'aduance, *semēt de*
Et qu'elle veult ses compagnes passer *Proserpi-*
De diligence, & de fleurs amasser, *ne.*
Pluton la voit, l'ayme, & rauit ensemble,
Tant le pressoit amour qui les cueurs emble,
La vierge ainsi grandement s'effraya,
Et a sa mere, & compagnes cria,
Mais plus souuent en sa fortune amere
A son secours elle appelloit sa mere.
Et par effort rompu son vestement,
De son gyron cheurent soubdainement
Herbes, & fleurs que cueuillies elle a,
Et bien grand deuil elle feit pour cela,
Tant il y eut d'innocence & simplesse
Parmy les ans de sa blonde Ieunesse.
Adonc le Roy d'infernalle cohorte
Monte en son char, & ses cheuaulx enhorte,
Et par son nom chascun cheual appelle
Qui braue estoit furieux, & rebelle,
En secouant, pour mieulx les eschauffer,
Bride, & harnoys de la couleur de fer.
Ainsi porté Pluton des cheuaulx siens,
Passe les eaux, & lacs Paliciens *Les eaux*
Qui chauds estoient, & ressembloient vn gouffre *bouillan-*
Ou l'eau bouillant ha la senteur de souffre. *tes de Pa-*
Puis il passa les deux differents Ports *licine.*
Entre lesquelz les Bacchiades forts
Qui de Corinthe auoient pris origine
Feirent bastir ville forte, & insigne.

Entre

Entre Arethuse, & Cyane couroit
Vn bras de Mer, qui les deux separoit,
Cyane Nymphe excellente & gentile
Entre les rangs des Nymphes de Sicile
Estoit pour lors en ce lac de renom
Qui fut Cyane appellé de son nom.
Cyane ayant congnoissance certaine
De proserpine, entra dans la fontaine,
Et iusq au ventre y entrant, ce dict on,
Va dire ainsi par cholere a Pluton.
I'empescheray ceste entreprise vostre
Et garderay que ne passez plus oultre,
Tu ne peulx pas de Ceres estre Gendre,
Contre son veuil, ne Proserpine prendre
Laquelle auoir d'humble priere & voix
Non pas ainsi la rauir tu debuoys,
Et si permis il m'est que ie compare
Chose petite, a chose grande & rare,

La Nym-
phe Cya-
ne ay-
mée par
Anapis.

Par Anapis fort aymée ie fus,
Mais il ne fut en cela trop confus,
Car pour m'auoir il vsa de priere
Et m'espousa, sans qu'en telle maniere
De me rauir il eust aucune enuye
Comme tu as ceste Vierge rauie.
Sur ces propos les deux bras elle estend,
Et d'empescher le Dieu Pluton pretend:
Qui escoutant de la Nymphe le dire
N'a peu tenir sa fureur, & son ire,
Car ces cheuaulx terribles il exhorte,
Puis de sa main (qui est robuste & forte)

Son

Metamorphose d'Ouide.

Son royal sceptre il getta insq'aux fons
De l'eau prochaine, & aux centres profonds,
Et de ce coup, que son bras fort conuoye,
La terre ouuerte, aux Enfers luy faict voye,
Cyane adonc eut au cueur grief torment,
Tant pour vn tel villain rauissement,
Que d'auoir veu sa fontaine prisée,
Auec ses droicts estre ainsi desprisée,
Dont en son cueur celant sa passion
Sa playe elle ha sans consolation.
Finablement la pauure desolée
En gettant pleurs, en pleurs est distillée,
C'elle qui fut grant Déesse des eaux,
Est a present consumée en ruisseaux,
Mols deuenir ses membres verroys tu,
Ses os tendrir, & perdre leur vertu,
Vngles laisser leur durté naturelle,
Ce qui estoit le plus mol au corps d'elle,
Premier deuient ruysseaux purifiez,
Comme cheueux, ses doigts, iambes & piedz,
Car les petits membres ne sont si roydes
Comme les grands, pour durer aux eaux froydes.
Puis l'estomac perdant sa force toute
Auec le dos, & espaules degoutte,
Puis les coustez: de tous ces membres la
Esuanouys, la claire vnde coulla,
Bref sur le corps de ceste Nymphe tendre
Ne reste rien que la main puisse prendre,
Mesme son sang veine & source deuient,
Dont la pure eau par dessoubs terre vient.

La nymphe Cyane muée en fontaine.

En ce

Le v. liure de la

En ce discours Ceres fort estonnée
Cherche sa fille aux enfers emmenée,
Enuironnant toute la terre ronde,

Les aduã-
tures de Et tous les lieux de la grand Mer profonde:
la Déesse Des que leuée est l'humide Aurora,
Ceres en Aucune cesse, & repos elle n'a,
cherchãt Des que la nuict tenebreuse est venue,
sa fille Son grand trauail pour ce ne diminue,
Proser- Tant son cueur est confit en amertume:
pine.

Au feu d'Etna des deux mains elle allume
Flambeaux de Pin, dont la clairte qui luict
Luy faict chemin par l'umbrageuse nuict,
Et de rechef l'obscure nuict passée,
Sa dure peine estoit recommencée,
Car des le poinct que le iour approchoit,
Iusq a la nuict sa fille elle cherchoit,
Parquoy apres tant grande peine prise
Dame Ceres de la soif fut surprise,
Vn petit lieu couuert de paille estoit
Ou pauurement vne vieille habitoit,
Ceres y va, & frappant a la porte,
Requiert de l'eau en sa soif grande & forte,
La vieille sort, & la Déesse voit,
Et ce qui cuict en pot de terre auoit
Luy va donner, c'estoit de la bouillie,
Bonne a la soif qui l'auoit assaillie.
Mais ce pendant qu'elle buuoit encore
Vn ieune enfant, qui son pouuoir ignore,
Trop effronté, se mect deuant ses yeulx.
Et d'un propos lourd, & audacieux

L'appelle

Metamorphose d'Ouide.

L'appelle gloute, & en riant se mocque.
Adonc Ceres, qu'il offense, & prouoque,
N'ayant tout beu encores ce bruuage
Luy arrousa du surplus le visage.
Sa face lors diuerse tache en eut,
Et pour ses bras des cuysses il receut.
Aux membres telz muez diuersement
La queue se vint ioindre egalement.
Bref il receut briefue forme & figure
A celle fin qu'en petite stature
Il n'eust de nuyre vn fort & grand pouuoir.
Grand merueille eut la vieille de le voir,
Et en plorant crainct le Monstre toucher
Qui en fuyant soubdain s'en va cacher,
Et de sa mere approcher plus n'a garde,
Ayant receu la forme de Lezarde,
Par les latins Stellio appellé,
Pource quil est par le corps estellé
De mainte goute, ayant couleur propice
Au nom, quil a receu pour sa malice.
Trop long seroit de dire, & compasser
Par quelz pays Ceres voulut passer,
Trop long seroit a'racompter les Indes
Qu'elle passa auec douleurs profondes,
Mais il n'y a au monde place ou coing,
Ou faict enqueste elle n'ait par grand soing.
Doncques apres ceste enqueste infinie,
Elle reuient passer par Sicanie,
Et en ayant ses yeulx de toutes parts
En cheminant, dessus la terre espars,

Vn enfant audacieux mué en Lezarde.

k Vint

Vint a Cyane estant ores fontaine
Qui sans cela seroit Ceres certaine
De cest espoir, qui au cueur plus luy touche,
Mais pour parler n'auoit langue, ne bouche
Pour satisfaire au desir qu'elle en ha,
Et toutesfoys enseignes luy donna
Quand de sa fille apparut la cincture
Qui en ce lieu luy tomba d'auenture,
Quand par Pluton emmenée elle fut.
Ceres adonc la cincture congneut,
Et tout ainsi que si elle sçauoit
Que Proserpine ostée on luy auoit,
Elle se prent a arracher, & tordre
Ses crins espars, pour lors, sans aucun ordre,
Et par douleur qu'elle sent, de coups maints
Son estomac frappa de ses deux mains,
Et toutefoys encores elle doubte
Ou sa fille est, & d'aigreur pleine toute
En blasme fort les Terres & les champs,
Et les appelle ingrats, & trop meschants,
Et quilz ne sont dignes, ne bien vtiles
De receuoir les semences fertiles,
Et sur tous lieux ceste Déesse sacre
Porte le groing a l'isle de Trinacre,
Ou elle a veu le signe apparoissant
Du grand malheur, qui va son cueur pressant,
Dont en ce lieu les charrues renuerse,
En les brisant de main forte, & aduerse,
Et mect a mort par semblables fureurs,
Beufs de labour, & tous les laboureurs.

Faisant

Metamorphose d'Ouide.

Faisant perir en terre la semence,
Dont en tous lieux sterilité commence:
Fruments semez, comme inutiles gerbes
Meurent sans fruict en leurs premieres herbes.
Ores l'ardeur du Soleil trop cuysoit,
Ores la pluye, ores le vent nuysoit,
Et les oyseaux qui estoient affamez,
Mangeoient les grains sur la terre semez,
Et les bledz meurs au temps d'estre cueillis,
Sont de chardons, & d'yuraye assaillis.
 Telles rigueurs sceut la Nymphe Arethuse
Du plus profond de sa fontaine infuse,
Si eleua sa teste sur les eaux
Apparoissant auec ses cheueux beaux,
D'humidité distillants a merueilles
Qu'elle esloigna du front iusq'aux aureilles:
Puis a Ceres, qui sa fille poursuyt,
Dire elle va le propos qui s'ensuyt.
Mere des bledz, & de la vierge aussi,
Par toy cherchée en extreme soucy,
Sur tous les lieux de ce monde vniuers.
Donne repos a tes trauaulx diuers,
Et mectz la fin au courroux qui te serre,
Et qui te faict tant molester la Terre,
Qui t'est fidele, & qui n'a merité
Punition de telle austerité,
Car de son gré elle ne fut ouuerte
Lors que tu feis de ta fille la perte.
Et toutefoys ie ne quier vn don tel
Pour conseruer mon pays naturel,

La requeste de la nymphe Arethuse a Ceres.

Car

Car ie ne suis de ce lieu, & m'y range
Ne plus ne moins qu'vne personne estrange.
Pise est ma terre, & a la verité
Elide est lieu de ma natiuité,
En Sicanie, ainsi que pelerine,
Pour mes esbats, d'habiter ie m'encline
Mais sur tous lieux ou ie fais mon arrest,
Certainement ceste terre me plaist.
C'est ma maison, c'est ores la demeure
Ou Arethuse a son plaisir demeure.
Te suppliant o tres doulce Ceres
De la garder de maulx, & interests.
Et si tu veulx auoir la congnoissance
Dont m'esloignant du lieu de ma naissance,
Par tant de flots de la Mer suis venue
Et droit au lieu d'Ortyge paruenue,
Tu le scauras en temps plus opportun,
Lors que laissant ton deuil trop importun,
Tu monstreras beaucoup meilleur visage,
En deliurant de soucy ton courage.
Or quand ie veulx des eaux chercher le fons
Ie puis passer aux abismes profonds
Dessoubs la terre, & la apperceuoir
Les lieux qu'on n'a accoustumé de voir.
Donc quand vn iour soubs terre descendue
Iauoys ma veue aux Enfers estendue,
La i'apperceu Proserpine esgarée
N'ayant encor face bien asseurée,
Royne pourtant, & femme de ce Dieu,
Et Roy puissant en cest vmbrageux lieu.

Metamorphose d'Ouide.

La mere oyant parler la Nymphe ainsi,
Eut de douleur le cueur si endurcy,
Que longuement voix ne luy fut baillée,
Ec ressembloit vne image taillée,
Puis aussi tost que par griefue douleur
Elle reprint son sens, & sa couleur,
Dedans son Char legerement portée
Iusques aux Cieulx elle s'est transportée,
Et la, deuant Iuppiter s'arrestant,
Ses crins espars, & sans ordre portant
Pour l'esmouuoir a pitié dauantage
En face triste vsa de ce languaige.
O Iuppiter ie viens humble vers toy,
Non pour le sang, qui est yssu de moy
Tant seulement, mais pour le tien aussi,
Et si tu n'as de la mere mercy,
Permectz aumoins ta fille naturelle
Trouuer acces a faueur paternelle,
Ie te supply moins ne l'auctoriser,
Et moins aussi ne luy fauoriser
D'auoir esté en mon ventre conceue,
Et si elle est de mesme ventre issue.
Long temps y a qu'absente de mes yeulx
Ie l'ay cherchée en trauail soucieux,
Ores apres longue enqueste, & demande
Ie l'ay trouuée en dueil, & peine grande.
Si c'est trouuer de la perdre, ou sçauoir
Ou elle peult sa demourance auoir.
Las de souffrir i'auray bien bonne enuye
Que par Pluton elle ait esté rauie

Mais qu'elle soit a sa mere rendue
Qui pour elle est dolente & esperdue.
Car a ta fille, helas, qui n'est plus mienne,
Ie ne voy point qu'un tel mary conuienne
Qui ne la tient que par rauissement.
 Lors Iuppiter luy a dict doulcement,
Ie suis certain, & de ce ne me deulx,
Que ta fille est yssue de nous deux,
Et que debuons d'une charge commune
Auoir le soing d'elle & de sa fortune:
Mais sil conuient faire comparaison
De chose vraye, & vser de raison,
En ce faict la y a plus de racine
De grand amour, que d'iniure, & rapine,
Et si mon veuil mesme desir t'engendre,
Nous ne serons moins prisez d'un tel Gendre,
Et sil est temps de confesser ce poinct
Que mainte chose a son gré il n'ha point,
Combien doibt on ce bien grand reputer
D'estre tenu frere de Iuppiter?
Et qu'est ce encor dont il peult auoir faulte?
Il n'est subiect qu'a ma Deité haulte,
Ayant par sort sur luy force & pouuoir.
Mais si tu as tant de zele d'auoir
Aupres de toy ta fille desyrée,
Et qu'elle soit d'auec luy separée
Ie suis content qu'au monde elle retourne,
Et aux obscurs manoirs plus ne seiourne,
Si pour manger, en ces lieux rien n'a pris,
Car tel edict aux Enfers est compris,

Par ces

Metamorphose d'Ouide.

Par ces propos ouys du diuin pere,
Ceres en brief d'auoir sa fille espere,
Vaine pourtant son esperance estoit,
La destinée autrement le portoit,
Car Proserpine ignorante & bien ieune
En ces bas lieux auoit rompu son ieusne.
Et aux iardins faicts d'exquise culture
Sur vn pommier elle print d'auenture
Vne Grenade, & sept grains aualla,
Ascalaphus de tous vid seul cela
Lequel on dict aux Enfers estre né
Filz d'Acheron, & de la Nymphe Orphné.
Donc aussi tost que clairement il voit
Que Proserpine aux beaux iardins auoit
Mangé du fruict, le cruel le rapporte
Si que iamais d'Enfer elle ne sorte.
Cela fut grief a la Royne d'Enfer,
Et par courroux qui la faict eschaufer,
Mue en oyseau vil & abominable
L'accusateur, & tesmoing execrable,
Luy arrousant de l'eau de Phlegeton
Premierement sa teste, & lors vid on
Son chef mué auoir vn bec, & plume,
Et yeulx ouuerts plus grands que de coustume.
Qui se voyant perdre humaine vertu
Incontinent d'aisles fut reuestu,
Vngles crochus eut la villaine beste,
Mais dessus tous membres luy croist la teste.
A peine il peult ses aisles remuer
En quoy ses bras il a veu transmuer.

k.iiij Bref

*Ascala-
phus ac-
cusateur
de Pro-
serpine,
mué en
Hybou.*

Bref il deuient oyseau laid de nature,
Nunciateur de tristesse future.
Nommé Hybou, duquel le chant mauldict
A tous humains quelque malheur predict.
Ascalaphus accusant Proserpine
De ceste peine estoit, certes, bien digne.

La muta- Et vous aussi, belles Nymphes Sereines
tion des D'Achelous les filles souueraines
Sereines Ores auez aisles & piedz d'oyseaux,
en oy- Mais demourez vous sont voz chefz tant beaux,
seaux. Car quand aux lieux de verdure nouuelle
Cueilloit des fleurs Proserpine la belle,
Vous estiez lors de ce nombre & mesgnie
Qui luy tenoit fidele compagnie:
Puis quand rauie elle fut la aupres
Pour la chercher allastes tost apres.
Mais quand par toute vniuerselle Terre
Aucun proffit n'eustes de vous enquerre,
A cellefin que la grand Mer aussi
De la chercher sentist vostre soucy,
Incontinent aux Dieux fistes prieres
De vous donner des aisles bien legieres
Pour voleter dessus les flots de l'vnde
Qui circuit toute la Mer profonde.
Propices lors se rendirent les Dieux
A voz soubhaicts, & desirs enuieux,
Car tout soubdain a voz personnes coinctes
Pour bien voler des aisles furent ioinctes.
Affin pourtant que voz voix nompareilles,
Qui de doulceur endorment les aureilles,

Metamorphose d'Ouide.

Ne prinſent fin, & que la bonne grace
De bien chanter, ne perdiſt efficace,
Les voix vous ſont humaines demourées,
Faces auſſi de vierges honnorées.
   Or Iuppiter pour a Ceres complaire,
Et a Pluton ſon frere ne deſplaire,
Va diuiſer l'année egalement
Dont a preſent d'vni conſentement
Ceſte Déeſſe en deux regnes priſée
Tient compagnie a ſa mere appaiſée
Six moys entiers, & par ſemblable temps
Auec Pluton ha ſes deſirs contents,
Dont tout ſubit, laiſſant toute douleur,
Sa face rit, & change de couleur.
Si que Pluton qui tant triſte la veue,
Ores la voit de tout ſoulas pourueue.
Comme ſouuent voyons en cas pareil
Eſtre vaincu des nues le Soleil
Mais toſt apres en ſa vertu il monte
En eſchappant des nues quil ſurmonte.
   Doncques Ceres receu contentement
D'auoir ſa fille en tel aſſeurement,
S'en retourna vers Arethuſe encores
Luy demandant comme aduint qu'elle eſt ores
Fontaine ſacre, & quelle emotion
Luy feit laiſſer ſa propre nation.
Les vndes lors toutes firent ſilence
Pour eſcouter leur Nymphe d'excellence
Qui eleua ſon chef deſſus les eaux,
Et de ſa main ſecha ſes crins tant beaulx,
                    Puis

La Nymphe Arethuſe muée en fontaine & les amours du fleuue Alpheus.

Puis racompta les amours anciennes
Du fleuue Alphée, & les fortunes siennes,
Disant ainsi: Des nymphes d'Achaye
Iadis ie fus, & d'elles non haye,
Et n'en fut onc qui print esbatement
Par my les boys plus curieusement,
Ne qui print plus de plaisir aux forestz
D'approprier, & de te tendre les retz,
Onc n'eus desir d'estre belle estimée
Bien que ie fusse en beaulté renommée,
Et quand ma face illustre on estimoit
Mon cueur a part ce los desestimoit,
Et ce dont plus les autres se iouyssent
Quant de beaulté du corps elles iouyssent,
Ne me pleut onc, point n'en faisoys d'estime,
Ains presumoys que plaire, estoit vn crime.
Aduint vn iour qu'en grand chaleur, & hasle
Ie retournoys par la forest Stymphale.
Lasse, & ayant le corps d'ardeur espris
Pour le trauail qu'a chasser i'auoys pris,
Et i'apperceu vne eau tres claire & pure
Iusques au fons, qui couloit sans murmure,
Si claire estoit que sans se mescompter
Chascune pierre on y eust peu compter.
Bref a grand peine estimer pourroys tu
Que ceste eau la eust aucune vertu
De se mouuoir, tout autour du riuage
Saules espais, & Peupliers font vmbrage,
Donc en ceste eau de nul bourbier souillée
Premierement i'ay ma plante mouillée,

Puis

Metamorphose d'Ouide.

Puis ie me meis en l'eau iuſq' aux genoux,
Cela n'eſt rien, cherchant plaiſir plus doux,
Ie me deſpouille, & ma blanche chemiſe
Par moy dedans vn courbe Saule eſt miſe.
En leau me plonge, & quand en la riuiere
Ie nage, & ioue en diuerſe maniere
Iectant les bras en gracieux deduict,
I'ouys adonc vn ie ne ſçay quel bruict,
Dont en mon cueur grande frayeur arriue,
Si prins ma fuitte a la prochaine riue,
Et Alpheus qui vn tel bruit faiſoit,
Ou t'enfuys tu Arethuſe, diſoit,
Et enrouée ayant toute la voix,
Ou t'enfuys tu il crya par deux foys,
Et quand ainſi ie pren legiere courſe,
Ie luy ſemblay plus preſte a ſon gré, pource
Que nue eſtois, car l'autre riue auoit
Mes veſtements, donc quand nue il me voit,
Plus il s'eſchauffe, & en telle deſtreſſe,
Plus ie m'en fuy, plus le cruel me preſſe,
Ne plus ne moins qu'auec tremblantes aiſles
On voit fuyr timides Coulombeles,
Quand l'Eſpreuier, qui leur donne la chaſſe,
Leurs faict la guerre, & de pres les pourchaſſe.
Bref en fuyant tant de chemin ie feis
Qu'en Elis vins, en Cyllene, & Pſophis,
En Orchomene, au froid mont Erymanthe,
Et Menalus, tant i'eſtoys vehemente,
Et en courant en ſi craintif eſmoy,
Il n'eſtoit pas plus agile que moy.

Elis ville en Archadie. Orchomene ville de Boetie. Pſophis ville d'Archadie. Erymanthe, Cyllene, & Menalus montaignes d'Archadie.

Mais

Mais n'ayant force a la sienne semblable,
De grand labeur ie n'estoys pas capable.
Et ne pouuoys en ma course durer.
Mais il pouuoit long trauail endurer,
Et toutesfoys par montagnes vmbreuses,
Par champs, & Plains : & par roches pierreuses,
Semblablement par lieux inaccessibles,
Ie m'esloignoys de ses pas inuasibles,
Or le Soleil derriere moy luysoit,
Et ia son vmbre apparoistre faisoit
Deuant mes piedz, si la peur d'auanture
Ne m'apportoit aux yeulx sa pourtraicture,
Mais c'estoit il, car tout soubdainement
Le son des piedz i'ouys certainement,
Sentant aussi sur mes crins son alaine.
Lasse ie fus de fuyte si loingtaine,
Dont ie criay, pour mon dernier recours,
O Diana, c'est faict sans ton secours,
Ie te supply ayde a ta chamberriere,
A qui iadis par grace coustumiere
Faisoys porter ton arc sur toutes choses,
Ta trousse aussi, ou flesches sont encloses.
Lors ma priere eut son entier effect,
Car la Déesse vn si grand bien me faict,
Que d'une nue espaisse elle me cache,
Mais Alpheus pour cela moins ne tasche
De me chercher par my l'obscure nue.
Et ne sachant que i'estoys deuenue,
Deux foys le propre endroict enuironna
Auquel cachée estoys par Diana,

Deux foys

Metamorphose d'Ouide.

Deux foys'au lieu, ou peur me tient confuse,
Il s'escrya Arethuse: Arethuse?
Deuinez lors quel courage me vint?
Certainement moindre peur ne m'aduint
Qu'a la Brebis, qui autour des estables
Entend le cry des loups espouuentables,
Ou comme au Lieure aduient pareillement
Qui remuer ne s'ose aucunement
Dans le buysson, voyant les chiens aupres
Qui a sortir l'attendent tout expres.
Or Alpheus pour cela ne s'esloigne
Car de mes pas l'enseigne luy tesmoigne
Que ie n'auois pris chemin plus auant,
Parquoy, d'un œil songneux plus que deuant,
En espiant, le lieu de pres il garde,
Et de la nue ou i'estoys, se prent garde.
Adonc me vint (de ce ie suis records)
Vne sueur froyde par tout le corps,
En vn instant tout le corps me degoutte,
Et vne eau bleue en sort a grosse goutte.
De mes crins sort copieuse rousée,
Et de mes piedz la terre est arrousée,
Bref plus soubdain que ie ne le declaire,
Ie fus muée en eau courante & claire,
Dont Alpheus (qui congneut clairement
Le corps mué qu'il aymoit fermement)
En delaissant sa pourtraicture humaine,
Se mue en eau qui est de son dommaine,
Et par amour, qui des lors le vint poindre,
Ses eaux tousiours aux miennes il vient ioindre.
       Diane

Alpheus mué en Fleuue de son nom.

Diane adonc a mon bien entendit
Car soubs mon eau la terre elle fendit,
Dont aisément par cauernes obscures
Ie pren ma voye aux eaux nettes & pures.
De l'isle Ortyge, ou eleuer ma veue
Premierement hors de l'eau lon ma veue.
Et me plaist fort ceste Isle de renom
Pource qu'elle ha de Diane le nom.

 Tous ces propos Arethuse compta.
Adonc Ceres de ce lieu s'absenta.
Quand elle eut mys dans son char singulier
A deux Serpents les freins, & le collier.

Triptoleme gouuerneur du chariot de la Deesse Ceres.

Qui parmy l'air legerement la portent,
Et droict au lieu d'Athenes la transportent.
La son seruant Triptoleme elle charge
Du chariot, & luy donne la charge
De semer grains tant aux champs labourez,
Que par les lieux en desert demourez.
Desia lenfant par le pur Air galope
Dessus Asie, & le pays d'Europe,
Puis en Scythie il conduict son charroy,
Ou il s'en va droict au palais du Roy
Nommé Lyncus, qui se voulut enquerre
Tant de son nom, que du nom de sa terre,
Luy demandant aussi dont il venoit,
Et le motif qui vers luy l'amenoit.
Du lieu (dict il) d'Athenes qu'on renomme
Ie suis natif, Triptoleme on me nomme,
Par Mer ie suis sans nauire venu,
Par terre aussi de piedz non soustenu,

Ayant

Metamorphose d'Ouide.

Ayant en l'air pris fort legiere voye.
Ceres chargé de ses haults dons m'enuoye,
A celle fin que les grains precieux
Par moy semez par les champs spacieux
Puissent produire vtile nourriture
Pour sustenter l'humaine creature.
Ce Roy Lyncus fut meu d'enuye extreme
Du noble estat du ieune Triptoleme,
Et desyrant de ce bien estre autheur,
Il le reçoit d'un visage flateur.
Puis quad il voit que fort sommeil l'assomme,
Il s'esforça de meurtrir le ieune homme,
Mais par Ceres il en fut diuerti,
Qui en vn Lynx Lyncus a conuerti.
Et de rechef commande d'atteler
A son seruant, les deux Dragons en l'air.
  Or la plus grand de nostre compagnie
Meit sur ce poinct fin a son armonie.
Les Nymphes lors assises pour iuger,
Le los & pris nous vindrent adiuger,
En pronençeant que d'Helicon les Muses
Oultrepassoient Pierides confuses,
Mais quoy qu'ainsi vaincues elles sont,
En grand mespris iniure elles nous font
Puis qu'ainsi est (ce dismes nous ensemble)
Que trop petit le deshonneur vous semble
D'estre par nous vaincues: a bon droict,
Puis que venez mesdire en cest endroict,
Trop tard (peult estre) aurez l'experience
Que ne pourrons vser de patience,

Le Roy Lyncus mué en beste nōmée Lynx.

Ains

Ains enfuyuant noſtre indignation,
De vous prendrons iuſte punition.
De ces propos les Seurs mal aduiſées

Les Nymphes Piérides muées en Pies.

Ne tiennent compte, ains en font leurs riſées,
En ſe mocquant de toutes noz menaces.
Mais en cuydant parler par grands audaces,
Et contre nous les mains tendre & ouurir,
D'aiſles ont veu leurs vngles ſe couurir,
Leurs bras auſſi la plume receuoir.
Bref l'une peult a l'autre apperceuoir
Vn bec crochu, endurcy, & diſforme,
Et ſont oyſeaux d'une nouuelle forme,
Qui quand frapper leurs eſtomacs vouloient,
Au lieu de bras, de leurs aiſles voloient.
Et furent lors Pies enuenimées
Qui meſdiſoient par les foreſtz ramées,
De ces oyſeaux ceſte eſpece encor ha
Le grand caquet, qui lors luy demoura,
Et vne voix babillarde enrouée,
D'affection par trop deſmeſurée.

Fin du cinquieſme Liure de la Metamorphoſe d'Ouide.

Le vi. Liure de la
Metamorphose d'Ouide.

Telz accords de grace nōpareille
Songneusement Pallas presta l'au
  reille
Et de punir les folles Pierides
Estima fort les sages Aonides,
En approuuant leur disputation,
Auec l'effect de vindication.
Puis dist a part, point ne me doibt suffire
L'honneur d'autruy, & les louanges dire
Que ie ne soys mise en l'honneur, & pris
Qui est par my mes louanges compris,
Et n'est besoing sans peine corporelle
Souffrir blasmer ma puissance eternelle.
En tel propos que Pallas profera,
D'aller soubdain elle delibera
Vers Arachné, qui affectoit le tiltre
(Comme elle entend) de filer, & de tistre,
Plus que Pallas se disant souueraine
Aux traictz de soye, & ouurages de laine.
Ceste Arachné de lieu, ne de parents
N'auoit honneurs qui fussent apparents,
Mais en son art (tant auoit bonne grace)
De Meonie elle fut loultrepasse.
Son pere estoit natif de Colophonne
Nommé Idmon, dont le mestier s'adonne
De taindre au vif l'escarlate bien fine

La contention de Pallas & de la belle Arachné pour la preference de tyssure, & ouurage de l'eguille.

Qui de Phocée a pris son origine.
Desia sa mere en sepulture estoit
Qui mesme estat que son mary portoit,
Et comme luy d'abiect & bas lignage,
N'auoit acquis plus d'heur & d'auantage,
Fors de laisser vne fille en cè monde
Qui de son art n'auoit point de seconde,
Et qui aux lieux de Lyde auoit acquis
Nom immortel, par son sçauoir exquis,
Quoy qu'elle fust de pauure lieu extraicte,
Et en Hypepe eust petite retraicte:
Mais en ce lieu d'Hypepe toutefoys
Venues sont les Nymphes plusieurs foys
De Timolus, leur mont noble, & insigne
Et plantureux de maint bourgeon de vigne,
Pour d'Arachné voir la perfection,
Et son labeur plein d'admiration,
Nymphes aussi du beau fleuue Pactole
Non pas moins faict que Celles de Timole,
En delaissant le plaisir de leurs eaux
Pour d'Arachné voir les ouurages beaulx,
Mais point n'estoient leurs voluntez perfaictes
De contempler les robes desia faictes,
Ains leur regard estoit plus satisfaict
De voir l'ouuriere estant dessus le faict,
Tant elle auoit de grace en sa besongne.
Car ou de main subtile elle besongne
Mettant sa laine en pelotons petits,
Ou de ses doigts par songneux appetits
Les arrondist, ou elle est amusée

A egaler

Metamorphose d'Ouide.

A egaler par longs traicts sa fusée
Sur le rouet sa laine amollissant,
Ou a filer de son fuseau glissant,
Ou de l'esguile inuenter maint ouurage.
Bref l'on eust eu suffisant tesmoignage
D'ainsi la voir besongner sagement,
Que de Pallas vint son enseignement.
Ce que pourtant deuant tous elle nye.
Et par orgueil, duquel elle est munie,
Va desprisant de scauoir & de nom
Si grand maistresse, & de si hault renom.
S'adresse a moy Minerue (disoit elle)
I'accepteray punition cruelle,
Si suis vaincue & si mon sens appert
Moins que le sien aux ouurages expert.
   Minerue adonc (comme elle s'àduisa)
Son corps diuin en vieille desguisa.
Blancs comme laict ses cheueux on contemple
(Comme il sembloit) sur l'une, & l'autre temple.
Et veu son corps appuyé d'un baston
Estre debile au vray iugé l'eust on.
En telle forme, elle commence a dire
A Arachné vn tel propos loing d'ire.
Certainement par bien grand & long aage
De bien & mal on peult scauoir l'usage
Pour embrasser & ensuyure le bien,
Et euiter cela qui ne vault rien.
Cela ie dy affin que ta ieunesse.
Adiouste foy a ma meure vieillesse
Doncques ne mectz a mespris mon conseil

Pallas muée en vieille.

Tu as acquis los & bruit nompareil
De ton sçauoir en laine & en tissure,
Mais tu te doibs contenter, ie t'assure,
D'auoir ce los entre peuples mortelz
Sans rien pretendre enuers Dieux immortelz,
Au monde bas l'honneur ie te reserue,
En honnorant la Déesse Minerue
A qui tu doibs ceder en cest endroict
De bien ouurer le legitime droict.
Repens toy donc de ta parolle fiere,
Et luy requier pardon d'humble priere,
Car quand ainsi vers elle tu viendras,
Grace & mercy de l'offense obtiendras.
Lors Arachné enfla son cueur peruers,
Et regardant la vieille de trauers,
Laissa son fil, & oeuure commencée.
Et peu s'en fault qu'elle n'ait aduencée
Pour la frapper, & l'une & l'autre main,
Et en monstrant son courroux inhumain
Par son regard, ce propos plein d'iniure,
Dist a Pallas ayant autre figure,
Pauure d'esprit, vieille courbe & cassée.
Rien ne me sert ta parolle insensée.
Certes d'auoir vescu si longuement,
Cela te trouble, & te nuict grandement.
Mais si tu as fille ou Bru d'auenture,
Remonstre leur par maternelle cure.
Car quant à moy assez sage ie suis,
Et endurer correction ne puis.
Doncques assin que puisses regarder

Metamorphose d'Ouide.

Que pouuoir n'as de me persuader.
En mon propos premier ie perseuere.
Et si mon dict luy semble trop seuere,
Que ne vient elle en personne? & pourquoy
Ne consent elle a contendre auec moy?
Venue elle est (Pallas respond subit)
Laissant de vieille, & la forme, & l'habit.
Dont elle appert Pallas en preference,
Nymphes luy font toutes la reuerence,
Mainte autre femme aussi de Mygdonie.
Mais Arachné cest honneur luy denie.
Et neantmoins par grand vergongne & honte
La couleur rouge au visage luy monte
Qui tost se passe, ainsi qu'on apperçoit
Que l'Air en luy rouge couleur reçoit,
Lors qu'Aurora au poinct du iour se leue,
Puis tost apres que le Soleil eleue
Son chef doré, par lueur constumiere,
L'Air est remis en sa blancheur premiere.
Or Arachné comme au commencement
En son orgueil persiste follement,
Se pourchassant mortelle destinée,
D'affection folle & desordonnée
D'auoir louange, & victoire obtenir,
A quoy Pallas ne veult contreuenir,
Ia de la plus aduertir se deporte,
Et le combat ne difere ou transporte.
Sans plus tarder de deux parts se sont mises
Pour mettre fin aux quereles premises.
Sa toile donc l'une & l'autre entreprent

De fin eſtaing, & a ordir ſe prent.
La toile fut attachée à l'Enſouple,
Et le rouſeau ſepare l'eſtaing ſouple.
Puis de ſes doigtz, chaſcune ſe ſuertue
D'accommoder la Nauete poinctue,
Par qui la treme entre l'eſtaing ſe gette,
L'art de tyſſure eſt en cela ſubiecte.
Sa treme ainſi l'un & l'autre mettoit,
Et de grand cueur l'œuure precipitoit.
Iuſques au ſein leurs robes ſont trouſſées,
Pour aduancer leurs toiles ia dreſſées.
Leurs bras qu'on voit fort experimentez,
Par elles ſont au trauail agitez,
Mais le trauail, & la ſollicitude
Prent allegence au deſir de l'eſtude.
Le fil de pourpre en leur toile eſt tyſſu,
Tres pur & fin, car de Tyre eſt yſſu,
Et d'autres filz de couleurs differentes
Vmbres ſe font vn bien peu apparentes,
Ainſi qu'apres la pluye on voit au Cieulx
L'arc courbe attaint du Soleil radieux,
Dont longue part du Ciel vouſté eſt painctte,
Quoy qu'en ce lieu il y ait couleur mainte,
L'œil toutefoys qui paſſe, & ſe deçoit,
Vne couleur ſeulement apperçoit,
Car la couleur qui a l'autre eſt meſlée,
Semble pareille, & non entremeſlée:
Et neantmoins par les extremitez
Les differents on voit bien limitez:
Bref dans les filz de couleurs differentes

Fran-

Metamorphose d'Ouide.

Franges estoient de fin or apparentes.
Et en leurs toile ouurée nettement,
Painct, & deduict fut vn vieil argument,
Pallas pourtraict d'esguile pertinente
La haulte Tour d'Athenes eminente,
Et au dedans d'ouurage exquis & cher
Elle depainct du Dieu Mars le Rocher,
Et l'ancien different, & querele
D'imposer nom a la ville nouuelle.
Les douze Dieux celestes bien rassis
En grauité diuine sont assis.
Et Iuppiter se sied en bel arroy
Au milieu d'eux, ayant face de Roy.
Les autres tous de tyssure conforme
Elle depainct de leur naifue forme.
Et tout debout Neptune est euident
Qui vn Rocher frappe de son Trident
Dont il sortit vn cheual grand & droict
Cuydant ainsi auoir le meilleur droict
D'imposer nom a la nouuelle ville,
Puis de façon qui n'est point inciuile
Elle se painct en armes braue & cointe,
Ayant bouclier & lance a fine poincte.
Dessus son chef est l'armet triumphant,
De son escu son estomach defend,
Et de sa lance a fine poincte & drue
Virilement est sa Terre ferue.
Et de ce coup fort robuste & puissant
Vn Oliuier de la Terre est yssant
Duquel au vif les branches bien nayfues

Le côtenu en la toille de Pallas, & la côtention entre elle, & Neptune de la nómination d'Athenes.

L iiij

Le vi. liure de la

Representoient copieuses oliues
Dont on peult voir les Dieux esmerueillez,
Et d'vnion conforme appareillez
Pour a Pallas adiuger la victoire
Et pour donner exemple plus notoire
A Arachné, & luy faire sçauoir
Celluy loyer quelle doibt receuoir
Pour son enuye & fureur recitée,
De vaine gloire, & louänge appetée,

Emus & sa femme muezen mõtagnes. Par elle painĉts sont quatre differents
Aux quatre coings de sa toile apparents,
Et enrichis de couleurs tres insignes.
Qui separez estoient de petis signes.
En l'un voit on Emus & Rhodopé,
Qui ont le nom des grands Dieux vsurpé
Auoir perdu leurs humaines figures,
Et a present estre montagnes dures.

La punition de la Royne Pigmea muée en Grue. En l'autre coing la grand misere est veue
De Pigmea, qui par Iuno vaincue
Grue deuint, & par diuin pouuoir
Guerre la feit a son peuple mouuoir.
En l'autre coing Antigone apposa
Qui quereller contre la femme osa
De Iuppiter, parquoy Iuno esmue
Soudainement en oyseau la transmue

Antigone fille du Roy Laomedon muée en Cicoigne. Et ne luy a rien serui Ilion
Ou elle auoit d'honneurs vn milion,
Encores mains Laomedon son pere
Qu'elle ne soit, pour son grand vitupere
Blanche Cicoigne, en faisant de son bec

Euidemment

Metamorphose d'Ouide.

Euidemment bruit & murmure sec.
Au dernier coing Cynaras on contemple
Qui estendu sur les degrez d'un temple,
Les durs degrez embrasse estroictement
Et sur iceulx plore piteusement,
Rememorant ses filles bien aymées
Estre en degrez du temple transformées.
Ainsi meit fin Pallas a son ouurage,
Enuironnant sa toile grand & large
De maints rameaux d'Oliuier bien espaix,
Qui est son arbre, ayant signe de paix.
 De l'autre part d'ouurage exquis & beau
Arachné painct Iuppiter en Taureau,
Par qui iadis fut Europe abusée.
Et si de pres la chose est aduisée,
On iugeroit le Taureau qu'elle a painct
Pour vray Taureau, tant au vif il est fainct.
On penseroit que la Mer qu'elle a paincte,
Est la Mer vraye, & non pas chose faincte.
Vous eussiez dict Europe ainsi troussée
Getter ses yeulx sur la terre laissée,
Et appeller ses compagnes, & craindre
Que l'eau flottant ses plantes puisse attaindre.
Puis elle painct ce mesme Dieu nommé
Comme il s'estoit en Aigle transsformé
Pour Asterie auoir a son plaisir:
Et pour Leda pareillement saisir
Elle le painct en figure d'un Cigne.
Oultre cela de pourtraicture insigne,
Elle le painct quand Satyre il deuint.

Les filles de Cynaras muées en degrez d'un téple.

Le contenu en la toile d'Arachné.

Diuerses transmutations de Iuppiter.

Et

Et qu'à son veuil amoureux il paruint
En iouyssant d'Ethiope la belle
Deux beaulx enfants conceus au ventre d'elle.
Puis comme il prit d'Amphytrion la forme
Pour Alcmena, & comme il se transforme
En goutte d'or, pour auoir iouyssance
De Danaé, ou estoit sa plaisance.
Comme luymesme en feu se desguisa
Aymant Egine, & ainsi l'abusa.

La nym- Puis en pasteur comme il se transfigure
phe Pour Mnemosine, & comme il prit figure
Deois. D'un grand serpent, pour Deois auoir
A son plaisir, & mieulx la deceuoir.

Diuerses Oultre elle painct comment le Dieu Neptune
tranfmu- Se mue en Veau, d'amour qui l'importune,
tations Pour d'Eolus la fille ainsi surprendre.
du Dieu Puis comme il vint la forme humide prendre
Neptu- Du fleuue Enipe, & si bien en vser,
ne. Qu'il en a peu rauir, & abuser
La femme estant a Alous conioincte,
En la rendant de deux enfants enceincte.
Puis en mouton mué on l'appercoit
Quand Bisalpis il abbuse & deçoit.
Puis en cheual, quand d'aymer il se fonde
Ceres, ayant la cheueleure blonde
Laquelle on dict doulce mere des bledz.
A ces pourtraictz proprement assemblez
Elle adiousta comment ce mesme Dieu
Print d'un cheual la forme en autre lieu
Pour violer la Gorgonne Meduse,

Qui

Metamorphose d'Ouide.

Qui eut depuis, par son crime confuse,
Le chef hydeux de couleuures cruelles,
Et mere fut du cheual qui eut aisles.
Et en tyssant le tout d'ouurage fin
Elle le painct en forme de Daulphin,
Lors que par luy Melantho fut surprise.
A tous ces traicts viuement est comprise
La propre grace, & les endroicts & lieux
Pour enrichir l'ouurage encores mieulx.
Auec cela elle faict apparoistre
Le Dieu Phebus, lors qu'il estoit champestre,
Puis comme il print par subtil & fin tour
Aucunesfoys la forme d'un Voultour,
Aucunesfoys d'un grand Lion l'ymage,
Et bien souuent d'un pasteur le visage
Dont il iouyst de sa tant desyrée
La belle Issé, fille de Macarée.
Et a Bacchus la figure elle donne
D'un raisin fainct, pour iouyr d'Erigonne.
Saturne y est pourtraict semblablement
En vn cheual transformé viuement,
Et peult on voir en ceste forme comme
Fut né Chiron, demy cheual & homme.
Finablement d'une brodure fine
L'extremité de son ouurage digne
Tout alentour fleurs de Lierre auoit.
Certes Pallas reprendre ne pouuoit
Cest œuure la, encores moins l'enuie
D'homme, qui eust pour lors esté en vie
Pallas adonc veu l'œuure d'Arachné

Le Dieu Phebus mué en diuerses formes pour iouyr de la belle Issé.
Le Dieu Bacchus mué en raisin.
Saturne en cheual.

Eut

Le vi. liure de la

Eut de courroux le cueur passionné,
Comme enuieuse, & tenant pour notoire
Qu'vn œuure tel meritoit la victoire:
Dont par grand deuil, & enuieux despit,
D'Arachné tost l'ouurage elle rompit,
Forgeant son droict soubz telle couuerture
Que mise y est des Dieux la forfaicture.
Et en tenant la Nauete en ses mains,
Deux ou troys foys de coups fort inhumains
Elle en frappa Arachné sur le front,
Qui d'un desir malheureux, & trop prompt
A se fascher, vn licol alla prendre,
Et dicelluy tout soubdain se va pendre.

Arach-né muée en Arai-gne

Pallas en eut pitié, & la leua,
Et cela faict, ainsi dire elle va
Mauluaise garse, & par orgueil perdue,
Ia ne mourras, ains desormais pendue
Du changement que tu as merité
Seras exemple a ta posterité,
Qui apres toy de mesme loy punie
Ainsi viura, sa peine non finie.
Adonc Pallas preste de disposer
Son partement, va le corps arrouser
De certain ius d'une herbe enuenimée,
Par Hecaté premierement charmée,
Dont par vn tel aigre medicament
Arachné perd cheueulx soubdainement,
Auec cela le nez, & les aureilles,
Le chef petit luy deuint a merueilles,
Le corps aussi, & auecques cela

Des

Metamorphose d'Ouide,

Des doigts subtils tel changement elle ha
Que noblement iadis en œuure mys
Seruants de piedz, au costé sont transmis.
Et le surplus en brief ventre se mue
Dont elle faict l'estaing, & est esmeue
D'ainsi filer: & tistre incessamment,
Suyuant son art apris premierement,
Lequel, per due, excercer elle daigne
Par son orgueil transformée en Araigne.
  Pour vn tel faict & transmutation
Tremble, & en ha grand admiration
Non seulement de Lyde le pays,
Mais Phrigiens en sont fort esbahys,
Voire desia ceste nouuelle abonde
Par les climatz de l'uniuersel monde.
Ceste Arachné, araigne deuenue
Par son orgueil, auoit esté congneue
De Niobé, du temps qu'elle estoit fille,
Et habitoit Meonie, & Sipyle:
Et toutefoys par l'admonition
Ou Arachné receut punition
(Dont Niobé est assez aduertie)
De son orgueil elle n'est diuertie
Pour se soubzmettre a la sublimité
Des Dieux, n'vsant vers eux d'humilité.
Diuers honneurs qui lors l'enuironnoient
Ce cueur superbe & haultain luy donnoient,
Mais les grands Tours, fortes, & eleuées
De son Espoux, leurs deux races prouuées,
Le hault pouuoir, auctorité, confort

L'oultre cuidáce de Niobé fille de Tantalus, & femme du Roy Amphió & sa punition.

De

De posseder vn regne noble & fort,
Tous ces honneurs haultains, & triumphants
Ne luy plaisoient si fort que ses enfants:
Bref Niobé des meres plus heureuse
Fust a bon droict, & la plus plantureuse,
Si son esprit rempli d'illusion
De trop d'honneur n'eust heu suasion.

Manto deuineresse fille du Deuin Tiresias.

En ce discours Manto (qui par Augure
Lors predisoit toute chose future
Qui fille estoit du Deuin Tiresie)
D'une diuine & haulte fantasie
Qui son esprit a cela induisoit,
Publiquement a haulte voix disoit.
O vous la gent de Thebes, & les femmes
(si ne voulez encourir grands disames)
Assemblez vous par vn commun office,
Et honnorez de diuin sacrifice
Dame Latone, & ses enfants aussi
De nombre deux, & croyez que cecy
Que ie vous dy, Latone le vous mande,
Et a present par moy le vous commande.
Obeissez a ces propos decents
En luy faisant sacrifice d'encens,
Et en vsant de priere & requeste
Toutes ayez le Laurier en la teste.

Le sacrifice faict a la Déesse Latone.

Cela fut faict aussi tost qu'entendu
Et iuste honneur a Latone rendu
Le femenin Troupeau obeissant
Prent sur son chef le Laurier verdissant
Et sacrifie en icelle maniere

Metamorphose d'Ouide.

Aux Dieux susdicts, d'encens, & de priere.
Ce que voyant Niobé l'orgueilleuse
Accourut tost, qui d'habits sumptueuse
Estoit alors, & bien accompagnée,
Brodure d'or n'estoit point espargnée
En ses habits: elle qui belle estoit
Comme pour lors son ire permettoit,
Son chef doré tourna de toutes parts
Ses crins sur l'une & l'autre espaule espars,
Puis eleuant ses yeulx haults & superbes
La s'arresta, & vsa de ces verbes.
Quelle fureur? qu'elle rage insensée
Ores a peu saisir vostre pensée
D'honnorer Dieux estranges, incongneus,
Et laisser ceulx qu'auez veus & congneus?
Pourquoy plus tost Latone est honnorée,
Et de priere & d'encens adorée,
Que ie ne suis? de tiltre non menteur
I'ay Tantalus pour pere & pour autheur,
Qui seul a heu les priuileges telz
De festoyer les grands Dieux immortelz.
Ma mere fut des Pleiades la Seur,
Et mon ayeul est Atlas, pour le seur,
Qui tout le Ciel sur ses espaules porte,
Tant gist en luy grandeur robuste & forte.
Mon autre ayeul, par vn diuin lignage,
Est Iuppiter, dont i'ay bel aduantage,
Le pere est il d'Amphion mon seigneur,
Et mon Espoux, qui m'est bien grand honneur.
Toute la gent & Terre de Phrigie

La harangue de Niobe aux femmes de Thebes pour empescher le sacrifice de Latone.

Me crainct, & est dessoubs ma main regie
Le grand palais de Cadmus soubs moy gist,
Et auec moy mon noble espoux regist
Le circuit de ceste grand Cité,
Dont le peuple est soubs sa capacité.
Et ou les murs (comme chascun scait dire)
Furent construictz au doulx son de sa lyre,
En quelque endroict que i'addresse ma veue
En ma maison, ie la trouue pourueue
De grand richesse, & thresors de valeur,
Et (ce qui doibt encor donner couleur
Au deu honneur de ma haulte noblesse)
I'ay la beaulté digne d'une Déesse,
Et (dont mon cueur doibt estre plus content)
I'ay sept enfantz, & de filles autant,
Dont ie verray mainte Bru, & maint Gendre.
Or regardez la cause qui m'engendre
De tel honneur la persuasion,
Et si a bonne & iuste occasion
Par dessus moy mettez en preference

Latone, fille du Geant Cœus.

Latone, ayant de Cœus pris naissance,
A qui iadis la Terre spacieuse
Ne se monstra si doulce & gracieuse
De luy vouloir permettre seulement
Vn petit lieu, pour son enfantement,
Les Cieulx pitié n'en voulurent auoir,
Encores moins Terre la receuoir,
Voire long temps de son espoir deceue
Ne fut en lieux aquatiques receue.
Bref elle estoit du tout adnichilée,

Metamorphose d'Ouide.

De tout le monde vniuers exilée,
Iasques a tant que l'isle encor non stable
Delos, receut la pauure miserable.
Elle se peult tant seulement vanter
De deux enfants, qu'elle a peu enfanter,
Mais de la gent de mon ventre sortie
Ce n'est sinon la septiesme partie.
Qui est celluy qui me nye estre heureuse,
Bien fortunée, & en biens plantureuse?
Qui est celluy qui pourroit ignorer
Que ie ne doibue en tel heur demourer?
La grand valeur de biens, & l'abondance
De mes thresors, me mect en asseurance
Contre fortune, & tel est mon auoir,
Que ie ne crains son courroucé pouuoir,
Et ou la fiere & muable fortune
En mon endroict sera tant importune,
Que de beaucoup de biens me priuera
Encores plus elle m'en laissera,
Que n'en ha celle, a qui sacrifiez,
Et dont le nom en vain glorifiez,
Les biens qui m'ont enuironnée & ceincte
Sont desia mys hors de danger & crainéte.
Prenez le cas que pour m'extenuer,
Ce peuple grand puisse diminuer
De mes enfants, ie ne seray ia veue
Mere pourtant d'enfants si despourueue,
Que plus de deux encor ne m'en demeure,
Combien que d'eux la plus grand part en meure.
Doncques laissez ce seruice imperfaict

Qui

Qui a Latone en vain par vous est faict,
Et sans luy plus faire voeux & requestes,
Toutes ostez le Laurier de voz testes.
  Quand Nyobé eut mys fin a son dire,
Sa gent en rien n'y osa contredire,
Et en ostant le Laurier des cheueux,
Laisse la feste, & les apparents voeux,
Et neantmoins d'une voix taciturne
A Latona faict priere opportune.
  Dame Latone eut douloureusement
Le cueur nauré d'un tel contemnement,
Et s'asseurant sur son puissant lignage,
Par grand douleur, qui l'incitoit a rage

La complaincte de Latone a ses enfants Phebus & Diane sur le mespris de Niobé.

Au plus hault lieu de sa montagne, Cynthe,
A ses enfants feit vne telle plaincte.
O chers enfants dont le regard m'anime,
Et me rend plus haultaine, & magnanime
Ores vers vous vostre mere icy vient
Qui par vous deux a tel honneur peruient,
Que ie ne doy a nulle des Déesses,
Ceder en biens, en valeur, ou haultesses
Fors a Iuno femme de Iuppiter.
Mais a bon droict ie me puis despiter
Dont ia par tant de siecles honnorée,
Empeschement i'ay d'estre venerée
Par Niobé, qui defend mes autelz,
Pour obolir mes honneurs immortelz.
Par son moyen on doubte si ie suis
Déesse, ou non, comme bien voir ie puis,
Si a cela, ma doulce geniture,

Vous

Metamorphose d'Ouide.

Vous ne mettez remede par grand cure.
Vous asseurant, enfants pleins de valeur,
Que ie n'ay pas ceste seule douleur
Car a tel faict inique, ie vous iure,
Quelle a meslé maint opprobre & iniure,
Et a osé si petit vous priser
De ses enfants sur vous auctoriser,
Et m'a voulu (qui luy puisse aduenir)
D'enfants priuée, & pauure maintenir,
Bien ressemblant à Tantalus son pere
De faulse langue, & de grand vitupere.
  A telz propos dicts en telles manieres
Vouloit Latone adiouster des prieres
Mere (respond Phebus, Diane aussi)
N'en parlez plus, laissez vostre soucy,
Car longue plaincte, & lamentation
De se venger n'est que dilation.
Apres ces dicts Phebus differé n'a
(Accompagné de sa Seur Diana)
De prendre en l'Air legerement sa voye
Dans vne nue, affin qu'on ne les voye.
Dont en bref temps par grand velocité
Sont descendus a Thebes la Cité.
Hors de la ville, & pres les murs d'icelle
Plaine il y eut fort spacieuse & belle,
Ou se souloit auec ioyeulx trauaulx
Ieunesse esbatre a piquer les cheuaulx,
Desquelz les pas grauez pouuoit on voir
Pareillement la trace apperceuoir
De mainte roue & la terre foullée

La Mort des enfants de Niobé occis par Phebus & Diane sa seur.

m ij   Par

Par la ieunesse en ce champ deualée.
Las s'esbatoient d'Amphion les enfants
Les vns montez sur cheuaulx triumphants
Dont le harnoys braue, noble & insigne
Fut decoré de pourpre pure & fine,
D'or bien massif les freins elabourez.
Par eux estoient brauement moderez,
Entre lesquelz Ismenus filz aisné
Lors que par luy son cheual est tourné
A son plaisir, & en petit d'espace,
En l'arrestant de glorieuse audace.
O moy perdu (dist il estant blessé)
Car il auoit l'estomac transpercé
D'un traict mortel, dont sa main presque morte
De plus tenir la bride se deporte.
Et peu a peu par la Mort qui le serre
De son cheual se laisse choir a terre
Lors Sipylus, qui de luy pres estoit,
Comme celluy qui fort s'espouuentoit
D'auoir ouy bruire en l'Air la sagette,
A son cheual la bride non subiecte
Abandonna, ainsi que le Nocher
Qui preuoyant la Tormente approcher,
Mect grand labeur que ses voiles tendues
De toutes parts soubdain soient estendues,
Si que le vent inconstant & leger
Ne passe, & soit cause de son danger.
Mais Sipylus, pour s'enfuyr n'euite
Mortel peril, car la sagette viste
Droict le plus hault de son col rencontra

Et le

Metamorphose d'Ouide.

Et le gosier tout oultre penetra,
Dont a l'enuers il cheut mort, & mouillée
La terre fut de son sang, & souillée
La Phedimus qui tel malheur n'espere,
Et cil qui fut du nom de son grand pere
Dict Tantalus, ia laissoient le trauail,
Et excercice a piquer le cheual,
Et s'estoient mys a l'esbat de la lucte,
Virilement l'un contre l'autre lucte,
Leur estomac d'embrassement bien ioinct,
Mais quand tous deux ilz luctent en tel poinct,
Tous deux d'un coup puissant, & redoubtable
Sont transpercez du traict ineuitable
Tous deux sentents mortel encombrement
Ont faict ensemble vn dur gemissement,
Tous deux sont cheuz ensemble a la renuerse,
Leurs corps courbez par la Mort qui les presse.
Tous deux ensemble au chef tournent les yeulx,
Tous deux ensemble ilz meurent en ces lieux.
Ces cas piteux vid leur frere germain
Dict Alphenor, qui frappant de sa main
Son estomac, en ce lieu court grand erre
Pour releuer les corps gisants a terre,
Mais en vsant d'office pitoyable
Et fraternel, mourut le miserable,
Car Apollo, qui de tirer fut prompt,
D'un traict mortel les entrailles luy rompt,
Qui quand le traict du corps tirer il tasche
La plus grand part du poulmon il s'arrache.
Dont l'ame auec le sang qui sort de la
  m iiij   Esuanouist

Esuanouist, & en l'Air s'en alla.
Damasicton aux longs crins apperceu,
Ne mourut pas d'un simple coup receu,
Car par les neuds du mol genou, & entre
Nerfs du iarret la sagette luy entre,
Et quand le traict il s'efforce arracher,
Vn autre traict, que Phebus vient lascher,
Iusq'au pennage entra dedans sa gorge,
Puis en sortit par le sang quil desgorge,
Et qu'a bouillons par l'Air on voit courir.
Ilionée auant que de mourir,
Qui le dernier restoit de tous ses Freres
Occis ainsi par flesches mortiferes,
Ia en priant les bras ioincts eleuoit,
Mais trop en vain leuez il les auoit.
O tous les Dieux (disoit il) si i'offense,
Receuez moy a mercy, & clemence,
Ainsi n'auoit tous les Dieux mys arriere
Sachant qu'a tous on doibt voeu, & priere.
De sa priere & humble voulunté
Phebus auoit le courroux surmonté.
Si de son arc fort & incomparable
Le traict yssu eust esté reuocable,
Et toutefoys de l'humble Ilionée
Ne fut la vie aigrement terminée,
Car a son cueur le traict ne s'adressa,
Fort rudement, mais il en trespassa.
 De telle perte en brief temps aduenue
A Niobé la notice est venue,
Tant par le bruit, que par la grand douleur

Metamorphose d'Ouide.

De tout le peuple iré d'un tel malheur.
Et par les cris, & pleurs melencoliques
De ses loyaulx seruiteurs domestiques,
Dont elle fut de courroux esueillée
Contre les Dieux, & fort esmerueillée
Comme ilz ont peu tant de force & pouuoir
Tant de rigueur, & hardiesse auoir.
Ioinct qu'Amphion son fidele mary,
Du dur excès de ses enfants marry,
Du glaiue auoit sa douleur assouuie.
En mettant fin a sa dolente vie.
Las o combien, par la douleur qu'elle ha
Est Niobé aultre que celle la
Qui maintenant le peuple a desuoyé
Du sacrifice a Latone employé,
Et qui marchoit nagueres par la ville
Representant audace non seruille,
Et de laquelle en son port glorieux
Ores estoient ses subiects enuyeux?
Or a present si pauure est sa fortune,
Que voire ceulx qui luy portent rancune,
Compassion en pourroient receuoir,
En la voyant vn tel deuil conceuoir
Pour ses enfants morts a terre estendus.
Dessus lesquelz elle ha les bras tendus
Entremeslant derniers baisers sans ordre
D'vn sens troublé cause d'vn tel desordre.
Elle en leuant des miserables corps
Au Ciel ses bras vien fort palles alors,
Va dire ainsi: O Latone cruelle

D'Amphió, qui sachāt la mort de ses enfants, s'occist.

m iiij　　Ores

Ores repais de ma douleur mortelle
Ton cueur felon, saoulle ta fantasie
Du dueil mortel duquel ie suis saisie.
De sept enfants yssus de ma portée
La Mort me rend Mere desconfortée,
Esiouy t'en, ennemye notoire,
En triumphant d'une telle victoire.
victoire helas, mais par quelle vertu
Sur moy l'honneur de victoire auroys tu?
I'ay plus de biens en infelicité
Que toy au cours de ta felicité,
Et auec tant de perte & de iacture
De mes enfants qu'as mys en sepulture.
Dire ie puis (si ie ne me transporte)
Qu'en tout sur toy la victoire i'emporte.
 Ainsi disoit Niobé par despit,
Adonc sans plus de delay ou respit
Le Dieu Phebus de son arc sumptueux
Lascha vn traict royde & impetueux
Troublant tous ceulx qui estoient en la Plaine.
Fors Niobé de fureur toute pleine,
Car du grief mal qui s'offroit a ses yeulx
Plus elle auoit le cueur audacieux.
Les pauures Seurs tristes & desolées
En habit noir toutes descheuelées
Pres des tombeaux espandoient larmes d'oeil
Et demenoient pour leurs freres grand deuil.
L'une des Seurs comme elle s'esforçoit
D'oster le traict qui le cueur transperçoit
D'un frere sien, au danger encourut.

D'un

Metamorphose d'Ouide.

D'un traict volant, dont tost elle mourut,
Voire ce traict mortellement la touche
Du frere mort baisant la froide bouche.
L'autre taschant sa miserable mere,
Reconforter en sa douleur amere
Subitement perdit parolle & voix,
Mais apparent n'est le coup toutefoys,
Sa bouche adonc du coup mortel se serre,
Puis quand l'esprit expire, se desserre.
L'une voyant le peril de la Mort
En vain s'enfuyt, car son corps tombe mort,
Et l'autre aupres de sa seur est tombée
Et auec elle a la Mort succombée.
L'une voit on de craincte se cacher,
L'autre trembler, & enfin tresbuscher.
Bref ia six Seurs nagueres apparentes
Occises sont de playes differentes.
Or des sept seurs vne encores restoit
Qui la septiesme & la derniere estoit.
La mere adonc craignant sa mort future
De tout son corps luy a faict couuerture,
Et la cachant de tout son vestement,
A Latona s'escrya haultement.
A tout le moins en l'extreme soucy
Ou tu me voys, laisse moy ceste cy.
De tant de Seurs, mes filles, par priere
Ie te requier la plus ieune & derniere.
Quand Niobé telle priere faict
On ne met point sa requeste a effect
Car d'un traict fut sa fille transfichée.

Entre

Le vj. liure de la

Entre les bras de sa mere cachée.
Dont Niobé qui tant de maulx or ha
De tous plaisirs priuée demoura
Par my le rang de tous ses filz, & filles
Morts estendus par blessures hostiles,
Et son espoux mort aupres de ses yeulx.
De ces torments & maulx trop ennuyeux

Niobé muée en stature de marbre.

Elle deuient vne stature froyde
Par tout le corps dure, immobile, & royde.
Elle n'a plus de beaulx, & blonds cheueux
Que le vent puisse esbranler à ses vœux.
En son visage est toute humeur faillie,
Toute humeur est de ses ioues saillie.
Roydes ses yeulx on peult apperceuoir,
Et qu'ilz n'ont plus la puissance de voir
Bref sur sa face estant nagueres visue
Il n'y a rien qui soit charnel, & viue.
Voire au dedans du palais endurcy
Sa langue tost royde deuient aussi,
Pareillement les corporelles veines
Sans se mouuoir deuiennent toutes vaines
Quant à son col, il roydist, & se mué
En tel estat, que plus ne se remué.
De faire geste, & de plus se mouuoir
Ses bras n'ont plus la force ne pouuoir,
Les piedz aussi qui perdent leur sustence
De cheminer n'ont aucune puissance.
Et au dedans entrailles amorties
En marbre dur aussi sont conuerties.
Et neantmoins des pleurs elle iecta,

Puis

Metamorphose d'Ouide.

puis en Sipyle vn grand vent l'emporta,
Qui est son lieu & Terre naturelle.
Ou sur vn mont fichée apparoist elle,
Et comme peult chascun voir a ceste heure
De iour en iour le marbre encores pleure.
 Les habitants de Thebes la Cité
De tel miracle ont le cueur incité
A venerer ceste Déesse saincte,
Qui fut iadis de deux gemeaux enceincte,
Et ha chascun craincte de l'offenser,
Pour l'auoir veue ainsi se courroucer:
Puis (comme on voit) de maint propos tenu
Du faict nouueau par miracle aduenu,
Les vns comptoient, d'anciennes louanges,
De Latona miracles plus estranges,
Entre lesquelz l'un ce propos racompte:
On faict aussi vn veritable compte,
Que dans Lycie, heureuse en biens terrestres,
Iadis aucuns des Laboureurs champestres
Ceste Déesse eurent a grand mespris,
Dont toutefoys il leur en est mal pris,
La chose assez est latente & obscure
Pour les Villains de rustique nature,
Mais fort estrange, & la narration
Aux escoutants donne admiration,
Vous asseurant que i'ay veu de mes yeulx
Le lac, & lieu du faict prodigieux:
Le pere mien, qui par trop grand vieillesse
Auoit le corps tout courbe de foiblesse,
Me commanda de tost me pourmener
     Iusq'

Le marbre plorans par la Metamorphose de Niobé.

La fables des Villains de Lycie qui furent muez en Grenouilles

Le vi. liure de la

Iuſq̃ en Lycie, & d'illec r'amener
Quelques Taureaux des ſiens deſaſſemblez,
Qu'on luy auoit furtiuement emblez,
Pour en Lycie aller plus ſeurement
Il me donna guide, & gouuernement
D'vn conducteur, ayant la congnoiſſance
De ce pays, qui eſtoit ſa naiſſance:
Auec lequel quand les paſtis grand erre
I'enuironneys de ceſte eſtrange Terre,
Viſmes vn lac, & au milieu des eaux
Vn vieil autel circuit de rouſeaux,
Qui noir eſtoit de la cendre & fumée
Pour le diuin ſeruice conſumée,
Mon conducteur ſon marcher differa,
Et ayde moy, ce mot bas profera,
Dont comme luy mon marcher ie differe.
Et ayde moy, ce mot bas ie profere:
Puis tout ſubit luy ay propos tenus
Si c'eſtoit point l'autel du Dieu Faunus,
Ou d'Indigene, ou des Naiades ſainctes,
Dont il me va reſpondre en ces attainctes.

   O ieune enfant, certes, l'autel ſacré
Qu'ores tu voys, ne fut onc conſacré
A aucun Dieu de montagne, qui ſoit:
Seule en ce lieu Latone honneur reçoit,
Qui par Iuno de Iuppiter Eſpouſe,
Trop violente en ſon ire ialouſe,
Chaſſée fut par le monde vniuers,
Finablement, apres ennuys diuers,
Fut a Delos humainement receue,

Iſle

Metamorphose d'Ouide.

Isle non stable en ce temps apperceue,
Ou l'affligée & lamentable Dame
Eut pour sa couche vn Oliuier & Palme,
Et s'appuyant a ces deux arbres beaulx,
Malgré Iuno, enfanta deux iumeaulx.
Et neantmoins Iuno rude & faschée
Chassa d'illec la nouuelle accouchée
Qui en son sein ses deux enfants portoit
Dont l'vn & l'autre vn Dieu representoit.
Latone ayant ce faix qui la soucie
Desia estoit au pays de Lycie,
Ou de l'Ardeur du Soleil tres amere
(Qui ia brusloit le mont de la Chimere)
Et du trauail trop long qu'elle auoit pris
D'extreme soif son gosier fut espris,
Les petits Dieux qui sont sur les bras d'elle
Auoient vuydé l'vne & l'autre mammelle,
Si vid de loing la Dame desolée
Vn petit lac aux coing d'vne vallée,
Ou les Villains du lieu, qui trauailloient,
Joncs, & Osiers, & herbes recueilloient.
Latone y va, pour la soif qui la serre,
Incontinent mect les genoulx a Terre
Pour appaiser la soif qui l'oppressoit:
Le nombre grand des Villains l'apperçoit,
Qui par despit yssu d'ingratitude
Luy defend l'eau, de voix austere & rude.
Elle voyant ce rude empeschement
De ces propos leur vsa doulcement.
O mes amys, a qu'elle raison est ce

Que

Que me venez par si grande rudesse
Defendre l'eau? communs sont les ruysseaux,
Commun a tous est l'vsage des eaux,
L'Air est commun a toute creature
Et le Soleil par le don de Nature,
Qui n'a voulu sur l'eau tant entreprendre
Qu'a son plaisir chascun n'en puisse prendre:
Ie suis venue au don commun a tous,
Et toutefoys ce don auoir de vous
Ie ne pretends par arrogance fiere,
Ains par requeste, & treshumble priere:
Ie ne suis pas soubs cest espoir venue,
Pour mon corps las y lauer toute nue,
Ce qui m'a faict de ce lac approcher,
C'est seulement pour ma soif estancher,
Car en parlant, si pres la soif me touche,
Qu'il n'y a plus d'humeur dedans ma bouche,
Et tant est sec mon gosier, que couleur
A peine en peult l'vsage de parler,
Si tant de bien me permettez de boire
Vn petit d'eau, ie vous supply de croire,
Que ce peu d'eau me sera precieux
Autant, ou plus que le Nectar des Cieux,
Et si auray de dire ceste enuye
Que ie vous doy mon salut & ma vie,
Et (sans mentir) pour ce don seulement
Ie vous deburay la vie entierement.
Regardez ceulx aussi de pitié tendre
Que vous voyez leurs petits bras estendre
Dedans mon sein: & alors dauanture
            Tendoit

Metamorphose d'Ouide.

Tendoit les bras sa tendre geniture:
Qui est celluy, si grand doulceur oyant,
Qui n'eust esté de pitié larmoyant,
Et qui a tant lamentable Déesse
N'eust consenti, pour la mettre en liesse?
Et toutesfoys la grand temerité
De ces Villains, pleins de seuerité
Par ses propos ne se peult esmouuoir,
Ne sa priere a pitié receuoir,
En persistant en leur durté premiere
Pour la garder de boire en la riuiere,
Et (qui plus est) affin qu'elle n'approche,
Ilz luy ont faict mainte iniure & reproche,
La menaceants, si elle n'a le soing
De promptement aller boire plus loing:
Et non contents de ceste villainie,
Des piedz & mains par malice infinie,
Ont troublé l'eau, faisants maint sault & course
Pour le bourbier mesler auec la source.
D'aigre courroux Latone disera
Toute sa soif, & plus ne profera
Aucun propos de parolle benigne
A ceste gent, qui en estoit indigne,
Et plus vers eux moindre audace ne tient
Qu'a grauité de Déesse appartient,
Enuers le Ciel ses deux mains eleua,
Puis haultement ainsi dire elle va:
A tout iamais o gent rude & immunde
Viuez au lac dont auez troublé l'vnde.
Ainsi parlant la Déesse puissante,

De son soubhaict entier est iouyssante,
Car les Villains prenants vn pli nouueau
Incontinent se sont plongez en l'eau,
Ores cachants leurs membres deshonnestes
Au fons de l'eau, ores monstrants leurs testes,
Ores sur l'eau les eussiez veu nager,
Ores au bort de l'estang se ranger,
Et bien souuent abandonner la riue,
Pour de rechef saulter dedans l'eau visue.
Et quoy qu'ilz soient soubs les eaux limonneuses,
Pour demonstrer leurs langues veneneuses
Par vn desir de iargon qui les presse,
Sans auoir honte ilz mesdisent sans cesse.
Leur gule est large, & leur est demourée
Pour babiller vne voix enrouée.
D'enfler le col leur nature les poingt,
Et semble aduis que de col ilz n'ont point:
Leur dos est verd, & a les voir il semble
Que teste & dos sont attachez ensemble,
Leur ventre est blanc, qui est la plus graud part
De tout leur corps, bref le corps se depart
Qui fut humain en ces Villains rebelles,
Et sont muez en Grenoilles nouuelles,
Dedans les lacs chascune va saultant,
Et en fera tousiours leur race autant.

La punition du satyre Marsyas mué en fleuue.

Lors que celuy, qui ces miracles compte,
De ces Villains eut acheué le compte,
Vn autre mect la Mort triste en auant
De Marsyas, Satyre bien sçauant
Au ieu & son du petit flaiolles

Faict

Metamorphose d'Ouide.

Faict de rouseau, dont osa le follet
En prouoquer d'arrogance notoire
Le Dieu Phebus, qui apres la victoire,
De Marsyas prit tost punition.
Las (disoit il en son affliction)
O Dieu pourquoy m'arraches tu ma peau?
Helas, si i'ay enflé le chalemeau,
Ie m'en repens, telle n'est mon offense
Pour meriter si cruelle vengence.
Auec ce cry, Phebus, sans le lascher
Par tout le corps commence a l'escorcher,
Le sang espais en sort en abondance.
Veines & nerfz sont mys en euidence
Sans peau aucune, & entrailles saillir
Vous eussies veu & nombré sans faillir.
De sa fortune, & austeres martyres
Plorerent lors ses Freres les Satyres
Faunes aussi Dieux des boys vmbrageux
Ont deploré son deces outrageux,
Nymphes aussi, & tous bergers congnus
Au mont Olympe ayant troupeaux cornus,
Et ceulx qui la menoient troupeaux a laine
Ont tant getté de pleurs a grand alaine
Que la Terre est humide deuenue,
L'humidité de tant de pleurs venue
La terre boit aux fons premierement,
Puis l'eau en sort, qui copieusement
S'en va des lors dilater & espandre,
Et dans les flots de la grand Mer se rendre,
De Marsyas ceste eau retient le nom

Qui en Phrigie est fleuue de renom.
Quand des Thebains le commun populaire
D'exemples telz eut faict recit vulgaire,
De reuenir encores il consent
Aux premiers dicts du miracle recent,
Dont Amphion ses filles & ses fils
Mortellement ont esté desconfits,
Et pour leur Mort a ploré la Commune,
A Niobé portant ire & rancune.

L'espau-
le de Pe-
lops fils
de Tan-
tal° mu-
ée en v-
ne espau-
le d'y-
uoyre.

Si que pour elle on n'a point faict de deuil,
Fors que Pelops espandit larmes d'oeil,
Plorant sa Seur, & son piteux esclandre,
Et en voulant se despouiller, & prendre
L'habit de deuil, on dict, & le fault croire
Qu'il descouurit son espaule d'yuoire.
Pelops qui deuil pour sa Seur receuoit,
A sa naissance vn tel default n'auoit,
Car il auoit espaules naturelles,
Et toutes deux semblables & charnelles.
Son pere vn iour de fureur approcha,
Et de son fils les membres destrancha,
Les Dieux qui bien sçauoient la forfaicture,
Vont assembler les membres par ioincture,
Fors la senestre espaule qui pour lors
Ne se trouua, pour ioindre tout le corps,
Dont au default de l'espaule senestre,
Egalement fut conioincte a la dextre
Celle d'yuoire, ainsi Pelops defaict
Fut par les Dieux entierement refaict.
Pour donner ioye a Pelops gemissant,

s'est

Metamorphose d'Ouide.

S'est assemblé maint Roy noble & puissant,
Et les Seigneurs des villes plus prochaines
Y sont venus, d'Arges, Sparte, Myceines,
De Calydon, qui encor mesfaict n'a
Pour le courroux auoir de Diana,
Pareillement le Seigneur de Messeine,
Et de la grasse & fertile Orchomene,
Et de Corinthe aussi, lieu souuerain
Pour le renom des ouurages d'Airain,
Celuy de Patre, & de Cleone aussi
Celuy de Pyle eut vn mesme souci
Par Neleus ville bien renommée,
Et de Trezen, non encores nommée
Par Pittheus, & d'autres villes maintes
Non seulement d'Isthmus closes & ceinctes,
Mais de plusieurs que d'Isthmus on aduise,
Terre qui est entre deux Mers assise.
De tous ces lieux les Seigneurs promptement
Vont a Pelops donner soulagement
Sinon celuy d'Athenes, Pandion
Qui n'y fut pas, croire le pourroit on?
Ce faict pourtant ne luy donne aucun vice
Guerre empescha son pitoyable office,
Atheniens estoient fort estonnez
De veoir leurs murs d'armes enuironnez,
Et tout aupres de la Mer s'estre mys
En nombre grand barbares ennemys,
Mais Tereus qui estoit Roy de Thrace
Par grand proesse & militaire audace
A Pandion donna ayde & confort

Le piteux Mariage de Tereus roy de Thrace, & de Progné fille de Pandion, & commét par ledict Tereus fut Philomela deflorée.

Ses ennemys chassant par son effort,
Et los acquiet du bruit de sa victoire
En grand honneur & triumphante gloire,
Dont Pandion le voyant fortuné
De biens, d'honneurs, de gents enuironné,
Et fils de Mars en plantureux lignage,
Incontinent en royal mariage
Luy octroya Progné sa fille aisnée,
Mais l'alliance est trop infortunée,
Car a ce lict Iuno ne se trouua,
Le Dieu Hymen a ce lict point ne va,
Enuironné ne fut d'aucune grace
Ce lict, auquel futur malheur se brasse:
Venues sont les Furies d'Enfer
Fouller le lict, & de rage eschaufer,
Qui alentour tenoient torches funebres,
Tant que duroient de la nuict les tenebres.
Le malheureux Hybou effarouché
Dessus le faix du lict estoit couché.
A Tereus Progné soubs tel augure
Fut mariée, & de leur geniture.
Itys fut né, dont copieusement
Thrace recent ioye, & contentement.
Le Roy de Thrace & Progné clarifient
Ceste naissance, & aux Dieux gratifient.
En commandant qu'en grand festiuité
On celebrast ceste natiuité
Par chascun an, & qu'en chascune place,
Du iour aussi festiuité se face
Auquel Progné du Roy Pandion née:

Metamorphose d'Ouide.

Fut pour Espouse a Thereus donnée
Ce qui fut faict par le peuple, ignorant
Le grand malheur non encore apparent.
Desia cinq ans entiers estoient passez
Lors que Progné, les bras entrelacez
Au col du Roy, auecques doulceur telle
Le supplia: si mon amour (dist elle)
O cher Espoux, ha vers vous ce pouuoir
De quelque don par grace receuoir,
Ie vous supply tant de bien me permettre
Qu'ores ie puisse en voyage me mettre
Pour voir ma Seur, ou bien faictes ainsi
Qu'elle, auec vous, me vienne voir icy:
Ce qu'obtiendrez (ainsi comme i'espere)
Facilement par l'octroy de mon pere,
Luy promettant qu'elle retournera
Incontinent, & ne seiournera,
Las, vous m'aurez d'un riche don pourueue
Si de ma Seur ie puis auoir la veue.
Le Roy esmeu de la priere grande
De son Espouse, incontinent commande
D'apprester naufz, pour son departement.
Voiles au vent sont mises promptement.
Les vents a gré, paisibles & sereines
Luy sont les eaux iusques au port d'Atheines:
Si tost qu'il est du beaupere apperceu,
Il est par luy humainement receu,
Et des deux Roys s'est la dextre approchée,
Parlent ensemble aprés la main touchée,
Mais les propos qui de leurs bouches sortent

Vn

Vn grand malheur pour l'aduenir apportent.
Ia Tereus auoit mys en auant
L'occasion d'auoir mis voile au vent,
A Pandion, & que Progné d'enuye
De voir sa Seur, estoit toute rauie,
En promettant de tost la renuoyer
Si son plaisir est de l'y enuoyer.
Sur ces propos arriua Philomele
Seur de Progné, en habits riche & belle
Mais bien que fust riche son parement
Plus riche estoit sa beaulté, tellement
Qu'accomparer on l'eust peu aux Niades
Nymphes des boys, & aux belles Driades,
S'elles estoient en ce parement la
Duquel parée estoit Philomela.
Quand Tereus sur ceste vierge tendre
Eust mis ses yeux, telle ardeur le va prendre
Ainsi qu'on voit chaulme & paille brusler
Lors que le feu se y vient entremesler
Ou quand aucun brusle feuilles & herbes
Comme le foing, & toutes seches gerbes.
Certainement la beaulté de hault pris
De ceste vierge auoit le cueur espris
De Tereus, mais plus (ie vous assure)
Le prouoquoit naturelle luxure,
Car gents qui sont de ceste terre nez,
Sont a l'amour impudique adonnez.
Luy tout ardant du vice du pays
Mesmes du sien ha les yeulx esblouys
Deliberant en ce feu plein de vice

Par

Metamorphose d'Ouide.

Par offre & dons corrompre la nourrice
De Philomele, & tant l'importuner
Qu'elle se puisse aux dons abandonner.
Voire aux moyens cauteleux il regarde
De suborner ceulx qui l'ont en leur garde,
Et d'emploier la puissance & l'Auoir
De tout son Regne, ou par force l'auoir,
Puis la defendre à la mort ou la vie
Des qu'il l'aura par force ainsi rauie.
Il n'y a rien qui ne soit entrepris
Par luy, d'amour effrenée surpris,
Et dans son cueur ne peult couurir la flame
Qui sans cesser le tormente & enflame.
Lors il ne peut souffrir dilation,
Et de rechef d'ardente affection
A racompter au long il se dispose
Le mandemant de Progné son Espouse,
Et soubs le nom, couleur & umbre d'elle
Couuroit son veuil le Tyrant infidele
La passion d'amour dont il abonde
A son parler adiouste la faconde,
Quand importun en priere il estoit
Estre le veuil de Progné il comptoit,
Voire pour mieulx venir à ses atteinctes
Il sceut tresbien getter larmes & pleinctes,
Ne plus ne moins que si profondement
Elle eust ploré auec le mandement.
Dieux immortelz, o conbien d'ignorance
Faict dans les cueurs mortelz sa demourance?
Ce Tereus inique & deshonté

n iiij   Semble

Semble estre plein de doulceur & bonté
En s'esforceant conuertir en louange
Son crime grand execrable & estrange.
Que diroit on si Philomele mesme
De voir sa Seur auoit desir extreme?
Elle en tenant embrassé doulcement
Le Roy son pere auec blandissement
Pour son salut luy faict ceste demande,
Contre elle aussi ce don elle demande.
Dessus la belle au maintien gracieux
Incessamment Tereus mect ses yeux,
Et en gettant sa veue ainsi sur elle
Aduis luy est quil touche sa chair belle.
Et la voyant sa demande exposer
Au pere sien, & souuent la baiser,
Voyant aussi qu'elle ha sans vitupere
Les bras pendus au col du Roy son pere
Tout ce luy sert d'aguillon vehement
Qui a son feu donne nourrissement,
Autant de foys que son pere elle embrasse
Autant de foys l'inique Roy de Thrace
Le vouldroit estre, & moins n'en cesseroit
Son ord desir, quand son pere il seroit.
Le pere enfin. ou gist misericorde,
Et a sa fille, & au Gendre s'accorde,
Elle, receu ioyeux contentement,
Au pere sien rend graces humblement,
Et pense au vray la pauure malheureuse
Ceste chose estre a deux Seurs bien heureuse
Qui a deux Seurs cause de deuil sera

Et tout

Et tout malheur en fin leur causera.
　　Ia le Soleil auoit peu d'interualle
pour se cacher en Terre Occidentalle
Quand le soupper fut prest royallement
En Couppes d'or le vin mis noblement.
Pris le repas, & a heure opportune
Chascun s'en va prendre repos nocturne.
Mais Tereus meu d'ardente estincelle
(Bien qu'esloigné il fust de la Pucelle)
Dormir ne peult, le soucy nompareil
Le garde bien de prendre aucun sommeil,
De Philomele imaginant la face,
Ses blanches mains, son port qui tout efface,
Et le surplus qu'encor veu il n'a point
Il fainct selon le desyr qui le poingt,
Et de nourrir luy mesmes il prent cure
Le feu, qu'amour inique luy procure.
　　Des que le iour sa lumiere rendit
Larmes & pleurs Pandion espandit,
Et en prenant par la dextre son Gendre
Entre ses mains Philomene il va rendre,
Disant ainsi: cher fils puis que ie voy
Que raison m'a contrainct a cest octroy,
Comme aux deux Seurs, mes filles, il a pleu
O Tereus, & comme il t'a compleu,
Entre tes mains ceste cy i'abandonne,
Et soubs ta foy ie te la liure & donne,
Te suppliant par la ferme vnité
De l'alliance, & proche affinité,
Et par les Dieux de puissance eternelle

La conseruer d'une amour paternelle,
Et au plus tost que faire se pourra,
(Car tout seiour trop long me semblera)
De renuoyer a moy plein de tristesse
Celle, qui est support de ma vieillesse:
Et toy aussi, qui me voys en esmoy,
Souuienne toy de retourner vers moy
Incontinent o fille tres cherie,
Si ton amour enuers moy n'est perie:
Car il suffist que de ta Seur Progné
Ores ie soys absent & esloigné.
Le pere vsoit de ce commandement
Puis il baisoit sa fille tendrement,
Et ne pouuoit auec si piteux termes
Se contenir d'espandre doulces larmes,
Adonc sans faire aucune demourance
Il prent leurs mains pour gage & asseurance
De prompt retour, & entre propos maints
Ioignant sa dextre a leurs deux dextres mains,
Il les pria par vn paternel zele
De saluer sa fille, & le filz d'elle
Au nom de luy, & a grand peine il a
Peu dire adieu, car en ces propos la
La souspeçon & crainctequi le touche
Auec sanglots luy estoupe la bouche.
Incontinent que Philomele entra
En la Nef paincte, & que lon accoustra
Les auirons, & que desia grand erre
La Nef se vient esloigner de la Terre,
Tereus va s'escrier haultement,

Ie

Metamorphose d'Ouide.

Ie suis vainqueur, car i'ay presentement
De tous mes vœux & desyrs iouyssance.
Ainsi prenoit folle resiouyssance
Le Roy Barbare, & loing de bonnes meurs,
Qui propres sont a Roys sages & meurs
Et a grand peine ha il pouuoir d'attendre
Et differer l'effort ou il veult tendre,
Ayant tousiours son regard sur la belle,
Ne plus ne moins que l'Aigle oyseau rebelle
Quand de ses piedz crocheus il a mis hors
Du nid le Lieure, & ne desyre fors
De l'empoigner, & de bien hault regarde
Sa proye en bas, qui d'eschapper n'a garde.
    Desia estoient en Thrace paruenus,
Et en leurs Portz les Nauires venus
Quand Tereus de main rude & hostile
S'en va tirer de Pandion la fille
Dedans vn grand & ancien manoir
Par la forest vmbreuse obscur & noir,
La le Tyrant plein de chaleur extreme
Va enfermer la Vierge palle & blesme,
Morne, tremblant, & craignant toutes choses
Qui en la peur des Vierges sont encloses.
Elle plorant, & sa Sœur demandant
L'inique Roy a tout mal pretendant
Luy faict sçauoir l'amour desordonnée
Qui son cueur poingt, & la Vierge estonnée
Seule en ce lieu il prent d'iniquité,
Faisant la guerre a sa virginité,
Et par effort iouyssance il ha d'elle

Elegante cōparaison.

Qui

Qui (mais en vain) souuent son pere appelle,
Sa Seur aussi, & auec larmes d'yeux
Sur toute chose inuoque les grands Dieux
Et en tremblant a la Brebis ressemble
Non asseurée, & qui encores tremble
Lors que du loup ayant la gule ouuerte
Elle a esté nagueres recouuerte,
Ou tout ainsi que la Coulumbe atteincte
Par l'Espreuier, de sang sa plume teincte
Encores tremble, & ha grand peur encores
Des ongles fiers, ausquelz elle estoit ores,
Des que la Vierge en son esprit reuint,
Et de si grand iniure luy souuint,
En descirant, d'ire qui la vient mordre,
Ses blonds cheueux, espars, & mal en ordre,
Et en frappant par vn extreme deuil
Ses tendres bras, auecques larmes d'oeil
Ainsi s'escrie, en estendant les mains:
O Tyrant plein de crimes inhumains,
Cruel, barbare, & plein de vitupere,
Au mandement de Pandion mon pere,
(Qui tant te dist piteusement adieu)
Tu n'as voulu donner raison, ne lieu.
Point ne t'a meu de ma Seur l'alliance
Que tu as mis en infame oubliance,
Encores moins de moy Vierge l'honneur
Que par effort as mise a deshonneur,
Les droicts sacrez du loyal mariage
Point n'ont esmeu ton effrené courage,
Tous ces droicts la en tous lieux espandus

Par

Metamorphose d'Ouide.

par toy meschant ont esté confondus,
Par toy meschant inique rauisseur
Ribaulde suis du mary de ma Seur.
Tu es l'espoux de deux Seurs traistre infame,
Mais trop, helas, ton forfaict me difame.
O ennemy, punition t'attend
Et pourquoy, las, es tu de ce content?
O desloyal, que n'as tu ceste enuye
De me tollir semblablement la vie,
Affin que crime aucun ne reste en toy
Qui perpetré ne soit encontre moy?
Que pleust aux Dieux qu'a mort tu m'eusses mise
Deuant qu'auoir si grand faulte commise,
Et que m'auoir osté honteusement
Virginité, par ton rauissement,
A tout le moins sans aucun blasme & crime
Ie fusse morte en Pucelle d'estime.
Si toutefoys les grands Dieux immortelz
Iettent les yeux sur tes massacres telz,
Et si les Dieux, qui ont la congnoissance
De ton forfaict, sont en quelque puissance,
Et si en moy dolente & esperdue
Toute vigueur encores n'est perdue,
Vn jour viendra que de l'oppression
Que faicte m'as, prendray punition,
Ta lascheté (toute vergongne ostée)
Sera par moy de tout peuple escoutée,
Si i'ay pouuoir de paruenir aux lieux,
Ou de m'ouyr gents seront curieux.
Et si ie suis en ces lieux enfermée

Ie

Ie rempliray ceste forest ramée
De mon hault cry, & les pierres ourront
Ton crime grand, qui horreur en auront.
Ceste clameur iusques au Ciel paruienne,
Et s'il y a aucun Dieu qui s'y tienne
Ie le supply ma complaincte escouter.
Tous ces propos seruirent d'irriter
L'aspre Tyrant, car apres vn tel dire
Non seulement il fut tout bouillant d'ire,
Mais il eut peur que son crime commis
Par Philomele en lumiere fust mys,
Dont son espée il tira du fourreau,
Et tout ainsi qu'vn austere Bourreau
La prent aux crins, par derriere (en contraincte)
Luy a soubdain chascune main estraincte:
Elle, qui mieulx que la mort, n'esperoit,
Au glaiue nud sa gorge preparoit,
Et le Tyrant (apres que par grands forces
Luy eust tiré la langue auec des forces)
De sa trenchante, & oultrageuse espée
Luy a la langue austerement couppée,
Qui sans cesser de parler trauailloit,
Et qui son pere a toute heure appelloit,
Dont la racine encores est esmeue
Et dans la bouche encores se remue.
La langue adonc, qui sur la Terre estoit,
Dessus la Terre aussi se debatoit,
Et comme on voit d'un Serpent ça & la
Saulter la queue, apres que mis on l'a
En deux tranſons, en vne mesme sorte
                    Saultoit

Metamorphose d'Ouide.

saultoit la langue, auant qu'elle fust morte,
Et en sentant la Mort, qui ia l'oppresse
Cherche les pas de sa triste maistresse:
Encor dict on qu'apres vn tel forfaict
(Ie ne croiroys, qu'a peine, qu'il l'eust faict)
Ce Tereus excerçea sa luxure
Au corps blessé de honteuse blessure:
Puis sans d'un tel massacre s'estonner
Deuers Progné il osa retourner,
Qui le voyant, d'une affection grande
De sa Seur tost nouuelles luy demande,
Luy en faisant maints souspirs faulsement
Entremesiez d'un fainct gemissement,
A son Espouse vne mensonge apporte
Et de sa Seur la mort il luy rapporte,
Et toutefoys son plorer deceuable
Feit que Progné l'estima veritable.
Si despouilla ses habits d'or luisants
Et se vestit de noirs a deuil duisants,
Puis ordonna forme de sepulture
Vaine, & sans corps d'aucune creature,
Solemnisant de sa Seur le trespas
Qui toutefoys morte encores n'est pas,
Et gettant pleurs pour sa Seur bien aymée
Qu'elle ne deust plorer comme inhumée.

 Au boys obscur en deuil & en souffrance
La Vierge vn an auoit faict demourance.
Que fera elle? a l'estroict son corps mis
Est tant gardé par gents a ce commis
Qu'en ces destroictz, elle n'ha lieu de fuyte,

Puis

Puis la muraille est tellement construicte
De pierre dure & ferme, que l'yssue
Aucunement n'est par elle apperceue.
Et sa muete & imperfaicte bouche
Le faict celer le crime qui la touche.
Or en douleur & extreme torment
Souuent s'aguise & croist l'entendement:
Philomela ingenieuse & sage
Prent de la toile, & d'un perfaict ouurage
Mesle au fil blanc, fil de rouge couleur,
Et bien au vif figure son malheur
Qui est yssu par l'excecrable vice
De Tereus, plein de toute malice.
Quand faict son œuure eut la Vierge sçauante
Elle pria par signe vne seruante
De le porter a la Dame qui est
Royne en ce lieu, adonc sans faire arrest
Droict a Progné elle porte ce voile
Ne sachant pas ce que contient la toile.
La femme au Roy desloyal & meschant
De poinct en poinct va le voile espluschant,
Et lit au long l'hystoire lamentable
De sa fortune austere & miserable,
Et (ce qu'il fault en grand merueille auoir)
De dire vn mot elle n'eut le pouuoir,
Car la douleur qui en son cueur s'imprime
Auec la voix la bouche luy supprime,
Et n'ha sa langue en si soubdaine attaincte
Propos assez plainctifs pour sa complaincte,
Et si n'ha pas le temps de lamenter

Metamorphose d'Ouide.

Ne de plorer pour son ire augmenter,
Mais elle tumbe en fureur, qui l'encline
A renuerser loy humaine & diuine,
Et n'ha point d'aultre imagination
Que de vengence & de punition.
 Escheu estoit le temps & interualle
Qu'on celebroit la feste triennalle
Du Dieu Bacchus, les femmes Thraciennes
Vaquoient de nuict a ces loix anciennes.
Du son d'Airain pour ce Sacre vsurpé
Retentissoit le hault mont Rhodopé.
Ceste nuict la de son palais sortit
Progné la Royne, apres qu'on l'aduertit
De la maniere & façon raisonnable
Du sacrifice a Bacchus conuenable,
Et en prenant les armes que portoient
Celles, qui lors ce Sacre frequentoient,
Premierement dessus son chef insigne
Elle va mettre vn verd chappeau de vigne,
Son cousté gauche est couuert de la peau
D'un Cerf, & ha sur l'espaule vn rameau.
Par les forests auec sa compagnie
Progné couroit de ces armes munie,
Terrible a voir, & de son grand malheur
Sentant en soy furies de douleur,
Dissimuloit la fureur des Bacchantes,
Et de Bacchus au seruice vaquantes.
Finablement aux lieux elle est venue
Ou sa Seur triste estoit lors detenue

Du sacrifice de Bacchus qui se faisoit en Thrace de troys ans en troys ans

Et en criant Euoé, comme font
Celles, qui cueur a ce sacrifice ont,
Virilement la porte a deffermée,
Et prent sa Seur qui estoit enfermée,
Du Dieu Bacchus les armes luy attache,
Sa face aussi de lyerre luy cache,
Et a ainsi en son Palais trainnée
Sa triste Seur, grandement estonnée.
Qui se sentant entrée en la maison
De Tereus, ennemy de raison,
Eut grand frayeur, & vne horreur extreme
Luy feit venir la face toute blesme.
Adonc Progné vn lieu secret trouua
Ou despouiller Philomele elle va
Des ornements de Bacchus sus nommez,
Qui pour son sacre estoient accoustumez.
Et de sa Seur miserable, & piteuse
Va descouurir la face tres honteuse,
Et puis la vient embrasser doulcement,
Mais Philomele eleuer nullement
Ne veult ses yeulx, pour voir sa Seur benigne,
De son Espoux se voyant concubine,
Et en baissant contre Terre ses yeux
Elle vouloit tesmoings prendre les Dieux
Que Tereus par force & violence
A son corps chaste a faict ceste insolence:
Mais au desir de le ramenteuoir,
La main a faict de la voix le debuoir.
Ce faict, Progné entre en fureur ardente,

Et ne

Metamorphose d'Ouide.

Et ne comprent sa cholere imprudente
Dont en blasmant sa Seur d'ainsi plorer,
Elle luy va ces propos proferer:
Il ne fault pas icy vser de larmes
Pour se venger, ains des rudes alarmes
De glaiue, & fer, & si peulx inuenter
Chose, qui fer puisse encor surmonter,
Toute vengence (o Seur) en moy s'imprime,
Et preste suis de perpetrer tout crime.
Ou de brusler tout ce palais royal,
Et mettre au feu l'inuenteur desloyal.
Qui a voulu enuers toy tant mesprendre,
Ou bien en main le fer & glaiue prendre
Pour rudement la langue luy trancher,
Ou pour les yeux felons luy arracher,
Ou luy coupper ce vil membre impudique
Qui t'a forcée estant vierge pudique,
Ou mille coups de mon glaiue trenchant
Feront yssue a son esprit meschant.
C'est chose grand du mal que ie prepare
Mais quel il est encores suis ignare.

 Comme Progné ces choses prononçoit,
Et asprement Tereus menaçoit
Son petit filz, Itys venoit vers elle,
Qui s'eloignant du vray maternel zele
Incontinant qu'Itys elle apperceut
Sur luy amour de crime elle conceut,
Et de doulceur des meres despourueue
Le regardant d'une cruelle veue

    e.ij. O que

La cru-
aulté de
Progné
féme de
Tereus
enuers
son filz
Itys par
elle mys
a mort.

O que tu es (dist elle) ressemblant
Au pere tien? & sans aultre semblant
Elle se teut, & de fureur enclose
Brusle, & prepare vne piteuse chose.
Mais quand Itys s'approcha gentement
Pour saluer sa mere honnestement,
Et qu'a son col chascun petit bras tendre
Il vint soubdain mignardement estendre
Et eust meslé doulx baisers plusieurs foys
Aux mots plaisants de puerile voix,
L'amour du fils feit la mere esmouuoir,
Et lors rompu son courroux peult on voir,
Et de ses yeux qui contrainct furent a ce
Pleurs espandus luy mouillerent la face,
Mais quand elle eut ce sentiment en elle
Qu'elle venoit a pitié maternelle,
En destournant de sur Itys son chef,
Dessus sa Seur meit ses yeux de rechef,
Et regardant l'un & l'autre souuent
Ceste parolle elle meit en auant:
A quoy tient il que l'un me faict la feste
De petits ieux d'enfance manifeste,
Et l'autre ayant la langue ainsi couppée
En se taisant ha la bouche estouppée?
Celle que Cil nomme mere en doulceur,
Pourquoy ne peult ceste cy nommer Seur?
Noble Progné du Roy Pandion née,
Regarde a qui Espouse on t'a donnée,
Tu te voys trop des tiens degenerer

Metamorphose d'Ouide.

si tu consens d'un tel crime endurer,
Car c'est offense enorme & criminelle
D'auoir pitié d'Espoux tant infidele.
Apres ces dicts prononcez aigrement
Son filz Itys elle prit rudement
Comme le Tygre emporte pour pasture
Vn petit Fan, par la forest obscure:
Et quand au lieu plus secret & caché
Elle eut porté son filz effarouché,
Tendant les mains, & de prochaine mort
Aiant desia congnoissance & remort,
Et s'escriant o ma mere, ma mere
Et l'embrassant, elle a son filz amere
Mettre luy va son glaiue a fine poincte
Par celle part, ou la poinctrine ioincte
Est au cousté, & de coup furieux
Aucunement n'a destourné ses yeux.
Et bien que Itys ieune, petit, & tendre
De ce seul coup pouuoit mort & fin prendre,
Philomela le gosier luy couppa,
Et sa chair vifue en pieces dissipa,
Dont elle en faict bouillir vne partie,
Et l'autre est mise en la broche, & rostie.
Du sang espais du corps d'Itys yssu
Le lieu estoit tout humide, apperceu.
A ce banquet Progné soubs doulceur saincte
Semond le Roy, & la coustume saincte
De son pays luy a dict estre telle,
Que seul il doibt repas prendre auec elle.
Dont Tereus inique & desloyal

> La Mort d'Itys filz de Tereus occis par sa mere progné.

Loing

Loing de ses gents se sied au lieu royal,
Et luy qui mort son filz, estre ne pense
De sa chair mesme emplist sa gloute pance,
Et en mangeant (tant aueuglé il est)
Appellez moy (ce dist il) sans arrest
Mon filz Itys: Progné qui n'ha puissance
De faindre plus du faict la congnoissance,
Et qui desyre annoncer son malheur
Plein d'excessiue, & extreme douleur,
Tu as (dist elle) icy ce que quiers tant.
De ça & la sa veue il va iettant,
En demandant par soigneux appetits
Souuentefoys ou est son fils Itys.
A ce propos la pauure desolée
Philomela, toute descheuelée
Yssant du lieu ou cachée elle estoit
Le chef sanglant d'Itys quelle portoit
S'en va ietter a la face du pere:
Et pour luy dire iniure & vitupere
De son forfaict & execrable vie,
Elle n'eut onc de parler tant d'enuie
Qu'elle auoit lors, pour rendre tesmoignage
Combien de ioye elle ha de son dommage.
Le Roy de Thrace, en qui douleur conuerse,
En s'escriant la table lors renuerse,
Et par fureur qui le vient eschaulfer,
Va inuocant les furies d'Enfer
Qui sont la bas d'une terrible forme,
Et ont le chef serpentin, & diforme.
Ores il veult vomir de son filz cher

Metamorphose d'Ouide.

L'abominable, & malheureuse chair,
Ores il pleure, & de sa geniture
Estre se dict la triste Sepulture.
Puis il poursuit ayant l'espée au poing,
De Pandion les filles, qui ont soing
De s'en fuyr, mais tu iugeroys d'elles
Que tout soubdain leurs corps sont leuez d'aisles.
Ce qui aduient, leurs corps aislés receurent,
Et en oyseaux muées elles furent,
Dont Philomele ores le boys hantant
Fut transsformée en Rossignol chantant,
Progné qui fut d'Itys mere cruelle,
Hante aux maisons, muée en Arondelle.
Et n'est du meurtre encor le signe esteinct,
Car de ce sang leur plumage en est teinct,
  Mais Tereus qui auec diligence,
Meu du desir d'une prompte vengence,
Et de douleur extreme qu'il auoit,
De Pandion les filles poursuyuoit,
Fut en oyseau transmué, sur la teste
Duquel se dresse vne eminente creste,
Et vn grand bec il a sur ce poinct eu.
Au lieu de son glaiue long, & poinctu,
Huppe est son nom, aux yeux ha tel plumage,
Qu'il semble a voir qu'armé soit son visage.
  De ce malheur aux deux Seurs aduenu
Meurut le Roy Pandion, preuenu
Des foibles ans de sa longue vieillesse.
Erechtheus rempli de gentillesse,
En equité non moins resplendissant

Philom. & Progné filles de Pandion muées en oyseaux, Philomele en Rossignol, Progné en Arondelle.

Tereus Roy de Thrace mué en Huppe,

Le vj. liure de la

Qu'au faict de guerre, & armes florissant,
Obtint du lieu d'Athenes le regime
Et fut receu Roy en louable estime.
D'Erechtheus quatre enfants nobles nez
De quatre Seurs furent accompagnez,
Des quatre Seurs les deux eurent la forme

Boreas amou-reux de la belle Orithye.

D'une beaulté excellente & conforme
Dont l'une fut a Cephalus donnée
C'estoit Procris de grace bien ornée.
Orithya l'autre Seur s'appelloit
Dont Boreas pour son amour brusloit,
Mais le delict de Tereus infame
Luy empeschoit d'auoir si noble femme,
Et le renom du pays Thracien
Qui en luxure auoit bruit ancien.
Dont Boreas par vne longue absence
D'Orithya perdit la iouyssance
Lors que plus tost veult vser de priere
Que de sa force & vertu coustumiere.
Mais quand il vid que par blandissement
Son dire estoit mys a contemnement,
Plein de courroux violent, & horrible
Qui coustumier est a ce vent terrible,
C'est a bon droict (ce dist il) que confus
I'ay si long temps esté d'un tel refus:
Car pourquoy n'ay ie en cela pris mes armes
De cruaulté, de menace, & alarmes
D'ire & courroux? que n'ay ie faict debuoir
De demonstrer ma grand force & pouuoir?
Et pourquy tant ay ie vsé de requeste,

Ce qui

Metamorphose d'Ouide.

Ce qui m'est tout contraire, & deshonneste?
plus conuenable a moy force on peut voir,
par qui ie fais la grand Mer sesmouuoir,
Ie puis aussi par mes forces congneues
Donner la chasse aux tenebreuses Nues.
D'arracher Troncs noueux le pouuoir ay ie,
Et s'il me plaist, faire endurcir la neige,
Et sur la Terre austerement gresler.
Et rencontrant mes freres parmy l'Air
(Qui m'est le champ ordonné pour bataille)
D'un tel effort contre iceux ie bataille
Que de ce bruit, & de nostre rencontre
L'air faict grand noyse, & resonne a l'encontre,
Si que de telle impetuosité
Des Nues sort fouldre en velocité.
Et quand aux creux de la Terre ie vente,
Les bas Enfers ie trouble & espouuente,
Et fais trembler tout le Monde vniuers
Par mon alaine, & soufflements diuers.
Par tel effort, & puissance ou i'espere
Ie debuois faire Erechtheus Beaupere,
Et non ainsi souuent le supplier
D'estre son Gendre, & a luy m'allier.

 Quand Boreas ces dicts espouuentables
Eut mys a fin, ou aultres dicts semblables,
Il va soubdain ses aisles esbranler
Faisant la Mer & la Terre trembler.
Et en trainant sa grand robe pouldreuse
Contre la Terre, il voit son amoureuse
Orithya, luy couuert d'une Nue

De la cõcussion des Nues venir la fouldre.

     Apres

Le vj. liure de la Meta. d'Ouide.

Apres quil a son amye tenue
Qui lors s'estonne & toute chose craint,
De son pennage il l'embrasse & estraint.
Et en volant par force vehemente
Plus fort en luy le feu d'amours s'augmente,
Et par my l'Air n'a sa course finie
Iusques a tant quil vient en Ciconie,
Ou Orithye eut deux enfants fort beaux,
Et mere fut de deux freres gemeaux
Ayants en tout les graces maternelles,
Fors quilz auoient les aisles paternelles:
Et toutefoys de ce lon n'est records
Quilz fussent nez volants auec le corps,
Car quand leurs crins dorez sans barbe estoient,
Aisles encor ces enfants ne portoient.
Et de ces deux enfants de grand renom

Calais & Zetes enfants de Boreas compagnons de Iason a la conqueste de la Toyson d'or.

L'un Calais, l'aultre Zetes eut nom:
Qui en apres comme oyseaux eurent aisles
Quand le poil blond vint sur leurs ioues belles.
Puis quand le temps de ieunesse permeit,
Vn chascun d'eux en la troupe se meit
Des Minyens, qui l'art premier trouuerent
De nauiguer, & Nauire esprouuerent.
Pour conquerir, soubs le noble Iason,
D'or pur & fin la luysante Toyson.

Fin du vj. liure.

Priuilege du Roy.

HENRY par la grace de dieu Roy de Fance, au Preuost de Paris, Seneschal de Lyon, Bailly de Mascon, ou a leurs Lieutenans, & a tous noz autres iusticiers & officiers salut. Receu auons l'humble supplicatiō de nostre bien aymé Frācoys Habert Poëte Francoys, contenāt que a grand trauail peine & labeur, il auroit traduict en rime Frācoyse le surplus de la Metamorphose d'Ouide, commencée a traduire par feu Clement Marot, lequel œuure il feroit voluntiers imprimer & mettre en euidēce, pour le biē et proffict de la chose publicque, si nostre plasir estoit luy pmettre Nous

humblement requerant surce noz lettres de prouisiõ. Pource est il que nous ce consideré, desirant faire florir les bõnes lettres en nostre Royaulme, & autres choses à ce nous mouuans, auõs audict Habert permis, & permettons, voulons & nous plaist quil puisse faire imprimer, & vendre ledict œuure par luy traduict, toutes & quantes foys qu'il luy plaira, & par tel imprimeur & libraire que bon luy semblera. Et auons inhibé & defendu, inhibons & defendons a tous autres imprimeurs & libraires de nostre Royaulme, fors celluy que ledict suppliant eslira & prendra pour imprimer & vẽdre lesdicts liures, qu'il n'ait a imprimer ne vendre icelluy œuure, & ce iusques a quatre ans prochains ensuyuans & accomplis, Sur peine de cent Marcs d'argent &

de confiscatiõ des liures qu'ilz auroiẽt imprimez & vendus & damende arbitraire. Si vous mandons & expreßement enioignons, & a chascun de vous si comme a luy appartiendra, que de nosdictz, grace octroy & permißion, vous faictes, souffrez & laissez iouyr & vser plainement & paisiblement ledict suppliant, & Imprimeur par luy esleu, ledict temps de quatre ans, a commencer du iour & date que ladicte impreßion sera acheuée, sans luy faire ou donner ne souffrir estre faict, mys ou donné aucun destourbier ou empeschement au contraire. Lequel si faict estoit, voulõs & nous plaist estre par vous reuocqué reparé & remis incontinant & sans delay au premier estat & deu, car ainsi nous plaist il estre faict, non obſtãt quelzcõques lettres ſubretices, impetrées, ou a impetrer a ce cõtraires.

Donné a Paris le dixſeptieſme iour d'Aouſt, lan de grace mil cinq cents quarente neuf, & de noſtre regne le deuxieſme.

Par le conſeil,
Signé   De Valencienne.

Le xiii. Liure de la Metamorphose d'Ouide.

**ES** Ducz & chefz de Grece
bien raßis
En leur degré de rang se sont
aßis,
Le peuple estant debout en grand
silence.
Lors se leua rempli d'impatience
Aiax, seigneur du bouclier sept foys double,
Et de son œil tout furieux, & trouble
Va regarder le grand port de Sigée
Ou par les Grecz, Troye estoit aßiegée.
Et en ce lieu nauires regardant,
Et par courroux les deux mains estandant
Aux chefz susdictz sa parole aduança,
Et ces propos haultement prononça.
  O Iuppiter, me doibt il or suffire
De playdoyer deuant maint grand nauire?
Me sera donc Vlysses conferé
Qui à Hector ceder n'a differé
En sa fureur, & belliqueux alarmes?
Or ay ie sceu resister à ses armes
Quand il s'esforce & noz corps terminer,
Et mainte nef par flammes ruiner.
Plus seure donc est la contention
De voix fardée, & simulation,

Le different d'A-iax & V-lysses pour les armes d'Achil-les.

L'orai-son d'A-iax.

A Que

Que n'eſt la main forte, & laborieuſe,
Par qui s'acquiert victoire glorieuſe?
Ie ſcay aſſez, & ny veulx contredire,
Que prompt ne ſuis a declamer ou dire.
Mais tout ainſi que né ſoubs le Dieu Mars,
Mieulx ſcay branſler lances, & bracquemars,
Pareillement de babil, & language
Il ha ſur moy le bruit, & auantage.
Et neantmoins, o iuges tres perfaicts,
Ia neſt beſoin de vous compter mes faicts.
Vous en auez certaine experience,
Mette Vlyſſes les ſiens en apparence,
Deſquelz, la nuict obſcure, a vray compter,
Peult ſeulement teſmoignage apporter.
Or de nyer ie n'ay pas entrepris,
Ce que ie quier, eſtre don de hault pris,
Mais i'apperçoy quil cherche par enuye
Auoir l'honneur deu a ma noble vie.
Hault eſt le don, mais ce n'eſt choſe grande
De poſſeder ce que Vlyſſes demande.
Et ou vaincu a bon droict il ſera
Son bruit auant touſiours ſe poulſera
Quand auec moy lon aura entendu
Son different du harnoys pretendu,
Et ou i'auroys force moins eſtimable,
Nobleſſe aſſez m'en iugeroit capable,
De Telamon ſuis legitime fils
Par qui Troyans ont eſté deconfits
Lors quil combat ſoubs Hercules le fort,
Qui a Colcos entra par ſon effort.

Metamorphose d'Ouide.

De Telamon Eacus est le pere
Qui ces bas lieux comme iuge tempere:
Ou Sisiphus se contriste, & tormente,
Roullant sa pierre en peine vehemente.
Et le grand Dieu Iuppiter a congneu
Cest Eacus, & parent maintenu,
Parent donc suis (prendre le doy a gré)
De Iuppiter au troysiesme degré.
Et toutefoys en alliance telle
Ie ne veulx pas causer iuste querele,
Que ie ne mette a voz yeulx, sans doubtance,
Entre Achilles & moy proche accointance
Mon cousin fut, doncques par tiltre entier
Suis de ses biens legitime heritier.
Mais as tu bien, Vlysses, ceste audace
D'estranges noms mesler a telle race?
De Sisiphus tu prens ton origene
Et comme luy ta nature s'encline
A larrecin, fraude, & dol apparent,
Dont il appert que tu es son parent.
Si non contrainct ie vins à la bataille,
As tu raison qui te saulue, & qui vaille
Pour obtenir les armes pretendues?
Certes, nenny, elles me sont mieulx deues,
Digne en seroit celluy qui par contraincte
Les armes print? & qui soubs fureur fainte
Bien esperoit sa malice cacher
Pour a l'assault d'Ilion ne marcher?
Mais son astuce, & son desguisement
Palamedes apperceut sagement,

A ij   Dont

Dont sa fureur de lascheté couuerte,
Honteusement a esté descouuerte.
Et le craintif, & lasche personnage
Les armes print, mais de forcé courage.
Aura il donc les armes de grand pris
Qui n'en eust point, si on ne l'eust surpris?
Si le premier me suis en guerre offert,
Aussi premier i'ay le peril souffert.
Pour tel honneur doncques me doibs ie taire,
Sans repeter le droict hereditaire?
Or pleust aux Dieux qu'eust esté veritable
Ceste fureur, ou pour le moins croyable,
Car Vlysses pour vser de ces tours
Ne fust venu voir les Troyennes Tours
Dont ie n'eusse eu en mon faict receuable
Vn compagnon si traistre, & deceuable.
Tant ne seroit griefue ton aduenture,
Philotectes, qui nous est grand iniure,
Et ne seroys ainsi de nous exclus
Ne dans Lemnos isle triste reclus
Ou de tes pleurs par douleur qui trop dure
Tu fais pitié a mainte pierre dure,
Et (comme on dict) és par my ces boys vieulx
Ou sans cesser tu fais priere aux Dieux
Qu'Vlysses soit (comme il a merité)
En fin puni de son iniquité,
S'il y a Dieux aucuns, à tort ne cryes,
Pour le punir, & en vain tu ne pryes.
Las il estoit vn des Princes de Grece
Qui nous auoit accordé par promesse

De nous

Metamorphose d'Ouide.

De nous fuyuir aux deftours & hazards
Comme heritier d'Hercules, & fes dards
Lefquelz au lieu qui de prefent l'occupe
En maladie, & en faim il vfurpe
A prendre oyfeaulx pour tout nourriſſement,
Dont mainte befte eft inutilement
Du dard fatal mortellement furprife
Par qui debuoit la grand Troye eftre prinfe,
Et toutefoys viuant il eft encores:
Puis qu'Vlyſſes il ne voit ne fuit ores.
 Palamedes fe fut bien trouué mieulx
S'il n'euft laiſſé les domeftiques lieux,
Viuant feroit, ou bien s'il eftoit mort,
Ce ne feroit de fi honteufe mort.
Car Vlyſſes d'iniufte fouuenance
De fa fureur, ou il meit repugnance
Par crime fainct qu'a tort luy impofa
De trahyfon vers les Grecz l'accufa
Leur monftrant l'or par luymefmes caché.
Dont il eft bien de crimes entaché
Quand ces deux chefz nous tollir fe parforce,
En retenant l'un en exil par force,
Et fuadant l'autre a mort eftre mys
Combien quil n'euft aucun crime commis.
Voyla comment foubz militaire lice
Vlyſſes prent vertueux excercice.
Voyla comment Vlyſſes on doibt craindre
Qui de fa voix combien quil puiſſe vaincre
Le bon Neftor, plein d'amour & fiance,
Ne peult pourtant excufer fon offenfe,
    A iij   Lors

Le xiij. liure de la

Lors qu'a Nestor il ne se veult ranger
Enuironné d'ennemys en danger.
Point n'a pitié de la blanche vieillesse
Du preux Nestor estant en telle presse
Point n'ha regard a son cheual blessé,
Ains au peril de la mort l'a laissé.
Diomedes assez voit & estime
Qu'a tort ne veulx luy imposer ce crime
Qui plusieurs foys la fuyte est reprochant
A Vlysses, de la fuyte approchant,
Mais quoy qu'ainsi la fuyte il luy reproche,
Ce neantmoins du conflict il n'approche.
Certes les Dieux d'une iuste balance.
A tous mortelz donnent la recompense.
Mais digne estoit cil d'estre secouru,
Qui au danger d'autruy n'auoit couru?
Bien iustement Vlysses meritoit
Vn tel secours, qu'à Nestor il prestoit.
De mesme loy, dont il s'estoit muni,
Comme offenseur debuoit estre puni
Quand il s'escrye au danger qu'il endure,
Ou ie suruins oyant sa plaincte dure.
Et ie le voy tremblant, palle, & defaict
Craignant la Mort qui ceste peur luy faict.
Meu de pitié aux dangers ie m'expose
Et le craintif qui a terre repose
Soubs mon bouclier ie cache, & si l'exempte
De dure mort qui luy estoit presente.
Mais peu me fut de louange en effect
De preseruer homme tant imparfaict.

O Vlysses

Metamorphose d'Ouide.

O Vlysses si ta bouche le nye
Transportons nous en mesme compagnie,
En mesme lieu monstre moy ta blessure,
Et soys caché soubs l'escu qui t'assure.
Lors si tu as de combatre l'esmoy,
Addresse toy a ce combat a moy.
Mais le craintif de playes assailli
Auoit de peur le courage failli,
Car au plus tost fuyr ie le regarde,
Sans que des coups le nombre le retarde.
Hector suruient, & en la guerre forte
Auec les Dieux virilement se porte,
Et en tous lieux du conflict ou il passe,
Non seulement il te donne la chasse
O Vlysses, mais aussi aux plus forts
Qui sont contraincts ceder a ses efforts.
Hector estoit fort & espouuentable,
Et triumphant de fortune agreable,
Car peu auant par efforts inhumains
Du sang des Grecz auoit teinctes ses mains:
Ce neantmoins contre luy ie m'addresse,
Le faisant choir d'un coup a la renuerse.
Puis s'escrya qui tant hardy seroit
Qui contre luy par combat iousteroit,
Lors il me vid en mon cueur persistant,
Et seul a luy par grand force iouxtant.
Ie croy qu'adonc ne me mistes arriere,
Veu que pour moy valut vostre priere.
Et si au vray le cas vous est compté,
En ce combat ie ne fus surmonté.

A iiij Mais

Mais ou estoit le desert Vlysses,
Pendant ce cours d'impetueux exces:
Ou quand Troyans pour l'assault nous donner
Viennent noz nefz de feu enuironner:
Ie mille naufs par legions armées
Seul empeschay d'estre lors consumées.
Car là estoit toute vostre abondance,
Et du retour vostre seule esperance.
Les armes donc d'Achilles tant prouuées
Octroyez moy pour tant de naufz sauluées.
Digne i'en suis, & plus tost me desyrent
Que mes desirs a elles ne se tirent,
Mette Vlysses auec tant de vertu,
Dolon le foible, & Rhesus combatu,
Et Helenus de Priam geniture
Raui, auec de Pallas la figure.
Pour se louer l'heure & le temps luy nuict,
Cela fut faict par l'umbrageuse nuict,
Et ou seroit l'entreprise louable,
Diomedes est plus digne & capable
De tel honneur, doncques si vous pensez
Dignes ces faictz d'estre recompensez,
Diomedes, la chose departie,
En doibt auoir la plus grande partie
Voire aucun droict Vlysses n'en reçoit,
Qui iour & nuict son ennemy deçoit
Par trahyson, & fraude clandestine,
Ou sa nature est idoine & encline,
Qui tousiours faict la guerre desarmé,
Donc s'il estoit de ces armes armé

Ce noble

Metomorphose d'Ouide.

Ce noble armet ne luy seroit duysant
Qui de fin or, & pur est reluysant,
Car de l'armet l'apparente clairté
Descouuriroit sa grande lascheté
Et quand seroit sa personne latente,
Aux ennemys elle seroit patente.
Et qui plus est le pauure effeminé
Se trouueroit bien pris & estonné,
Quand vn armet a si poysante creste
Il sentiroit sur sa fragile teste
Il ha les bras trop foibles & mollets
Pour soustenir la hache d'Achilles
Sa main senestre ou gist timidité
N'a cest escu de hault pris merité,
Ou du monde est la figure comprise,
Sa main est mieulx aux larrecins aprise.
Pourquoy, meschant, est donc ta bouche ouuerte,
Pour requerir le don ou gist ta perte?
Si par erreur le peuple Grec me iuge
Auoir le tort & les armes t'adiuge,
Ia ennemys pour toy ne trembleront,
Mais aisement ilz t'en despouilleront.
Mesmes ta fuyte, ou sur tous as victoire,
Retarderas par ce fardeau notoire,
Dont tu seras surpris & arresté,
Et n'auras plus de courir liberté,
Puis ton bouclier aux assaulx necessaires
Ne recent onc vn coup des aduersaires,
Il est entier, mais le mien doibt auoir
Vn successeur, veu que chascun peult voir

Par

Par les assaulx qu'on luy a deliurez,
Playes, & coups mille a mon corps liurez.
Qu'est il besoin de plus longue oraison?
Admise soit la plus claire raison,
Ou d'Achilles le harnoys soit transmis
En la plus grand presse des ennemys.
Puis ordonnez (sans faire aultre proces)
Auec Aiax tost marcher Vlysses.
Et si l'un d'eux les armures rapporte,
Qu'il en iouysse, & desormais les porte.

La diserte respõ-
se d'Vlis-
ses a l'o-
raison
d'Aiax.

Finis ces motz, par Aiax aduancez,
Le peuple alloit aux derniers prononcez,
Condescendant, & d'ardente feruecur
Pour luy estoit la commune faueur.
Mais ce pendant Vlysses se leua,
Et aux Seigneurs ses deux yeulx eleua,
Le bruit commun, & discorde cessée.
Si fut ainsi sa harangue aduancée.
Et a ses dictz (ou sa raison se fonde)
Ne defailloit voix diserte, & faconde.

Si mon vouloir auec le vostre vni
Eust eu valeur, & eust esté muni
De son effect accompli, & entier,
Ja ne seroit incongneu l'heritier
Digne d'auoir ces armures requises,
Car tu auroys tes armes tant exquises
O Achilles, & nostre nation
De toy viuant auroit fruition,
Mais puis qu'ainsi fatale volunté
Tel Prince a vous & a moy a osté.

(Adonc

Metomorphose d'Ouide.

(Adonc il faict semblant de larmoyer,
Et ses deux yeulx en parlant essuyer)
Qui est celluy qui ha plus d'auantage
Pour d'Achilles venir a l'heritage.
Fors moy par qui il vous a succedé,
Et au conflict vertueux procedé?
Donc a Aiax son rude entendement
Point ne proffite, & a moy detriment
Le mien ne soit, pour a son maistre nuyre
Qui vous a sceu de bon conseil instruire,
Mais si pour vous a valu ma faconde,
Si mon esprit de ceste grace abonde,
Atout lemoins a son maistre octroyez,
Que quelque fruict auoir vous l'en voyez.
Si i'ay par elle en danger mys la vie
Qu'on ne pretende en elle point d'enuie,
Car il conuient que chascun se contente
Des biens donnez par Nature prudente,
Et est celluy loing de bon iugement
Qui veult chercher de gloire accroissement
Par ses Maieurs, ou tiltre de nobleße
Si clairs ne sont ses faicts, & sa haultesse
Car la vertu d'autruy, & les grands faicts.
Nostres ne sont, si ne les auons faicts,
Et parautant qu'Aiax veult contester
Qu'il est yssu du grand Dieu Iuppiter.
Au tiers degré, en mesme qualité
Ie pren de luy ma consanguinité.
De Laertes suis fils sans vitupere,
Arcesius de Laertes est pere.

De Iuppi-

De Iuppiter Arcesius est né
Nul d'eux ne fut banni, ou condamné.
Et si ie vien au cousté maternel
I'ay de noblesse vn renom eternel,
Car Mercure est de ma mere parent
Aux deux costez vn Dieu est apparent,
Mais si ie suis de plus noble alliance
En produisant maternelle naissance,
Et que du sang fraternel repandu
Le pere mien coulpable n'est rendu.
Non pour cela ie vous veulx faire entendre
Que i'ay vouloir a ces armes pretendre.
Diligemment oyez nostre merite,
Et qui des deux c'est honneur mieulx merite
Pourueu qu'Aiax n'allegue pour defence
Que Telamon & Peleus d'essence
Freres estoient, & ne soit regardé
L'ordre du sang, ains soit l'honneur gardé
Deu a vertu, pour des armes iouyr.
Ou si voulez le plus prochain ouyr
Qui d'Achilles heritier soit requis.
Peleus est digne du don exquis,
Qui son pere est, Pyrrhus sa geniture,
Au pere doit succeder par droicture
Des armes donc certes, ie me deporte
Si vous voulez qu'en Siros on leur porte.
Teucer son oncle y ha bien plus de droict
Quand au nepueu succeder il vouldroit
Et toutefoys pas il ne les repete,
S'il les vouloit, qui sur luy les appete?

Donc

Metamorphose d'Ouide.

Donc en cela puis que nous bataillons
De seule voix, & que nous trauaillons
En son endroict chascun manifester
Ses propres faictz, pour les miens vous compter,
(Comme ie voy) le temps ne peult attendre
Que promptement tout ie vous face entendre.
Le nombre est grand, neantmoins par essay
Ie vous diray d'ordre ce que ie scay.
 Thetis qui fut du preux Achilles mere
Sachant sa mort future trop amere,
En virginal habit le diguisa.
Ce qui chascun deceut, & abusa.
Mesmes Aiax par sa lourde ignorance
N'eut onc de luy certaine congnoissance.
Mais le premier ce dol couuert i'ay sceu
Et le maintien d'Achilles apperceu,
Car de marchant l'estat ie dissimule,
Entre ioyaulx femenins i'accumule
Armes de pris, pour le cueur esmouuoir
D'homme, ou l'instinct militaire on peult voir.
L'habit de vierge Achilles dessaisi
N'auoit encor, quand ie le voy saisi
Virilement de maint luysant harnoys
Qui bien conuient aux iustes & tournoys.
Ha (dis ie a donc) fils de noble Déesse,
Le bien des Grecz depend de ta proesse,
Car Ilion pour tomber se reserue,
Si Iuppiter en santé te preserue.
Pourquoy crains tu en sang, despouille, & proye
Par ta vertu ruyner la grand Troye?
       Finablement

Finablement ſa main virile & forte
Par mon conſeil a l'aſſault ſe tranſporte.
Doncques ſes faictz tant nobles apperceus
Ne ſont ilz miens, qui de moy ſont yſſus?
Et (qui plus eſt) ie fus victorieux
Contre Telephe, en combat furieux,
Mais contre luy ie ne fus endurcy,
Il ſe ſoubzmeit, ie le pris a mercy.
Par ma vertu liſle de Tenedos,
A eſté priſe, & celle de Lesbos.
Iay pris Syros, Thebes, auec Cilla
Chriſé auſſi, oultre ces villes la
De Lyrneſus par moy virilement
Murs ont eſté mys a deſinement.
Voire s'il fault de tous autres me taire,
Le plus cruel a l'effort militaire
Hector eſtoit, mais celluy iay inſtruict
Par qui Hector furieux eſt deſtruict.
Doncques par moy Hector en cendre eſt mys
Le plus a craindre entre noz ennemys,
Dont iuſte droict aux armes me remord
Ou Achilles a eſté trouué mort,
Car ſi viuant en eut par moy l'uſage,
Apres ſa mort m'en eſchet le partage.
  Lors que les Grecz vniuerſellement
D'Helaine ont ſceu le vil raniſſement
Pour en auoir legitime vengence
Au port d'Aulide arriue l'affluence
De mille naufz, mais les vents attendus
Aſpres eſtoient, & du tout defendus.

POUR

Metamorphose d'Ouide.

Pour appaiser cest orage & tumulte
Des aspres vents, Oracles on consulte.
Soubdainement la response fut telle
Qu'il est besoing qu'a Diane cruelle
Estre immolée Agamennon consente
Sa fille chaste, & de crime innocente
Le Roy d'amour paternelle y resiste,
Blasmant les Dieux, mais alors ie persiste
Au bien public, & par mon doulx parler
Il nous consent de sa fille immoler.
Mais ie confesse & en ay cause bonne
(Agamennon en cela me pardonne)
Que soubs vn iuge austere & immobile,
I'entreprenoys cause bien difficile.
Et neantmoins publique vtilité.
Semblablement royalle auctorité,
Puis l'amytié qu'en son frere il auoit
A mes propos bien fondez l'esmouuoit,
Si que du sang de sa fille espandu
L'honneur luy est pour merite rendu.
Pour faire donc ce requis sacrifice,
Et obtenir le vent doulx, & propice
Suis a la mere enuoyé promptement
Qu'il ne failloit par aduertissement
Espouuenter, mais par art deceuoir,
Pour a l'vrgent sacrifice pouruoir.
Mais si Aiax eust faict ces entremises,
Voiles encor au vent ne fussent mises.
Ou si le vent venoit en cest affaire,
Certainement il nous seroit contraire.

Le xiij. liure de la

Or par conseil orateur delegué
I'ay aux Troyans nostre droict allegué,
Ou pour ce faict, dont la charge on m'octroye,
Ie vy les tours de la sublime Troye,
Ce que m'auoit la commune enchargé
Par moy sans peur a esté deschargé,
Et sans tremeur pour la grand multitude
Plaiday ma cause, en grace & promptitude,
Paris ie blasme, & a son vitupere,
Le faict par luy commis ie vitupere
Quil le repare, & de rendre ait l'enuye
Helaine, au Roy Menelaus rauie,
Et peu s'en fault que par moy aduerti,
N'est Antenor, & Priam conuerti.
Adonc Paris, & ses freres germains
A grand paine ont peu contenir leurs mains
Pour m'assaillir, & ceulx qui soubs Paris
Auoient rauie Helaine Tyndaris.
Tu es certain de ce Menelaus.
Car auec moy mesme danger la eus.
Il seroit long a racompter mes faicts
Que i'ay pendant le grand assault perfaicts
Tant par conseil vtile & profitable
Que par ma main hardie, & secourable.
Apres l'assault des premieres batailles
Long temps se sont arrestez aux murailles
Noz ennemys, de guerre ouuerte exempts
La guerre auons entretenu dix ans.
Mais, lors Aiax qui n'as de rien notice,
Que de bataille, ou estoit l'excercice

De sa

Metamorphose d'Ouide.

De ta vertu,si sçauoir tu pretends
Que ie faisoys pour employer le temps,
Contre ennemys ma peine est infinie,
Car par moy est mainte fosse munie,
Les compagnons de si grand guerre las
Par bon espoir ie remectz en soulas,
Ie sçay pouruoir a nostre nourriture,
Et disposer l'ordre de l'armature,
De m'enuoyer en tous lieux on s'applique
Pour conseruer l'utilité publique.
Et quand le Roy Agamennon a sceu
De Iuppiter (mais par songe deceu)
Que pour les Grecz il estoit necessaire
Leuer le champ, & de la se distraire.
Agamennon par sa voix annoncée
Faict delaisser la guerre commencée.
Mais le Roy peult en cela s'excuser,
Et Iuppiter son autheur proposer.
Ne le consente Aiax aucunement
Ains d'Ilion suyue l'encombrement
A quoy tint il que lors il n'entreprint
De batailler? & les armes ne print?
Que n'vsoit il de raison suffisante
Pour arrester nostre armée fuiante?
Cela n'estoit fort a executer
A cil, qui sçait haultement se venter.
Mais orendroit pas n'estoit il pourueu
De cueur hardy,cela par moy fut veu,
Et de le voir iay heu vergongne & honte,
Quand il ne tint de batailler grand compte.

B   Ains

Ains sans auoir loy, ne raisons honnestes
Il preparoit ses voiles deshonnestes
Quoy preuoyant a cryer ie me pris
Et grandement en ce faict les repris
Disant ainsi:las qu'estimez vous faire
Quelle follie occupe en cest affaire
Voz yeulx bandez? dou vient ceste entreprise
D'abandonner la ville desia prise?
Que portez vous en voz maisons laissées
Fors mesprisons en dix ans amassées?
De tel propos, & autre conuenable
(Ou la douleur rendoit ma voix affable)
Voiles, & vent ia donnez au nauire
Les reculants au conflict ie retire.
Agamennon remect nostre assemblée,
Qui lors estoit de peur desassemblée
Aiax n'osoit vn seul mot proferer.
Et Thersites osant improperer
A noz deux Roys maintes parolles dures
Fut bien puni par moy de ses iniures.
Lors par mes dicts ie rends les plus peureux
Contre ennemys, forts & cheualeureux,
Et la vertu par leur crainte perdue
Par mon parler prudent leur est rendue.
Depuis ce temps tout ce qu'Aiax a faict
Est doncques mien, puis quil vient de mon faict,
Car reculant d'un cueur lasche & demys,
En son premier estat ie l'ay remys
Oultre cela, qui est cil qui se range
De tous les Grecz, a luy donner louange

Qui

Metamorphose d'Ouide.

Qui est cellui qui pour le contenter,
Pour compagnon le daigne frequenter?
Mais Tytides par amour reciproque
Se fie en moy, & tousiours me conuoque
A son conseil, pour me communiquer
Les faictz, ausquelz il se veult appliquer.
C'est quelque cas qu'en si grand legion
D'hommes, qui sont de grecque region
Diomedes m'a voulu seul eslire
Pour entre tous meilleur amy me dire,
Non que faueur telle à fortune on donne
Mais à vertu, qui le veult, & ordonne.
Quant à Aiax qui aussi me reproche
D'auoir occis Dolon en grand reproche,
Vertu y est, car soubs la nuict obscure
Il pretendoit sur nous mesme aduanture,
Et ne craignant de la mort le danger
Ie m'esforceay à la mort le ranger,
Non toutefoys qu'auant quil fust estrainct
De dure mort, ie ne l'eusse contrainct
Me reueler la trahyson latente
Des ennemys, & leur secrete attente.
Dont ayant tout en ma memoire mys
Ou pretendoient les conseilz ennemys,
Subitement, sans blasme me donner,
Ie m'en peuuoys aux tentes retourner.
Mais non content de ma proye euidente
Ie mys a mort Rhesus dedans sa Tente
Auec sa gent armée, & bien munie,
Qui en ce lieu luy tenoit compagnie.

B ij   Ainsi

Ains sans auoir loy, ne raisons honnestes
Il preparoit ses voiles deshonnestes
Quoy preuoyant a cryer ie me pris
Et grandement en ce faict les repris
Disant ainsi: las qu'estimez vous faire
Quelle follie occupe en cest affaire
Voz yeulx bandez? dou vient ceste entreprise
D'abandonner la ville desia prise?
Que portez vous en voz maisons laissées,
Fors mesprisons en dix ans amassées?
De tel propos, & autre conuenable
(Ou la douleur rendoit ma voix affable)
Voiles, & vent ia donnez au nauire
Les reculants au conflict ie retire.
Agamennon remect nostre assemblée,
Qui lors estoit de peur desassemblée
Aiax n'osoit vn seul mot proferer,
Et Thersites osant improperer
A noz deux Roys maintes parolles dures
Fut bien puni par moy de ses iniures.
Lors par mes dicts ie rends les plus peureux
Contre ennemys, forts & cheualeureux,
Et la vertu par leur crainte perdue
Par mon parler prudent leur est rendue.
Depuis ce temps tout ce qu'Aiax a faict
Est doncques mien, puis quil vient de mon faict,
Car reculant d'un cueur lasche & demys,
En son premier estat ie l'ay remys
Oultre cela, qui est cil qui se range
De tous les Grecz, a luy donner louange.

Qui

Qui est cellui qui pour le contenter,
Pour compagnon le daigne frequenter?
Mais Tytides par amour reciproque
Se fie en moy, & tousiours me conuoque
A son conseil, pour me communiquer
Les faictz, ausquelz il se veult appliquer.
C'est quelque cas qu'en si grand legion
D'hommes, qui sont de grecque region
Diomedes m'a voulu seul eslire
Pour entre tous meilleur amy me dire,
Non que faueur telle à fortune on donne
Mais à vertu, qui le veult, & ordonne.
Quant à Aiax qui aussi me reproche
D'auoir occis Dolon en grand reproche,
Vertu y est, car soubs la nuict obscure
Il pretendoit sur nous mesme aduanture,
Et ne craignant de la mort le danger
Ie m'esforceay à la mort le ranger,
Non toutefoys qu'auant quil fust estrainct
De dure mort, ie ne l'eusse contrainct
Me reueler la trahyson latente
Des ennemys, & leur secrete attente.
Dont ayant tout en ma memoire mys
Ou pretendoient les conseilz ennemys,
Subitement, sans blasme me donner,
Ie m'en pouuoys aux tentes retourner.
Mais non content de ma proye euidente
Ie mys a mort Rhesus dedans sa Tente
Auec sa gent armée, & bien munie,
Qui en ce lieu luy tenoit compagnie.

B ij   Ainsi

Ainsi ayant de Rhesus la victoire,
J'entre en honneur, en triumphe & en gloire
Le chariot triumphal poursuyuoient
Les blancs cheuaulx de Rhesus, qui auoient
Esté donnez, pour certain pris, & gage
Pour s'employer au nocturne fourrage.
Or regardons si digne ie ne suis
De ce ioyau, qu'a present ie poursuys,
Et si Aiax plus heureux vous semble estre
En sa victoire, & le face apparoistre,
Octroyez luy d'Achilles le hault don.

 Mais que diray ie aussi de Sarpedon
Par moy conquis de main forte estimée,
Et auec luy sa legion armée?
J'ay Ceranus auec effusion
De sang humain, mys a coufusion,
Puis Alastor, & Alcander aussi,
Chersidamas, sans le prendre a mercy.
Par moy Thoon, Charopes, Pritanis,
Et Halius mortellement punis.
Iphitides, Chromius, Noemon.
I'ay mys a mort tres cruelle Eunomon,
Et autres maints de bruict moins estimable
Naurez a mort par ma main redoutable
Pres d'Ilion, & par maint coup receu
Encor sur moy le lieu est apperceu
Ou gist la playe, (eu adonc il descueure
Son estomac) qui represente l'oeuure,
Voicy (dist il) le corps exercité
Pour l'entretien de vostre vtilité.

Metamorphose d'Ouide.

Voicy le corps qui a pour vous souffert.
Les durs assaulx, ou ie me suis offert
Mais quoy qu'Aiax de ses haults faicts se vante
Oncques ne fut sa chair noire, ou sanglante
Pour vostre faict, depuis maint, & long iour
Que nous faisons la guerre sans seiour.
Son corps est sain, sans que playe ou greuance
Soit sur son corps, pour luy faire nuysance.
Et ne luy sert ce quil a proposé
Que pour les naufz, son corps s'est exposé
Contre l'effort des Troyans & des Dieux
Par eux portez, pour nous molester mieulx
Ce que pourtant ie consens, & confesse,
Car ma nature en cela ne s'addresse
Pour detracter merites, & biensfaicts.
Pourueu qu'Aiax ne vendique ces faicts
Qui sont communs, & seul ne s'attribue
L'honneur, qu'il fault qu'a vous il retribue,
Car Patroclus, qui d'Achilles les armes
Auoit pour lors, resista aux alarmes,
Et de noz nefz la flamme repoulsa,
Dont les Troyans ainsi armé chassa.
Et (qui plus est) grand honneur ie n'adiouxte
Au faict d'Aiax, quand contre Hector il iouste,
Ie croy qu'il meEt en memoire troublée
Du Roy, du Duc, & de moy l'assemblée.
Nous estions neuf, la louange est commune.
Fors quil estoit le premier par fortune.
Mais qu'aduint il de cest assault liuré?
Hector s'en ua de ses mains deliuré

B iij Sans

Le xiiij. liure de la

Sans playe aucune a son corps receuoir.
O que mon cueur de deuil se vient pouruoir
Du souuenir piteux & miserable,
Quand Achilles des Grecz mur secourable
Est renuersé, les pleurs certainement,
Ne la douleur, ne crainte aucunement,
N'ont retardé que son corps ne leuasse
De terre humide, & ne le raportasse,
Voire & si ay son corps noble tenu,
Dessus mes reins tout armé soustenu,
Doncques ie doy les armes repeter
Que ie portoys & que ie puis porter.
Pour un tel faix i'ay forces corporelles
Qui sont assez suffisantes pour elles.
Si me voulez a tel honneur admettre
Garde ie nay en oubly de le mettre.
Si pour son fils la Deesse Thetis
Au don celeste a heu telz appetits,
Est il besoing qu'vn gendarme sans cueur
Ait le bouclier d'un si hault belliqueur?

Le contenu en l'escu d'Achilles.
Est il besoing qu'un si grand artifice
Pour Achilles ou son pareil propice,
Soit mys aux mains dun gendarme indiscret
Qui n'entend pas de l'escu le secret?
La Mer y est qui la Terre enuironne,
Le Ciel, & tout ce qui lustre au Ciel donne.
Dedans voit on les estoille Hyades,
Semblablement les estoilles Pleiades,
Grauée y est l'ourse, signe des Cieulx,
Et Orion luysant, & radieux,
Villes aussi regions. & citez,

Metamorphose d'Ouide.

Diuers païs pourtraictz, & limitez,
Les armes donc il s'efforce de prendre
Dont il ne peult le contenu comprendre.
   Quant a ce poinct qu'Aiax m'a obiecté
Que trop tardif au conflict i'ay esté,
Ne congnoist il qu'en cela il procure
Au magnanime Achilles faire iniure?
Si crime c'est, ou actes mols & laids
De s'estre fainct, il reprent Achilles.
Si le seiour mon corps a retardé,
Soit mon esprit plus sage regardé.
Ma femme vn peu tardif ma detenu
Soubs le debuoir ou lespoux est tenu,
Et d'Achilles la mere pitoyable
A retenu son filz cher & aymable.
Le premier temps leur estoit ordonné,
Et le surplus a vous seruir donné.
Il ne me chault si peu me sert l'excuse
A ce forfaict du quel Aiax m'accuse,
Quand le messaict (sil en y a aucun)
Auec vn tel gendarme m'est commun,
Et d'Achilles la fraude simuleé
Par mon esprit a esté reuelée,
Mais par Aiax, ou son inuention
Lon n'a cogneu ma simulation.
Et parautant ne fault quon s'emerueille
Si contre moy son venin s'appareille,
Car contre vous sa langue veneneuse
Obiecte chose execrable & honteuse,
Car si ie suis (comme il dict) execrable.

B iiij   D'auoir

Le xiij. liure de la

D'auoir rendu Palamedes coulpable
Soubs crime fainct, le tort vous en donner
Il appartient d'ainsi le condamner?
Palamedes defendre n'a osé
L'euident crime a ses yeulx imposé,
Ne vous aussi luy donner audience
En son mesfaict plein de toute euidence.
Car au thresor qu'il auoit heu pour pris
De trahyson, il fut par vous surpris.
Et si Lemnos Philotectes detient,
Cela pourtant coulpable ne me tient,
Purgez vous en, car tresbien vous sçauez
Que consenty a cela vous auez,
Ie ne dys pas qu'a le vous suader
Ie ne fus prompt, pour la le retarder,
A celle fin que du trauail & peine,
Du long chemin, & de guerre inhumaine
Il fut exempt, & peust la reposer,
Pour du repos ses douleurs appaiser.
A ce conseil il fut obeissant,
Et vit encor, sans estre flechissant,
Dont sa demeure en ce lieu ordonnée
N'est seulement bonne, mais fortunée,
Car il aduient qu'en sa tranquilité
Il n'est vers vous meu d'infidelité.
Et parautant que Dieux nous font entendre
Que par ses dards on verra Troye en cendre,
Pour l'aller querre il ne men fault parler,
Aiax est plus idoyne d'y aller,
Pour appaiser par son art de bien dire

Metomorphose d'Ouide.

vn furieux de maladie, & d'ire,
Ou de quelque art dont il s'aduisera,
Philotectes à nous amenera.
Mais Simois plus tost retourneroit
Contre son cours, & sans feuilles seroit
Le val Ida, ou par certains moyens
Grece vouldroit secourir aux Troyens,
Que mon vouloir de vous seruir lassé
Fust par Aiax vostre bien pourchassé
Et nonobstant que tu soys aduersaire
Philotectes, ennemy, & contraire,
Des Grecz, du Roy, & de mon chef aussi
Que tu mauldis en grands pleurs & soucy,
Et que vauldroys (peult estre) en ta souffrance
Tirer mon sang, pour ta resiouyssance.
En ce desir vers toy me conduiray,
Et (si ie puis) a moy te reduiray,
En esperant par fortune & mes arts
Iouyr ainsi de toy, & de tes dards
Que d'Helenus diuinateur Troyen,
Que ie conquis par tres subtil moyen,
Ou tout ainsi que des Dieux les responses
Sur faicts troyans ne m'ont esté absconses,
Ou quand ie pris l'image de Minerue
Dont il conuient que grand los ie desserue.
Et toutefoys en si grand apparence
Aiax sur moy veult auoir preference.
Ou estoit il alors que i'entreprens,
Si hault affaire, & l'ymage ie prens
Dont le default par fatale entreprise

Eust

Eust empesché la ville d'estre prise,
Que craint Aiax a cela s'employer?
Que ne vient il ses haults faicts desployer
Dont il se vente? & pourquoy oses tu,
O Vlysses y mettre ta vertu?
Que ne crains tu a la nuict te commettre?
Faire le guet, aux glaiues te soubz mettre?
En ce faisant, Seigneurs, par hardiesse
Non seulement i'ay veu la forteresse
Des murs Troyans, mais par bons & fins tours
I'ay mys mon œil dans les troyennes Tours.
Et en son temple ay raui la Déesse
En la portant en la plus forte presse
Des ennemys, sans lesquelles surprises
Aiax eust trop en vain les armes prises,
Et son bras gauche eust par trop vains trauaulx
Porté l'escu du cuyr de sept taureaux.
En ceste nuict i'ay la victoire acquise,
Et par mon faict Troye a esté conquise.
S'abstienne Aiax de Tytides louer
Que vray amy ie desyre aduoher,
Car ma proesse en deux parts est partie,
Dont il en ha la seconde partie,
Mais quand Aiax, a l'assault qu'on liura
Dessus noz nefz, icelles deliura,
De nombre grand il fut enuironné,
Diomedes seul secours m'a donné,
Qui sil n'estoit informé que le sage.
Plus que le fort ha los, & aduantage,
Et qu'a ma main tant forte ne fust deue

Metomorphose d'Ouide.

Ceste despouille exquise & pretendue,
Certes luy mesme auoir il la vouldroit,
Et l'autre Aiax y auroit plus de droict,
Que toy Aiax plein de temerité,
Eurypilus l'auroit mieulx merité,
Meriones, & Idomeneus
plus vrays que toy heritiers seroient veus,
Voire le fils du vaillant Andremon,
Semblablement le roy Agamennon
Qui non enflez de force pertinente,
Et de vertu sur la tienne eminente,
Ont bien voulu a mes dicts obeyr,
Et mon conseil souuentefoys ouyr.
Ton bras en guerre est assez vertueux,
Mais ton esprit lourd & infructueux
Ha bien besoing de conseil necessaire
Ou mon esprit constant peult satisfaire.
Vertu du corps en toy faict sa demeure,
Mais de l'esprit la force en moy demeure,
En tous mes faicts ie pense a laduenir,
Tu scais l'assault liurer & soustenir,
Mais l'heure & temps de se ioindre au tumulte
Agameanon auecques moy consulte,
Tu ne peulx rien sinon du corps seruir,
Ie puis grand bien par l'esprit desseruir,
En te passant, comme le gouuerneur
D'un grand nauire est plus digne d'honneur
Que ne sont ceulx qui tout a l'enuiron,
Sont ordonnez a poulser l'auiron,
Ou tout ainsi qu'entre simples gendarmes,

Vn Duc

Vn Duc ha plus de preference aux armes,
Et que sur eulx il est superieur,
D'autant es tu de moy inferieur,
Car en mon corps vn vif esprit repose,
Ou vertu est plus qu'en ton corps enclose,
En guerre n'ha ta main tant de rigueur,
Qu'en mon esprit gist de force & vigueur,
Donc ô Seigneurs a vostre serf pensez
Et ses labeurs ores recompensez,
Pour les trauaulx de si longues années
Par vous me soient les armes ordonnées
Ou ie pretends, cela vous soit congneu
Que mon labeur est a sa fin venu,
Et que i'ay pris, comme par hault miracle
Les Dieux Troyans, qui nous faisoient obstacle,
En vous donnant le liberal pouuoir
De rauir Troye, & vengence en auoir,
Si vous supply par la ferme esperance
De voir Troyans hors de toute asseurance,
Et par les Dieux qui sont par moy conquis,
Par ce qui reste, ou conseil est requis,
Si mon audace encores est requise
En aucun faict, pour vser de surprise,
Si vous pensez choses plus fortunées
Rester a Troye, & a ses destinées,
De mes biensfaicts ayez la souuenance,
Et si a moy ne faictes deliurance
Du don requis, aumoins a la Deesse
Prise par moy, monstrez vostre largesse.
    Ainsi disant, de Minerue l'ymage

Monstre

Metamorphose d'Ouide.

Monstre Vlisses, qui esmeut le courage,
Des principaulx, & leur feit congnoissance
Combien auoit facunde de puissance,
A Vlysses les armes sont rendues
Par eloquence, au fort Aiax bien deues,
Qui si souuent contre Hector a iousté
Au fer trenchant, a flammes resisté,
Au Dieux aussi a la guerre portez,
Et qui les Grecz en tout a supportez,
Mais il n'a peu son ire surmonter
Qui le vainqueur a sceu vaincre, & dompter.
Son glaiue a pris, disant ce glaiue est mien,
Bien le vouldroit Vlysses dire sien?
Or ce cousteau agu, & attrempé
Qui dans le sang des Troyans a trampé
Ores sera bien arrousé & teinct
Du sang espais de son seigneur estainct,
Et sur Aiax nul n'aura los supreme,
Ains sera mys a la mort par luy mesme.
Ces motz finis, son glaiue il a dressé
Dans l'estomac de coups recents blessé,
Glaiue mortel, qui du coup quil laissa.
Dedans le corps, le corps oultrepassa
Le sang espais qui sort en abondance
Mect hors du corps le glaiue plein d'oultrance,
La main pourtant qui de tirer s'efforce
Le fer trenchant, n'ha pas heu ceste force.
Teincte du sang la terre fut couuerte
D'une fleur rouge en vne mote verte,
Semblable fleur, ou Apollo tourna

L'aiudicatiō des armes d'Achilles à Vlisses.

La mort du Vaillāt Aiax, & son sāg mué en fleur rouge.

Hyacinthus

Hyacinthus, & le nom y donna
D'Aiax & luy, mesme lettre est inscripte
Tout au milieu de ceste fleur susdicte,
L'une du nom d'Hyacinthus venue,
L'autre d'Aiax par quérele aduenue.
  Quand Vlysses ceste louange acquist
Dessus Aiax, & les armes conquit,
La mise- | Du roy Thoas au pays s'aduança,
rable de- | Et d'Hypsipile, & la Terre passa
struction | Du sang humain maculée & infeste,
de Troye | Puis au retour les voiles il appreste,
Le vent a gré, & du port iouyssant
Philotectes a luy obeissant,
Qui par la voix d'Vlysses temperée
A contre luy sa fureur moderée.
Puis par ses dards a ce predestinez,
Sont les Troyens destruicts, & ruinez,
Et Ilion par feu diminué
Fini l'assault dix ans continué,
De mort cruelle occis le roy Priam,
En feu & sang mys son peuple Troyan.
Mais Hecuba du roy Priam espouse
Visage humain perdit entre autre chose.
Et peu apres en estrange contrée
En aboyant chienne fut rencontrée.
De celle part ou Helespont sestend
Et alentour d'Ilion est flottant,
Le feu encor sa lumiere espandoit,
Et le surplus de la grand ville ardoit,
Desia le sang de Priam aux ans vieulx

Sacrifié

Metamorphose d'Ouide.

Sacrifié recentement aux Dieux
Deſſus l'autel n'eſtoit apparoiſſant,
La flamme vn peu es temples deſcroiſſant,
Caſſandra fut ſurpriſe au temple ſacré
Ou a Phebus pour lors elle conſacre,
Et par les Grecz qui l'ont priſe a leurs vœux
Eſt rudement tirée aux blonds cheueux.
D'autre coſté en douleurs fort ameres
Puis ça puis la ſe retiroient leurs meres
Aux temples ſainéts, ou par embraſſements
Tiroient leurs Dieux, pour tous ſoulagements.
Mais les vainqueurs qui ſont trop curieux
De poſſeder vn bien ſi enuieux
Les tirent hors: & les dames de Troye
Tiennent le lieu de l'amoureuſe proye.
Aſtianax le filz & nourriture
Du preux Hector, par cruelle torture
Eſt mys a mort, car en ſeucrité
De la tour haulte il eſt precipité
Ou par ſa mere auoit ſouuent indice
Des faicts d'Hector, & de ſon exercice.
Deſia le vent Boreas Grecz enſeigne
Se retirer chaſcun en ſon enſeigne.
Voiles au vent miſes, font vn doulx bruit,
Et ont a gré le vent qui les conduict.
Dames de Troye ont dict piteux adieu
A Ilion noble, & antique lieu,
Que Grecz ont peu par ſang & feu conquerre.
Sur tel adieu toutes baiſoient la terre,
Et le pays, qui encores fumoit

La mort d'Aſtianax filz d'Hector.

Par

Le xiij. liure de la

Par feu ardent,qui le reste allumoit,
Et Hecuba la royne miserable
Entre tombeaux de ses fils lamentable
Estoit alors,les sepulchres baisant
Et de ses pleurs les tombes arrousant.
Adonc les grecz quand elle se parforce
D'y faire arrest l'en retirent par force,
Mais par regret qui son cueur penetra
Dedans la nef la derniere elle entra,
Et au partir soubdain elle va prendre
Dedans son sein du preux Hector la cendre,
Et de son chef vn cheueu arracha
Puis au tombeau funebre le cacha,
Et pour l'obseque au default d'autre chose
D'abondants pleurs le sepulchre elle arrose.
Non loing de Troye en cendres consumée.
La terre on voit qui est Thrace nommée
Les gents de la sont les Bistoniens
Ou Priamus iadis roy des Troyens
Transmeit au roy nommé Polymnestor
Polydorus,dernier frere d'Hector
Pour le nourrir d'instruction royalle
Pendant le cours de guerre desloyalle.
Sage conseil,si par grand auarice
Polymnestor n'eust monstré sa malice,
Car se voyant riche le desloyal
Des dons offerts pour cest enfant royal,
Voyant aussi a lenuers Ilion,
Occis Priam,d'autres vn milion,
A triste mort a mis cruellement

L'enfant

Metamorphose d'Ouide.

L'enfant royal pour dernier aliment,
Et parautant qu'en son cueur il imprime
Le corps caché, que soit caché son crime,
Il va getter d'entreprise villaine.
Le corps occis en l'eau qui est prochaine.
Agamennon son nauire arrestoit
Au port de Thrace, & du vent qui estoit
Contraire aux naufz, attendoit la doulceur,
Et de se mettre en la Mer le temps seur.
Quand d'Achilles apparut la figure
Yssant de terre auec grand ouuerture,
Mesme visage, & mesme port auoit,
Mesme grandeur, comme quand il viuoit,
Ou quand le Roy Atrides il menace
De glaiue iniuste, & trop cruelle audace,
Disant ces motz: ainsi me delaissez:
O Grecz vainqueurs? ainsi me compensez?
si tost mettez en oubly ma vertu
Qui ay pour vous tant de foys combatu?
Penses a moy &, pour rendre honnorable
Le mien sepulchre, affin quil soit durable,
Soit par voz mains Polixaine immolée
Si que mon ame en soit plus consolée.
Les Grecz au dictz de ceste cruelle vmbre
Adioustent foy, & par mortel encombre
La vont rauir au maternel gyron:
La mere alloit plorant a l'enuiron,
Car Hecuba desia vieille & aagée
Estoit vn peu par elle soulagée.
La vierge forte en son aduersité

La mort de Polixaine fille de Priam.

C Plus

plus qu'une femme ha de viuacité
Puis au tombeau piteusement menée
Pour immoler viue hostie est donnée,
Qui ia voyant l'autel de cruaulté,
Meit a ses yeulx sa noble royaulté,
De son plein gré de Pirrhus approchant
Qui en sa main tenoit le fer trenchant:
Puis quand il eut mys son oeil plein d'oultrage
Dessus la vierge au gracieux visage,
Vse(dist elle)a ton veuil, & plaisir
Du sang royal qu'atort tu viens faisir,
Ie ne veulx mettre aucun empeschement
Qu'en l'estomac ou gosier rudement
Ton fer agu, & trenchant ne se cueuure,
(Son estomac adonc elle descueuure)
Car quant a moy, d'autruy soubs le seruage
Dur me seroit de consumer mon aage,
Et toutefoys pour me sacrifier
Vous n'en pouuez les Dieux pacifier:
Mais ie vouldroys que ma mort preuenue
Fust seulement a ma mere incongneue.
Ma mere y nuict, & sa triste presence
M'oste de mort la requise allegence,
Combien que moins elle deust deplorer
Ma triste mort, que sa vie plorer:
Mais ie vous prye en ceste voulunté,
(A cellefin qu'en plus grand liberté
Ie puisse voir l'infernal monument)
Vous abstenir du fol attouchement
Dessus mon corps chaste, & immaculé

Si que

Metamorphose d'Ouide.

Si que celluy en soit plus consolé
(Quiconques soit) pour lequel, sans desserte,
Ma tendre cher a la Mort est offerte.
Et si vers vous mes parolles dernieres
Ont le credit d'exaulcer mes prieres,
A ioinctes mains l'humble fille de Roy,
Mais a present captiue, & en desroy,
Vous veult prier de ma mere exempter
De mon corps mort par argent racheter,
Ou si elle est de l'acheter subiecte,
Ce ne soit d'or, ains des pleurs qu'elle gette.
Lors qu'elle auoit royalle auctorité,
Maint corps elle a par argent racheté.
Sans larmoyer ainsi disoit la belle
Plorant le peuple, & Pyrrhus tant rebelle,
Qui en sa chair qu'elle mesmes presente
Cache le fer de sa main violente.
La vierge chet le genoil defaillant,
Le sang vermeil est sur terre saillant,
Mais son visage est constant, & n'empire
Iusques a tant que du tout elle expire,
Et en tombant elle eut le soing & cure
De cacher lieux vergongneux de nature,
En demonstrant son cueur chaste, & pudique
N'auoir esté deshonneste, & lubrique.
Dames de Troye ont le corps amassé,
Des heritiers le nombre compassé
Du roy Priam, & en mesme saison
Le sang meurtry d'une mesme maison.
Puis te ploroient o noble Polixaine,

C ij   Et toy

Le xiij. liure de la

Et toy aussi nagueres tres haultaine
Royne Hecuba, espouse de Priam,
Mere d'Hector, le royal fils Troyan,
Et qui estoys l'ymage florissante
De toute Asie à toy obeissante,
Et maintenant par sort aspre & irée
La proye aux Grecz, a leurs plaisir tirée,
Dont Vlysses compte aucun ne tiendroit
Fors que ton fils Hector il maintiendroit,
Qui ne vouldroit souffrir (s'il fust en vie)
Soubs main d'autruy sa mere estre asseruie.
La Royne adonc le vain corps embrassant
Ou fut iadis vn esprit si puissant.
Si onc elle a heu les sens esbahys,
En gettant pleurs sur son noble Pays,
Si onc elle a faict crys espouuentables,
Son mary mort, & enfants tant aymables,
De mesme deuil, & mesmes pleurs vsoit
Morte sa fille, & sa playe arrousoit,
Baisant le corps, & d'amour maternelle
Ploroit sa fille occise a lentour d'elle.
Le sang espais son chef tout blanc a teinct,
Puis l'estomac de ses vngles atteinct

La plainte de la royne Hecuba pour la mort de Polixaine sa fille.

Entre plusieurs regretz qu'elle prononce,
Ce qui s'ensuyt de triste voix annonce.
O fille en qui fut louable valeur
Qui a ta mere es derniere douleur.
Or es tu morte, or est ta chair atteincte
Du fer trenchant, mon esperance esteincte.
Vn seul des miens mors on ne dira doncques

Sans

Metamorphose d'Ouide.

Sans estre occis, puis qu'occise es adoncques
Las iesperois voir Pirrhus plus benin
Considerant ton sexe femenin,
Mais de son fer femme non asseurée
Entre mes bras ie te voy descirée.
Et Achilles qui tant de freres tiens
A mys Mort, & la fin a mes biens,
Semblablement sans ame t'a rendue
Aupres des yeulx de ta mere esperdue.
Las quand ie vy que Paris mort le gette
Bien addressant de Phebus la sagette,
Ie n'esperois iamais estre contraincte
De m'effrayer de si horrible craincte.
Mais a bon droict craindre ie le debuoys
Puis qu'apres mort o mon œil tu le voys,
Executer sa furieuse rage
Pour se venger de mon royal lignage,
Ou i'ay esté planteureuse pour luy,
Et non pour moy, qui m'est vn grand ennuy:
Car par son faict la grand Troye est finie,
Et la querele a meschet definie,
Mais d'Ilion ruinez les haults lieux
Font larmoyer de moy seule les yeulx.
Las mes honneurs haultains ont esté courts,
Ma douleur est encores en son cours.
Ores ie fus en forte iouyssance
De treshaults biens, & de noble alliance,
De tant de filz asseurée en repoux,
De mainte fille, & du Roy mon espoux,
Ores ie suis de tout bien reculée

C iij   De

Le xiij. liure de la

De mon pays naturel exilée,
Prise au tombeau de mes tant chers enfans,
Lors qu'ilz viuoient en honneurs triumphants,
Allant serui, comme femme captiue,
Penelopé sur moy imperatiue,
Qui regardant du fuseau me mesler,
Filer la laine, & le fil desmesler,
Me monstrera a ces vieilles de Grece,
Voyez(dira)des Troyans la Princesse
Mere d'Hector, de noble parentage,
Au Roy Priam iointe par mariage.
Et(qui m'est plus de deuil & desplaisance,)
O fille en qui fut ma resiouyssance,
Sacrifieé as esté sur l'autel
Pour appaiser mon ennemy mortel.
Las i'ay produict pour luy le fruict heureux
A son tombeau, qui m'est trop mal heureux.
A quelle fin donc mon esprit labeure
De faire icy longuement sa demeure?
A quelle fin dommageable vieillesse
Me gardes tu en si longue tristesse?
O Dieux cruelz qui ma mort retardez,
Trouble(ie croy)plus grand vous me gardez:
Las a Priam non espoux honnorable
La mort est bien plus doulce, & secourable,
Puis que sans voir sa grand ville perir,
Il ha le temps propice de mourir.
Heureuse mort, puis qu'auant son trespas
Morte en grief deuil, fille, il ne te voit pas:
Heureuse mort qui de son regne ensemble

De vie

De vie aussi soubdain le desassemble.
O que ie plains, chaste fille de Roy,
Que d'ilion le piteux desarroy
Apres ta mort ne m'a voulu permettre
En tombeau riche, & sumptueux te mettre.
Auec les miens? helas ie congnois bien
Que tu n'auras de ta mere autre bien
Fors que ses pleurs o fille bien aymée
En lieu estrange & loingtain inhumée.
I'ay tout perdu, mais i'ay encor matiere
De prolonger ma vie plus entiere,
Car tous mes fils de mort ne sont ferus
Seul est viuant mon cher Polydorus,
Le plus petit de naissance virile
Qui pour nourrir fut transmis en ceste isle.
Polymnestor le print soubz sa tutele.
Ainsi disant, la playe aspre & mortelle,
De Polixaine, & son vermeil visage,
En pas caduc vient lauer au riuage,
Ayant les crins de blancheur honnorez
De toutes parts rompus & descirez.
Mais desyrant de puyser la claire vnde
Pour en purger la chair de sang immunde,
Elle reçoit vn sens tout esperdu
Veu son fils mort Polydore estendu
Sur le riuage, & des cruelles mains
Du Roy de Thrace yssus coups inhumains.
Femmes de Troye estans a l'entour d'elle
Font grand clameur, mais douleur immortelle
Les pleurs retarde, & la voix vehemente

Le xiiij. liure de la

A Hecuba dont le cueur se tormente,
Qui ressemblant la pierre de durté,
Ores a terre ha son œil aresté,
Ores soubdain leue ses yeulx ouuerts,
Pour regarder le hault Ciel de trauers,
Puis de son fils le visage contemple,
Puis son regard gette sur sa playe ample,
Mais plus souuent sur la playe est sa veue.
Ce qui la rend de soulas despourueue.
Et par fureur qui son cueur tormentoit
Delibera, comme si Royne estoit,
De se venger, & tousiours imagine
L'heure prochaine a se venger encline,
Et tout ainsi qu'en fureur & torment
La Lyonne est, lors que furtinement
Priuée on l'a de sa feture & fruict,
Et le priuant a la trasse elle suyt,
Ne plus ne moins Hecuba lors lamente,
Et de fureur son grand courroux augmente,
Mise en oubly sa vieillesse, & repris
L'ardent desir dont son cueur est espris.
Incontinent elle se transporta
Au roy Felon, qui son deuil augmenta
De mettre a mort Polydore son fils
Le demourant des autres deconfits.
La peruenue expose son desir
Pour auec luy deuiser a loysir,
Puis luy a dict que pour le soing & cure
De Polydore, & de sa nourriture,
En lieu certain elle le conduira

Metomorphose d'Ouide.

Ou vn thresor caché luy produira,
Polymnestor Tyrant insatiable
D'or & d'argent, au propos amyable
Adiouste foy, & en secret la tire
Puis doulcement le traistre luy va dire,
Ton vueil soit faict Hecuba royne sage
Pour appliquer ce thresor a l'usaige
De ton cher filz, par les Dieux ie te iure
Que pour luy seul tout ce bien ie procure,
Voire du bien par toy desia transmys
Il ne sera en fraude, & trouble mys.
Oyant ces dicts du meurdrier, & periure,
Qui inuoquant les haults Dieux se periure,
La Royne fut de courroux enflammée,
Et de fureur escumante animée.
Si appella ses femmes haultement.
De luy s'approche, & furieusement
Vngles & doigts en ses yeulx elle cache
Et tout le poil d'alentour luy arrache
Et par courroux, dont de force elle ha plus,
De sa lumiere arracha le surplus,
En maculant ses mains a cause iuste
Dedans le sang inhumain, & iniuste.
De tel malheur du Tyrant irritée,
La gent de Thrace asprement incitée,
Contre Hecula, luy faict dure poursuyte,
Mais de frayeur elle s'est mise en fuyte,
Dont elle perd la femenine forme,
Le veuil des Dieux en chienne la transforme,
En l'assaillant de pierres on la suyt,

La royne Hecuba muée en chienne.

En

En aboyant la pierre elle poursuyt,
Le lieu encor en ha bruict & renom
Qui iusq icy a retenu son nom.
Muée ainsi son museau prepara
Voulant parler, mais rien ne profera,
Et longuement par les champs, & aux boys
Alloit faisant lamentables aboys
Rememorant tant de peines passées,
Finablement en son cueur amassées.
De sa fortune & Troyans ses amys,
Les Grecz, aussi ses mortelz ennemys
Furent esmeus, voire les Dieux supremes
Eurent pitié de ses douleurs extremes.
Mesme Iuno du grand Dieu Iuppiter
Seur & espouse, a daigne protester
Que d'Hecuba la royalle nature
Ne meritoit si horrible aduanture.
   Mais d'Aurora le cueur n'est incité
De deplorer ceste calamité,

La complaincte d'Auro-ra pour son filz Memnó occis par Achilles

Ne la fortune aux Troyans aduenue,
Ne d'Hecuba en chienne deuenue,
Iaçoit pourtant qu'en ce piteux discours
Elle eust tousiours aux Troyans faict secours,
Autre soucy de plus pres la suyuoit,
Plus iuste plaincte au cueur la poursuyuoit,
Comme ayant veu (lors qu'elle est rubicunde,
Prés Ilion en guerre furibunde)
Son fils Memnon mis a deconfiture
Par Achilles, & sa rude pointure,
Et l'ayant veu maternelle douleur

Metomorphose d'Ouide.

Luy feist changer sa vermeille couleur,
Dont sa rougeur qu'en elle on voit faillir
A ce matin commença de pallir,
Le Ciel serain qui veu si grand trouble a
Dedans la Nue obscure se troubla.
Lors Aurora dolente & esplorée
N'a tant esté constante, & asseurée
De regarder Memnon sa geniture
Estre imposé au feu pour sepulture,
Ains estonnée ayant de toutes parts
De son chef blond les beaulx cheueux espars,
A Iuppiter acourut diligente,
Et a ses piedz humblement se presente,
Puis au ruysseau copieux de ses larmes
Elle adiousta ces lamentables termes.
La plus petite, & abiecte Déesse
Qui par le Ciel excerce sa haultesse
Vient deuers toy, & de qui vn seul temple
Pour m'honnorer sur terre on ne contemple,
Non desyrant temples, ou edifices,
Ne iours sacrez pour m'adorer propices,
Encores moins les autelz flamboyants.
Si toutefoys as esgard aux moyens
Qui sont en moy, & (qui est vn bien rare)
Comme le iour de la nuict ie separe
Pour te donner allegence & sapport,
Tu conduiras ma requeste a bon port,
Mais ce n'est pas le desyr & le poinct
Qui d'Aurora le cueur tormente, & poingt.
Iaçoit pourtant qu'en louanges certaines

Digne

Le xiij. liure de la

Digne seroys de ces choses haultaines.
Ie vien a toy ayant perdu Memnon
Mon fils tant cher, qui soubs Agamennon
(Quand fort combat pour son oncle il exerce)
Par Achilles est mys a la renuerse,
Encores ieune, en ses iours florissants
Par le vouloir des Dieux haults & puissants.
Dont ie te pry o Dieu tres souuerain,
Et gouuerneur du Ciel clair & serain,
Qu'apres sa mort ton vouloir le pouruoye,
Si qu'allegence a ma douleur ie voye.
Quand Iuppiter Aurora entendit,
Ceste requeste a son effect rendit.
Adonc le feu qui le corps mort consume
Perd sa lueur, & obscurement fume,
Dont le clair iour par la noire fumée
Sembloit auoir sa clarté consumée,
Ne plus ne moins que des Vndes halées
Iusques au Ciel bruines extollées
Troublent le Ciel, & font que la clarté
Du clair Phebus soit en obscurité.
Ainsi du corps les cendres desia seches
Volent en lair comme noires flammeches,
Et en volant en vn corps s'entretiennent,

De la cē-dre de Memnō creez les oyseaux Menoy-des.

Reçoiuent forme, & couleur en retiennent,
Du feu ont vie, & leur legereté
Aisles leur donne en grand mobilité.
Premier, d'oyseaux ont aucune semblance,
D'oyseaux soubdain ont vraye corporance.
Ainsi creez de leurs aisles font bruit,

De leur

Metamorphose d'Ouide.

De leur naissance vn grand troupeau les suyt,
Et par troys foys l'ardent feu enuironnent.
La par troys foys en gemissant resonnent.
Puis en faisant leurs plainctes, & hulées
Ont d'vn accord au Ciel pris leurs volées.
Et parmy l'air en deux parts se separent,
Et de leur bec, & vngles se preparent
Mortel combat, dont les aisles & corps
Estoient lassez de violents discords.
Ainsi lassez au feu prochain descendent,
Et a la cendre en obseque se rendent.
Dont sont yssus, comme par souuenance
De l'homme fort, dont ilz ont pris naissance
Et de Memnon, par les propos susdicts,
Ces oyseaux la Menoydes sont dicts,
Et chascun an tenents de la nature
Originale, en semblable figure
De ces oyseaux le peuple renouuelle,
Et l'vn a l'autre en mourant se rebelle.
Donc si maint homme a esté larmoyant
Pour Hecuba, qui fut chienne aboyant.
Encores plus Aurora doibt on plaindre,
Qui pour son fils ne peult ses pleurs estaindre,
Et iusq'icy de sa face arrousée
La Terre en prent au matin la Rousée.
  Pris Ilion, les haults Dieux n'ont permis
Que les Troyans du tout fussent demis
De bon espoir, car le fils de Vénus
Dict Æneas, ces meschefz aduenus,
De tant de biens autre chose n'emporte

Sinon

Le xiij. liure de la

Les for-
tunes de
AEneas
au voya
ge d'Ita
lie.

Sinon les Dieux, & son pere qu'il porte
Charge a son dos honneste & venerable.
Ascanius suyt son pere honnorable.
Puis d'Antandros Phrigienne Cité
Monte en sa nef, qui en velocité
Passe le port de Thrace infortunée
A tout delict criminel adonnée,
Et teincte encor en plusieurs lieux noircis
Du sang vermeil de Polydore occis,
Le vent estoit a AEneas propice,
L'Esté faisoit son debuoir & office,
Et en Delos auec les siens entra
Ou Anius le Roy il rencontra,
A qui le peuple obeissant estoit,
Qui comme Euesque aussi s'entremettoit
De la culture, & diuin sacrifice
Qui d'Apollo concernoit le seruice.
Lors qu'Anius AEneas apperceut,
En son Palais noblement le receut,
Puis luy monstra la cité, & le temple
Ou Latona enfantant on contemple.
D'encens & vin en mode accoustumée
Dessus l'autel on espand la fumée,
Semblablement des vaches la occises
Dedans le feu sont les entrailles mises.
Quoy accomply, Anius roy loyal.
Les a menez en son Palais royal.
Ou les tapys excellemment dressez
Vins delicats aux couppes d'or versez,
Et plusieurs metz exquis & delectables
En grand

Metamorphose d'Ouide.

En grand honneur seruis deßus les tables,
Vers Annius Anchises s'addreßa,
Et ce propos ainsi le luy prononcea,
Ou mon aduis est faulx, & variable
Prestre autentique a Phebus acceptable,
Ou quand ie vins premierement icy.
Vn fils t'ay veu, quatre filles außi:
Lors Anius de deuil son chef destourne
Qu'un blanc ruben luy serre, & enuironne,
Disant ainsi: o Prince aucunement
Tu n'es deceu, ains as bon iugement.
De cinq enfants iadis Pere ie fus,
Mais a present (tant sont mortelz confus)
Quasi priué de tous ie m'apperçoy,
Car de mon filz secours ie ne reçoy
Qui loing de moy en Andros faict demeure.
Et son vray nom a la terre demeure.
Et la tenent l'estat royal du pere,
Le regne en paix & concorde il tempere.
Phebus luy a donné la coniecture
De deuiner toute chose future.
Le Diu Bacchus mes filles estrena
D'un don plus grand, car pouuoir leur donna
Que toute chose ou elles toucheroient
En huyle, bled, & vin conuertiroient.
Tout le païs de leur confinité
Estoit rempli de la fertilité.
Mais il ne fault estimer orendroit
Que ne me soys senti en mon endroict
De vostre mal, & grand perte aduenue.

Agamennon

Le don de Bacchꝰ aux filles du roy Anius qui conuertissoient tout ce qu'elles touchoient en huyle, bled, & vin.

Agamennon ceste chose congneue
Me vint rauir mes filles bien aymées
Pour renforcer ses legions armées.
Leur commandant de leur diuin pouuoir,
A l'aliment de ses souldards pouruoir.
De cest edict chascune espouuentée,
Comme elle a peu, de la s'est absentée.
Les deux s'en vont en la terre Euboique.
Et le chemin des autres deux s'applique
Droict en Andros, vers leur frere germain.
Agamennon dict qu'au glaiue inhumain
(S'il ne les rend) subiuguera sa terre,
Ce qui le frere espouuenta bel erre.
Si que la peur lieu ne donne a pitié,
Ains surmonta fraternelle amytié.
Du frere donc tolerable est l'excuse
Qui lors ses sœurs de rendre ne refuse.
Il n'auoit pas Hector pour le defendre,
Ou AEneas, pour garder de les rendre,
Desquelz la force a empesché la prise
De vostre ville, apres les dix ans prise.
Desia liens bien forts on apprestoit
Dont le regard mes filles molestoit,
Lors que leurs mains enuers le Ciel tendues
Ces choses sont de leur bouche entendues.
O Dieux Bacchus de nostre bien autheur
Par ton secours soys nostre protecteur:
Ce qui fut faict si secours on appelle,
De leur donner forme estrange & nouuelle.
Et ont n'ay peu scauoir l'intention,

Ne le

Metamorphose d'Ouide.

Ne le moyen de leur mutation,
Ou le sachant, douleur qui mon cueur fend,
De l'exprimer ores le me defend,
Mais i'ay assez notoire le mal d'elles
Car en oyseaulx, receu l'vsage d'aisles
Deuindrent lors, & de ta chere espouse
Coulombes sont blanches sur toute chose.
En ce conuy de ces propos predicts
Ilz ont vsé, & d'autres plusieurs dicts.
Pris le repas, & le repos nocturne
Au point du iour, & a heure opportune
Se sont au temple a Phebus transfertez,
Ou par eux sont oracles consultez,
Phebus respond en sa voix prophetique
Qu'il leur conuient chercher leur mere antique,
Lors Anius les conduict au depart,
Et a chascun d'vn don noble il faict part,
En presentant a Anchises vn sceptre,
Et ne voulant en oubliance mettre
Ascanius, luy donne vn vestement
Et vn Carquoys, & pour plus amplement
A Eneas monstrer magnificence,
Luy presenta sa couppe d'excellence,
Que son amy Therses long temps y a
De son pays, pour don luy enuoya,
Iadis Alcon feure grand, & exquis
Y entailla maint ouurage requis,
Et mesmement la ville renommée
Qui est auec ses sept portes nommée
Deuant laquelle on peut voir les tombeaux

Ja preparez, & funebres flambeaux,
Et a l'entour la turbe feminine
Qui l'estomac tout descouuert chemine
En deuil & pleurs toute descheuelée,
Dont a chascun sa plaincte est reuelée.
Plus on y voit plorer Nymphes haultaines,
De secheresse accuser les fontaines,
Dont on peult voir arbres, & arbrisseaux
Feuilles n'auoir, ne verdoyants rameaux,
Et mainte chieure en la soif qu'elle endure
Par grand langueur lescher la pierre dure.
Puis il pourtraict par figures subtiles
Mises au feu d'Orion les deux filles
L'une crainctifue, & vn peu reculant
De s'approcher du glaiue violant,
L'autre d'un port ferme comme vn rocher
Au fer trenchant son corps tendre approcher,
Qui ne refuse au bien public s'offrir,
Et ainsi mort voluntaire souffrir.
Adonc au lieu de Thebes le plus beau
Alcon pourtraict le funebre tombeau,
Faisant au vif deux enfants apparoistre
Lesquelz des Seurs la cendre auoit faict naistre,
Si que des Seurs par ce mortel torment
Morte ne fust la race entierement.
Le bruit commun Couronnes les appelle
Qui en naissant, la cendre maternelle
Enuironnoient, & en faisant maint tour
Pompe funebre excercoient alentour.
Finablement a la couppe nayfue

De la cēdre des filles d'Orion créez Iouuenceaux.

Alcon

Metamorphose d'Ouide.

Alcon auoit de figure si viue
Faict vn chardon, tant proprement doré,
Qu'il sembloit aspre, & non elabouré.
Adonc Troyans vsent de recompense
Vers Anius, plein de beneuolence,
En luy donnant pour retribution
Vn Encensoir, a sa vacation
Propre, & duysant, vn precieux Calice
Pour l'employer au diuin sacrifice,
Oultre cela d'or fin vne couronne
Que richement mainte gemme enuironne.
Puis de Teucer yssus se recorderent
Dont, congé pris en Creté s'en allerent,
Mais ayants faict en ce lieu leur retraicte
N'ont peu souffrir longuement l'air de Crete:
Parquoy soubdain cent villes delaissées
En Italie ont leurs vœux & pensées.
L'hyuer suruient, leur nauigation,
Trouble reçoit, & agitation,
Si que le vent les repoulse, & hazarde
Au port cruel de la Terre Strophade,
Dont promptement ilz se sont departis
Au cry d'oyseau sagement aduertis,
Passants Samus, & ports Dulichiens,
Et Ithaca, & lieux Neritiens,
Pais certains, & Terre naturelle
A Vlysses abondant en cautelle,
Puis embarquez Ambracia passerent,
Ou le pourtraict du iuge ilz aduiserent
Mué en pierre, alors que de ces lieux

D ij   Furent

Vn Iuge
mué en
pierre.

Le xiij.liure de la

Furent iadis en querele les Dieux.
Terre depuis par Phebus maintenue,
Et a plus grand congnoissance venue.
Puis ont passé la Terre de Dodonne
Qui du grand bruit des haults chesnes resonne,
Puis Caonie, ou du Roy Molossus
Les propres fils vrays oyseaux apperceus

Les enfants du roy Molossus muez en oyseaux

Veu le meschef, par leur nouueau plumage,
Du feu iniuste euitent le dommage.
Puis en Pheace a bon vent se transportent
Ou les pommiers fruicts copieux apportent,
Et de Pheace en Epyros reduicts,
Et d'Epyros a leur gré sont conduicts
En Buthrotos, par Helenus construicte,
Semblable a Troye en sang & feu destruicte,
Par Helenus Troyan endoctriné
Des cas futurs ou il est destiné
Part Eneas, auec sa compagnie,
Laisse Buthrote, & tend en Sicanie.
Qui en troys monts dedans la Mer s'estend.
Desquelz, Pachin est le premier, qui tend
Au vent Auster, & quand il souffle & vente,
Incontinent la pluye est subsequente.
Le second est Lilibée, qui tire,
Et est soubzmis au doulx vent de zephire.
Et Pelorus tend & est limité
Vers Boreas plein de frigidité.
La arrestez les Troyans reposerent,
Et l'Anchre au port de zanclé ilz poserent.
Ou deux perils marins sont manifestes

Qui

Metamorphose d'Ouide.

Qui font vn bruict plus rude que tempeſtes,
L'un eſt Scylla qui tend au coſté droict,
Et Caribdis tient le ſeneſtre endroit
Deuorant naufs, mais ſon ventre ne ſouffre
Que tout ſubit ne les gette du gouffre.
Et du coſté par ou entre Scylla,
De chiens cruelz enflé le ventre elle ha,
Qui toutefoys de vierge ha le viſage,
Car ſi du tout pœtiq teſmoignage
N'eſt menſonger, autrefoys a eſté
Vierge de grand & nayfue beaulté.
Dont par diuers ſeigneurs de nom exquis
Fut ſon gent corps deſyré, & requis.
Mais orguilleuſe & conſtante en refus,
Loing de plaiſir les rendoit, & confus.
Et s'en alloit aux Nymphes de la Mer
Qui la ſuloient par alliance aymer,
Puis leur comptoit par quelle deceuance
A ſes amants ne donnoit iouyſſance.
   Ceſte Scylla a preſent relatée
Pignoit vn iour au gyron Galathée,
Et Galathée adonc qui ſouſpiroit
Vn tel propos a Scylla proferoit.
Trop plus que moy en grand heur tu te tiens
Vierge Scylla, quand les amoureux tiens
Tu chaſſes loing, ſans craindre leur iniure
Combien quilz ſoyent d'une doulce nature,
Car nonobſtant que ie ſoys Nymphe yſſue
De Nereus, & de Doris conceue,
Et que ie doy par grand nombre de Seurs

Les amours de la belle Galathée & Acis.

D iij   Eſtre

Le xiij. liure de la

Estre asseurée enuers mes aggresseurs,
Ce neantmoins ie n'ay peu sans martyre
Au fier Cyclops en amours contredire.
Ainsi disant Galathée ploroit,
Et la douleur les mots luy retiroit.
Adonc Scylla de propos gracieux
La reconforte en essuyant ses yeulx.
Et luy a dict:o Déesse, ou est mise
Mon amytié, soit ta douleur remise,
Te suppliant qu'en brief ta voix me compte
L'occasion, qui de deuil te surmonte.
Ainsi disoit la pucelle Scylla.
Lors respondit Galathée a cela.
Du Dieu Faunus, & Nymphe Simethis
Acis fut né, de zeles non petits.
Tous deux l'aymoient, si qu'amour paternelle
Point ne passoit la faueur maternelle.
Mais trop plus grand estoit l'amour & flamme
Qui pour Acis mon tendre cueur enflamme.
Car il m'auoit d'une pensée estrainéte
A son amour soubzmise, sans contrainéte,
Sa grand beaulté a seze ans se descueuure.
Le ieune poil sa face a demy cueuure.
De son amour sans cesse estoys rauie.
Cyclops n'auoit mon amour desseruie,
Et si tu viens me faire vne demande
Si lors iaymoys Acis d'amour plus grande,
Que ie n'auoys austere inimitie
Contre Cyclops cherchant mon amytie,
Ie le diray, certes egalément

L'un

Metamorphose d'Ouide.

L'un tout soulas, l'autre m'estoit torment.
O que tu as le pouuoir vigoureux
(Dame Venus) en ton regne amoureux?
Ce Cyclops la estoit aspre & terrible,
Voire aux forestz, treshydeux, & horrible,
Et aux passants ne fut onc pitoyable,
Ains aggresseur inique & detestable,
Et des haults Dieux compte aucun ne tenoit,
Et sans cesser les astres contemnoit.
Mais il congneut, veu mon corps d'excellence,
Que c'est d'amour, & de sa violence,
Car tout soubdain de mon amour espris,
De son troupeau (comme il auoit apris)
Cure n'auoit, & mettoit sa cauerne
En oubliance, amour qui le gouuerne
Luy donne soing de sa face, & tant faire
Qu'en quelque sorte il me puisse complaire.
Ores ses crains espais herissonnez
D'un grand rasteau par luy sont testonnez.
Sa barbe aussi d'un aspre poil vestue
Est en grand soing d'une faulx abbatue,
Puis il se mire, & dispose en la Mer
Son fier visaige inhumain & amer.
Sa cruaulté, & soif inueterée,
Du sang humain, est par luy differée,
Si que Nochers eschappent sans danger,
Ou se souloit son bras sanglant ranger.
En ce discours pour voir Polyphemus,
Nageant par Mer arriue Telemus
Eurymides, qui ne fut onc deceu

Le Geãt Polyphemus amoureux de Galathée.

D iiij D'oyseau

D'oyseau par luy en volant apperceu,
Qui prevoyant vn grand œil qui se monstre
Tout au milieu du front de ce vil monstre,
Privé(dist il) seras de ceste œil là
Par Vlysses te pourchassant cela.
Cyclosp en rid, disant o conieʃture
Dun fol Devin confus en son augure?
Nul ne me peult priuer de ma lumiere,
Car Galathée en est Dame premiere.
Cyclops ainsi, trop fol, ne se soucye
De Telemus, ne de sa prophetie.
Ains ou il marche en pas massif & graue,
Et le riuage en marchant il degraue,
Ou du trauail, duquel las il deuient,
En sa cauerne aucunefoys reuient.
Ce monstre vn iour de la grand Mer approche,
Et se va seoir au plus hault d'une roche
Dont la haulteur s'estend en longue poincte,
Et a la Mer des deux coustez est ioincte.
Ou son troupeau du quel soucy n'auoit
Sans conducteur en belant le suyuoit.
La peruenu Cyclops lourd & rural
Mect a ses piedz son baston pastoral.
Qui d'un hault pin, dont l'origine il tient,
D'un mast de nef la semblance retient.
Adonc il prent sa fluste de rouseaux
Dont resonner il faict cent chalemeaux,
De toutes parts les montaignes antiques
Ont retenti de ses sibletz rustiques,
Voire, & en sont les chansons deuallées

Iusq'au

Métomorphose d'Ouide.

Iusq'au plus bas de noz vndes sallées,
I'estoys alors auec le mien Acis
Dessoubs la roche en mon giron assis
Oyant Cyclops (combien qu'en fusse loing)
Dire ces mots, que ie noté en grand soing.
  O Galathée en ta blancheur plus franche
Que n'est le Troesne ayant la feuille blanche,
Plus qu'vn pré verd florissante en beaulté
Oultrepassant d'vn voirre la clarté,
Qui as le corps sans faire aucun default,
Plus stable & beau qu'vn aulne droict, et hault,
Soulacieuse, & plus recreatiue
Que les cheureaux, & cent fois plus lasciue.
Plus doulce es tu que l'escaille polie
Que la Mer a par long cours embellie,
Plus que soleil d'Hyuer delicieuse,
Et plus que l'umbre en esté gracieuse:
Plus belle a voir, & de plus grand valeur
Que pomme ayant la vermeille couleur,
Plus reluysante & claire que la glace.
Certes ton œil le Plan hault arbre passe
De son regard, tu passes, pour le seur,
Raisins, qui sont en leur meure doulceur,
Oultrepassant de ta blancheur insigne
Le laict recent, & les plumes d'vn Cygne.
O belle en qui plus de beaulté repose
Qu'au beau iardin que souuent on arrouse.
Mais si tu n'es de m'aymer curieuse
O Galathée austere & furieuse,
Et qui as plus en toy de cruaultez

L'amoureuse & plainctiue chanson de Polyphemus.

Que

Que les taureaux qui ne sont pas domptez,
Plus qu'un vieil Chesne en durté immuable,
Et plus que l'eau legere & remuable.
Plus souple aussi que du Saule les branches
Et que ne sont petites verges blanches,
Plus qu'un chardon aspre & trop plus cuysant
Que n'est le feu allumé, & luysant.
Plus qu'vn rocher d'esmouuoir tarde, & lente,
Et plus que l'eau d'un fleuue violente.
Plus que le Pan d'orguilleux appetits,
Plus fiere qu'Ourse aupres de ses petits.
Sourde trop plus que Mer, & plus rebelle
Que le Serpent piqué qui se rebelle.
Et (ce que plus ie deusse detester
Le te voulant, si ie pouuoys, oster)
Non seulement de ta mobilité
Passes le cerf des chiens sollicité
Pour euiter les apparents dangers,
Mais vents soubdains inconstans, & legers,
Si toutefoys as perfaict sentiment,
Tu m'aymeras, & le retardement
Accuseras, qui par ta resistance
A empesché vers moy ton accointance.
Ma demeure est vne cauerne illustre
Pres d'un rocher, qui luy donne son lustre,
Ou le Soleil en Esté ne peult nuyre,
Ne la froydure en hyuer se conduyre.
Pommiers y a copieux & tres beaulx,
Le fruict desquelz est grand charge aux rameaux
Tu y verras vignes de grand valeur,

Dont

Metomorphose d'Ouide.

Dont le fruict ha iaulne & rouge couleur,
Et ce fruict la tant de couleur vermeille,
Que iaulne aussi, pour toy ie l'appareille.
La de tes mains pourras prendre, & choysir
Fraises, croissants dessoubs l'umbre a loysir.
Cormes d'Autonne, & deux sortes de prunes
D'un goust friant, dont noires sont les vnes,
Et l'autre espece en sa couleur decente
Semble la cire alors qu'elle est recente.
D'un tel mary bien heureuse seras,
Auecques moy des chastagnes auras
A ton plaisir & maintes pommes franches
Que tu verras rougir dessus les branches,
Bref en ce lieu tous les arbres bien nez,
A ton souhait seront abandonnez.
Tous ces trouppeaux que tu voys m'appartiennent
Vn nombre grand les vallées detiennent,
Grand quantité cherche au boys sa pasture.
Le reste est clos en ma cauerne obscure.
Et si tu veulx m'en demander le nombre,
Impossible est que le tout ie te nombre.
A paupre estat appartient de sçauoir
Combien il peult en ses troupeaux auoir.
Mais ne me croy d'une si gand louange
De mes troupeaux, si ton pied ne se range
En ma demeure, ou du vray le sçauras,
Et a loysir les troupeaux compteras
Si copieux, que du laict l'abondance
Leur est grand faix, & moleste greuance.
Moindres troupeaux verras pour ton vsage,
Comme

Le xiij. liure de la

Comme agnelletz, entre les brebiage.
D'autre costé petits cheureaux verras
De mesmes temps, desquelz tu iouyras.
I'ay en tout temps (dont grand prouffit en ay ie)
Le laict recent aussi blanc que la neige.
L'un pour la soif appaiser est baillé,
De l'autre on faict le fourmage caillé.
Ne pense pas qu'en ces dons seulement
Qui sont communs, prendras esbatement,
Car tu auras pour tes plaisirs mondains
Auecques moy Lieures, Cheureux & Dains.
Et deux ramiers dont le nid de grand pris
Tout au plus hault d'un grand arbre i'ay pris.
Et si tu veulx dons encores de moy
Ie t'ay gardé par vn soigneux esmoy
Deux petitz Ours, d'un pourtraict & d'un estre
Si qu'on ne peult l'un de l'autre congnoistre,
Qui tes esprits pourront rendre contents
Et te donner plaisir, & passetemps,
Ie les ay pris de main subtile & caulte
Dessus le faix d'une montaigne haulte.
Et les trouuant i'ay dict en grand liesse,
Ie garderay ce don a ma maistresse.
Vien donc a moy belle tant desyrée,
Hors de la Mer soit ta face tirée,
Ne fuy mes dons, & m'estime estre beau
Car ie me suis contemplé dedans l'eau,
Et me voyant en l'eau claire & luysante
Ie me suis pleu en ma face plaisante.
Et ce qui est encores plus grand heur,

Regarde

Metamorphose d'Ouide.

Regarde vn peu de mon corps la grandeur,
Plus grand n'est pas Iuppiter en son Regne,
Qui (comme on dict) si puissant au Ciel regne.
Mes longs cheueux me couurent le visaige,
Voire les reins, comme vn boys plein d'vmbrage,
Et toutefoys si de poil amassé
Large & espais i'ay le corps herissé,
N'estime pas que soit chose villaine,
A la Brebis est honneste sa laine,
Arbre sans feuille est laid a regarder,
Cheual sans crins n'est plaisant a garder.
Et les oyseaux par le monde vniuers
De plume sont par nature couuerts.
La barbe a l'Homme est belle & aduenente,
Le poil au corps est chose conuenente.
Tout au milieu du front i'ay vn oeil grand
D'vn grand bouclier la beaulté denigrant.
Ie n'ay qu'vn oeil, le Soleil clair & chauld
Ne voit il pas toutes choses d'enhault?
Et toutefoys il ny a qu'vn seul terne
De ce Soleil qui le Monde gouuerne,
Oultre cela habitant est mon pere,
En vostre Mer, reçoy le pour beaupere,
Belle reçoy ma priere a pitié
Au suppliant donne ton amytié,
Car a toy seule, helas ie suis soubzmis,
Tout mon desir est en toy seule mys,
Ie ne crains point le Ciel, ne le tonnerre,
Et Iuppiter en rien ne me deterre,
Seule tu m'es Galathée acceptable,

Ton

Le xiij. liure de la

Ton ire plus que fouldre m'est doubtable.
Mais ie prendroys ce plus patiemment,
Si i'estoys seul en ce contemnement.
Donc qui te meult Cyclops loing repoulser,
Et ton Acis doulcement embrasser?
Se veuille Acis tant quil vouldra complaire,
Tant quil vouldra garde de te desplaire,
(Mais que torment ne te puisse aduenir)
Si vne foys captif le puis tenir,
Il congnoistra la puissance, & vertu
Dont mon grand corps redoubtable est vestu,
Pour mettre fin a voz lascifs accords
Luy tireray les entrailles du corps,
Puis espandray ses membres par vallées,
Par my les champs, & voz vndes sallées:
Car en mon cueur sans cesser nuict la flamme
De ton'amour, qui tout le corps m'enflamme,
Le mont Et m'est aduis, du mal que tu me fais.
Etna, ou Que mon cueur ha du mont Etna le faix.
le feu est Et neantmoins tu ne peulx t'esmouuoir,
ardent. Ne mes douleurs a pitié receuoir.

 Ainsi faisoit, non en vain, sa complainte
Polyphemus; ie voy le tout en crainte.
Et comme on voit qu'vn Taureau furibond,
Sa vache ostée, est par tout vagabond,
Et court aux boys prochains, & aux forestz
N'ayant pouuoir de faire aucuns arrestz,
Ainsi du lieu ou il estoit assis
Ciclops se leue, & appercoit Acis
Auecques moy, surpris par ignorance,

SANS

Metamorphose d'Ouide.

Sans nous doubter d'une telle souffrance,
Et ie le voy en ma grande tremeur
En s'escriant d'une horrible clameur,
Telle (pour vray) que la façon tolere
D'un tel Cyclops entrant en sa cholere.
Disant ainsi force ne me vault rien,
Si ie ne romps l'accord venerien
Entre vous deulx, vostre amour coustumiere
Ores prendra sa plaisance derniere.
De ceste voix que sa gorge entonna
Il fit trembler horriblement Etna,
Dont estonnée, & de crainte esperdue,
En la prochaine vnde me suis rendue.
Acis adonc en fuyte s'estoit mys,
Et en fuyant disoit, o mes amys,
Et chers parents, o Galathée aussi
Secourez moy en ce danger icy,
Et receuez en voz fleuues & lacs
Celluy, que mort vient surprendre en ses laqs.
Cyclops le suyt, & du mont arrachée
Vne partie a contre luy laschée,
Et nonobstant que d'vn petit quartier
Il l'eust atteinct, le brisa tout entier.
Lors nous voyants sa mort infortunée,
Ce que souffroit fatale destinée
Fismes pour luy, si qu'auec nous il fust,
Et deité dedans les eaux receust.
Le sang vermeil de la roche est yssant,
Puis tout subit est euanouissant:
L'eau apparoist premierement troublée
Puis

Le xiij. liure dela

Acis mué en fleuue de son nom.

Puis nette & pure en son cours assemblée
La roche s'ouure, & fentes apparoissent
Par ou rouseaux lôgs & droicts soubdain croissēt.
L'unde faict bruict, de la concauité
De ceste roche est grand bruict escouté,
Et, ce qui est chose estrange tenue,
Vn iouuenceau ayant teste cornue
Iusques au ventre apparut dedans l'eau,
Le chef couuert de maint ployé rouseau,
Representant Acis de pourtraicture,
Fors quil estoit de plus grande stature
Que ne fut onc Acis, & dauantage
De cestuy cy estoit bleu le visage.
C'estoit Acis, mais fleuue deuenu,
Qui ce nom la tousiours a retenu.
  Galathea sa parolle finie
Nage en la Mer auec sa compagnie,
Scylla n'ha pas vn si grand auantage,
Ains toute nue elle court au riuage.

Du Dieu Glaucus qui deuint amoureux de la vierge Scylla, et commēt ledict Glaucus fut faict Dieu marin.

Puis trauaillée elle se plonge & gette
Et l'eau qui est separée & secrete,
Pour a son corps & membres qui sont las
Ainsi donner refrigere & soulas.
Glaucus ayant pres le port d'Antedon
Mué figure humaine par le don
Des Dieux marins, vn iour passoit par la
Ou se baignoit ceste belle Scylla,
Sa grand beaulté par amour le tormente,
Dont il se mect en peine vehemente
De luy tenir maint propos gracieux,

Et ce

Metamorphose d'Ouide.

Et ce quil croit qui luy proffite mieulx
Pour arrester la vierge espouuentée
Qui en fuyant de luy s'est absentée.
Mais sur vn mont prochain se retira,
Et en ce lieu sublime s'asseura,
De la perruque elle s'esbahyssoit
Qui de Glaucus les espaules passoit,
De sa couleur s'esmerueilloit aussi,
Et ce qui tant l'espouuentoit ainsi,
C'est qu'il auoit queue courbe & esmeüe
Dun grand poisson qui en l'eau se remue,
Ne sçait si Monstre elle doibt le nommer,
Ou Dieu regnant en la profonde Mer.
Glaucus voyant que Scylla s'esmerueille,
Contre vn rocher s'appuye, & s'appareille
D'ainsi parler: vierge ie te promects
Que ne suis Monstre, & ne le fus iamais,
Ains Dieu marin, & de telle puissance,
Qu'a Protheus ne doy obeissance.
Et Palemon, & Triton renommez,
En Mer ne sont plus grand que moy nommez.
Et neantmoins auparauant i'estoys
Homme mortel, & lors m'excercitoys
A tendre retz, ou auec hameçons
Dedans la Mer surprendre les poissons.
I'entray vn iour en vn pré verdoyant
Que la Mer est d'une part coustoyant,
Et d'autre part est circuit d'herbage
Qui n'auoient onc les brebis faict dommage

E   Et eus

Et ou n'eſtoient encores point venus
Pour paſturer chieures, ne beufz cornus,
Mouſches a miel pour les fleurs amaſſer
On n'auoit veu en ce lieu verd paſſer,
Fleur ny auoit onc eſté arrachée
Encores moins nouuelle herbe faulchée,
Et de chappeaux de fleurs en ce lieu nées
N'auoient eſté teſtes enuironnées:
Et ſuis certain que ie fus le premier
Qui meit les piedz au lieu non couſtumier.
Donc en ce lieu de fertile verdure
Sechant mes retz, ie m'aſſis en grand cure,
Ou ie comptoys tous mes poiſſons par ordre
Tant ceulx qui ont hameçons oſé mordre,
Que ceulx auſſi que fortune auoit mys
En mes filez, quand ie les eus admis,
(Pourquoy ſeroit la choſe par moy fainčte?)
Et que par eux ceſte herbe fut attainčte
Soubdainement ilz deuindrent mobiles,
Et deſſus terre ainſi qu'en Mer agiles.
Quand ie m'arreſte, & que mon œil ſe range
A contempler la choſe ſi eſtrange,
Dedans la Mer tous d'un flot ſont entrez,
Laiſſants leur maiſtre, & filez rencontrez.
Ie m'esbahys, & doubte longuement
Que ce peult eſtre, ou ſi certainement
Le gouſt de l'herbe, ou quelque Dieu faiſoit
Ce cas icy, qui tant m'esbahiſſoit:
Si te diray de ceſte herbe la force,

Metamorphose d'Ouide.

I'en pris adonc, d'en gouster ie m'esforce,
A peine estoit en ma gorge venu
Le goust de l'herbe encores incongneu,
Que tout soubdain a trembler ie me pris,
D'autre nature amoureux & espris.
Ie ne puis plus en Terre m'arrester,
En Mer me plonge, & y veulx habiter,
Les Dieux marins (qui tel m'ont apperceu)
M'ont auec eux en grand honneur receu,
Et pour m'oster les parties mortelles,
Et iouyssant rendre des immortelles,
Ie fus au Dieu Neptune presenté
Et a Thetis, & fut sur moy chanté
Neuf foys vn charme, ayant ceste efficace
Qu'il purgoit l'homme en sa mortelle face.
Mes membres sont en cent fleuues plongez,
De toutes parts fleuues se sont rangez
Pour me purger, bref sur moy se rengea
Toute la Mer, & ainsi me purgea.
Quoy accompli, autre ie m'apperçoy,
Nouueau vouloir, nouueau corps ie reçoy.
Ie ne pourroys te compter autre chose
Au nouueau corps diuinement enclose,
Fors que ie vy ma face estre couuerte
Incontinent d'une grand barbe verte,
Puis i'eus les crins par tout le corps espars
Qui sont traynez par Mer de toutes parts.
Mes bras ont heu la couleur azurée,
Espaules ont grandeur desmesurée.

Thetis Deesse de mer mere d'Achilles.

E ij   Et le

Le xiiij. liure de la

Et le surplus en poisson se transforme,
Mais que me sert alleguer ceste forme,
Ou l'amytié des Dieux marins auoir?
Et estre Dieu en vn mesme pouuoir,
Si le propos que ie te dy de bouche,
Ne t'amollist, & au cueur ne te touche?
De tous ces dicts que Glaucus resonnoit
Scylla oyant compte aucun ne tenoit.
Ains le laissa plein de fureur & rage
Voulant encor prolonger son langage,
Qui grandement du refus offensé
Print son chemin au manoir de Circé.
Du clair Titan la fille bien aymée
Dont la maison estoit toute charmée.

Circé fille de Titan pour le Soleil.

Fin du xiij. liure de la Metamorphose d'Ouide.

Le xiiii. Liure de la Metamorphose d'Ouide.

DEsia Glaucus le mont Etna paſ-
ſoit
Qui du Geant le chef hydeux
preſſoit
Et de ſes bras le fil de l'eau tren-
chant
Deſia paſſoit des Cyclopes les champs,
Auſquelz l'Ereau idoine a la charue,
Le Soc auſſi, dont la Terre eſt ſerue,
Eſt incogneu, voire l'art & vſage
De ioindre beufz au ioug du labourage.
Ce Dieu marin paſſant ces lieux ainſi
Droict de zanclé liſle paſſoit auſſi,
Et Rhegium de zancle non diſioinct
Sinon quil eſt a l'oppoſite ioinct.
Puis il paſſa le dangereux naufrage
De celle Mer, dont le double riuage
De l'Italie en iuſte portion
Et de Sicile eſt ſeparation.
Ainſi Glaucus de ſa main grande & forte
Nageant en Mer a Circé ſe tranſporte
Qui du Soleil ſplendiſſant eſtoit née,
De mainte beſte eſtoit enuironnée
Ceſte maiſon, qui ioincte aux Monts eſtoit,
Chaſcun deſquelz pluſieurs herbes portoit

Lors E iij

Le xiiij. liure de la

Lors a Circé(qu'honnesteté prouoque
Rendre à Glaucus le salut reciproque)
Glaucus a dict:O tres noble Déesse
Pren a pitié Cil qui vers toy s'addresse,
Car tu peulx seule allegement donner
Au feu d'amours, qui me vient estonner,
Et combien vault par herbes ta puissance,
Nul mieulx que moy n'en ha la congnoissance
Herbes ont peu(pour mieulx t'en aduertir)
D'homme mortel en Dieu me conuertir.
Affin que donc ne te soit incongneue
Ceste fureur a mon cueur aduenue,
N'a pas long temps pres dun port d'Italie
Ie vy Scylla vierge cointe & iolie,
De te compter mes promesses iay honte,
Et doulx propos dont elle ne tint compte,
Si te supply ou par ta voix charmée,
Que pour m'aymer elle soit enflammée,
Ou si quelque herbe est de plus grand vertu,
Fay que son cueur soit par herbe abbatu.
A celle fin qu'a m'aymer conuertie
De ma chaleur elle ait vne partie.

A son propos Glaucus mys fin auoit
Qui de Circé le desir esmouuoit,
Car il ny a point de plus viue flamme
Que tel propos, pour rauir vne femme,
Ou si telz dictz enflamment sa pensée,
Ou si venus l'astrainct comme offensée
Du pere sien, qui ses amours couuertes
Auecques Mars, iadis a descouuertes.
Circé sentant le feu qui en tout poinct

Metamorphose d'Ouide.

Pour la beaulté du Dieu Glaucus la poinct,
Luy dict, amy a plus grand heur viendroys
Quand amoureux de moy tu deuiendroys.
Car ie seroys de mesme amour estrainste
Pour t'obeir d'amoureuse contrainne.
Certainement par ta beaulté insigne
D'estre prié par Scylla estoys digne,
Et si tu as bonne esperance en moy,
Elle viendra langoureuse apres toy,
N'en doubte point, & metz ferme fiance
En ta beaulté meritant iouyssance,
Mais de ma part qui noble fille suis
Du clair Soleil, ton amour ie poursuys
Et veu que i'ay par charmes tant de force
Et par mainte herbe ou mon los se renforce
Fuy celle la qui te fuyt, & desprise
Ta volunte de son amour esprise
Et a Circé cherchant ton amytié
Octroy le don d'amoureuse pitié.
Ou par vn faict & mesme diligence
Pren d'elle & moy raisonnable vengence.
Ha (dist Glaucus) ton dire m'est amer,
Certes plus tost en l'escumante Mer
Rameaux auec vertes feuilles croistront,
Ee sur haults monts herbes de Mer naistront,
Que mes desirs changent ceste amour la
Pendant le cours de la belle Scylla.
De tel propos Circé fut irritée,
Mais contre vn Dieu luy est vengence ostée,
Et quand encor la puissance elle auroit

E iiij   De

Le xiiij. liure de la

De s'en venger, amour l'en garderoit,
Mais seulement elle est rude & irée
Contre Scylla, qui luy est preferée,
Ayant ainsi le cueur triste & confus
Du souuenir de si honteux refus,
Soubdainnement par magique scauoir
Pila des ius tres horribles a voir,
Aux ius brisez des charmes elle mesle,
Et Hecaté a son secours appelle:
Puis d'habit bleu elle se va vestir,
Maints animaulx la suyuent au partir
Qui luy leschoient son habit en la Sale.
D'ou elle part, de la subit deualle
Iusques aux murs de Rhegium, qui contre
L'isle Zanclé est d'une belle monstre.
Lors elle entra dedans l'unde sallée
Qui chaulde estoit pour la saison halée
Ou elle marche aussi legerement
Qu'on faict sur terre, & aussi seurement,
Et en courant ainsi sur la claire unde,
Son pied est sec comme en la Terre ronde.
Vn petit gourt estoit en ces eaux la,
Repos plaisant a la vierge Scylla,
Auquel son corps net, chaste, & sans ordure
Elle baignoit, lors que la chaleur dure
De Mer & Ciel, & que Phebus luysant
Par le milieu du monde est trop cuysant,
Et que lon voit petite vmbre derriere
La grand ardeur de sa chaulde lumiere,
Empoisonné ce lac fut par Circé,

D'aigre

Metamorphose d'Ouide.

D'aigre poyson longuement excercé,
Puis elle gette en l'eau de toutes parts
Mainte racine auec venins espars,
Et par troys foys neuf foys elle s'aplique
De prononcer de sa bouche magique
Vn charme obscur, troublant l'eau pure & belle.
A l'impourueu vient Scylla la pucelle,
Et ia en l'eau descend a demy ventre
Quand elle voit maint chien cruel qui entre
Dedans son corps, & mord en aboyant,
Scylla soubdain qui pas ne va croyant
Ces Monstres la, qui sont conioincts a elle,
Estre vne part de sa masse charnelle,
Les chasse & fuyt en merueilleuse crainte
D'estre des dents de ces Monstres attainte,
Mais ces chiens la que fuyr elle desyre
Auec son corps elle porte & attire,
En chiens felons elle sent conuerties,
De cuisses, piedz, & genoux les parties,
Desquelz on voit la teste par dehors,
Et du derriere est tout enflé son corps,
Et a ces chiens apparente est la rage.
Glaucus voyant de Circé le courage
Trop inhumain, amerement plora,
Et de l'amour d'elle se retira,
En despitant des herbes la puissance
Qui a Scylla ont faict telle nuysance.
Scylla demeure au lieu d'infection
Ou elle a pris telle mutation:
Puis recordant de Circé les exces,

La vierge Scylla muée de la moytié de son corps en chiens aboyants.

De

Le xiiij. liure de la

De compagnons elle priue Vlysses,
Voyre elle eust peu par les cruaultez siennes
Entierement perdre les naufz Troyennes
Si elle neust en changeant de figure,

Scylla de-
puis mu-
ée en ro-
cher.

Esté rocher massif de pierre dure.
Encor voit on auiourdhuy ce rocher
Dont les Nochers craignent fort d'approcher.
Donc quand Troyens par le vent qui le souffre
Eurent passé ce rocher, & le gouffre
De Charibdis, & que le grand orage

La venue
d'Eneas
à Cartha
ge, & la
mort de
Dido.

Les eut gettez d'Italie a Carthage,
La Eneas de Dido apperceu
Maistre & seigneur en ses biens est receu
Mais ignorante elle estoit du depart
De tel mary, qui tend en autre part.
Puis en vn feu dessoubs sainct sacrifice
(Le mortel glaiue exerceant son office,)
Elle se gette, ainsi morte apperceue
Deceut les siens par vn autre deceue.
Enée adonc pour s'en aller s'embarque,
Et sans cesser en sa memoire il marque
Les nouueaux murs de la Terre ou il va,
Mais lors vn vent contraire s'eleua
Qui iusq aux lieux du mont Erix le meine,
Ou Acestes fidele ha son dommaine.
La feist l'obseque & sacrifice beau,
Pour honnorer le paternel tumbeau
Puis repara d'agilité legiere
Ses nefz, qu'Iris de Iuno messagiere
Par feu ardant de perdre s'esforcea,

Quoy

Metamorphose d'Ouide.

Quoy accompli, le regne il delaissa
D'Hippotades, & terres ou maint gouffre
Getter fumée on voit de bouillant souffre,
Puis euita les rochers des Seraines,
Qui ont les voix trop doulces & seraines,
Ou de sa nef le gouuerneur perdu,
Eneas fust triste & dolent rendu.
Puis Inarime, & Prochyte il passa,
Et Pythecuse ou son œil s'adressa
Pource qu'elle est en montagne inutile,
Et de tous biens incapable & sterile,
Et ha tel nom des habitants du lieu.
Car Iuppiter le plus souuerain Dieu
Congneut iadis que les Cercopiens
Estoient remplis de frauduleux moyens,
Et que leur langue estoit faulse & periure,
Dont offensé de leur crime & iniure,
Il les priua de leurs humaines formes,
Et les mua en vieulx Simges diformes
Que nous voyons aux hommes dissemblables,
Mais du regard, aucunement semblables.
D'eux tellement Iuppiter se vengea,
Que tout le corps humain leur abregea,
Puis pour plus fort diformer leurs museaux
Il rend camus, loing du front, leurs naseaux,
Y apposant mainte ride qui touche,
Et est grauée a lentour de leur bouche,
Puis les transmeit, couuerts de poil grison,
En ces lieux la, pour leur grand mesprison,
En leur ostant premierement l'usage

Les Cercopiens muez en Simges.

De la

Le xiiij. liure de la

De la parolle, & periuré language,
Fors seulement qu'il leur est demourée
Certaine voix plainctiue & enrouée.
  Quand Eneas le chemin eut couppé
Des lieux susdicts, il voit Parthenopé
Laquelle il passe, & laisse a la main dextre,
Et l'apparent tumbeau a la senestre,
Ou Missenus Trompete de hault pris
Fut enterré, lors que la Mort l'eut pris.
Puis vint au port de Cumes par les vndes,
Lors il entra aux cauernes profondes
De la Sibylle, & la prye humblement
Le faire voir l'infernal monument,
Pour contempler de son cher pere l'umbre.
Lors elle fut longuement sans respondre,
Baissant le chef qu'apres elle eleua,
Et a Enée ainsi dire elle va.
Homme puissant dont la bonté prouuée
Par glaiue, & feu a esté esprouuée.
Ce que tu quiers est grand & difficile,
Adioustant foy, pourtant a la Sibylle,
Asseure toy, que par moy iouyras
Du don requis, & ton pere verras,
Semblablement les beaulx champs Elisées.

Le voya-
ge d'E-
neas aux
Enfers.

Lieux, & maisons aux enfers diuisées,
Ou tu sçauras mainte chose future
Par Anchises, dont tu es geniture.
Doncques suy moy, tout chemin est batu,
Et fort aisé a l'homme de vertu.
Ainsi disant la Sibylle luy monstre
                              Le rameau

Metamorphose d'Ouide.

Le rameau d'or qui est en belle monstre,
Dedans le boys de Iuno infernalle:
Lors de son tronc Eneas le deualle,
Obeissant a tout l'enseignement
De la Sibylle, & vid entierement
La region d'Enfer espouuentable,
Et ses ayeuls, & l'ame delectable
Du pere sien, duquel il sceut les choses
En sa fortune & aduenture encloses,
Et en combien de guerres & dangers
Il iouyra des Regnes estrangers.
Le congé pris, laissant le lac terrible
Passe Eneas par vn chemin horrible,
Dont pour donner allegence & soulas
A son esprit, & a ses membres las.
Dict a sa guide en propos gracieux.
Quiquonques soys ou Déesse des Cieulx,
Ou bien aux Dieux plaisante & agreable,
Toursiours seras comme vn Dieu honnorable
En mon endroict, & ne perdray l'enuye
Tenir de toy mon salut & ma vie,
Veu que m'as faict voir les lieux de la Mort.
Et eschapper de la sans estre mort.
Pour ces bienffaicts ie te promectz & iure
Que moy venu en Terre ferme & dure
I'ordonneray Temple, Encens, & Autelz
Pour celebrer tes honneurs immortelz.
En souspirant Enée elle regarde,
Puis luy va dire: helas mon cueur n'a garde
De soubheter Encens, Autel, ne Temple
Ou les

Ou les honneurs des haults Dieux on contemple.
Mortelle suis, donc immortel honneur
M'attribuer, ce seroit deshonneur,
Ie le te dy, affin que n'erres point
En me donnant l'honneur qui ne me poingt.
Il est bien vray que Phebus par largesse
M'eust octroyé eternelle ieunesse,
Si par simplesse & grand fragilité
Il eust heu don de ma virginité.
Mais ce pendant quil desyre de rompre
Ma resistence, & par dons me corrompre,
Demande moy (dist il) vierge Cumeé
Chose, la plus en ton cueur imprimée,
Tu ne fauldras a l'obtenir de moy,
Oyant ces dicts, ie fus lors en esmoy
Di recueillir ma main pleine de sable,
Luy demandant la vie autant dourable
De nombre d'ans, comme de grains i'auoys,
Quant a ce poinct, il accorde a ma voix,
Et lors m'aduint que ie luy feis demande
De retourner en ma ieunesse grande,
Sans qu'elle fust en aucun temps oultrée,
Et eusse lors ma demande impetrée
Si pour du los virginal diuertir
Ieusse voulu a son veuil consentir,
Dont mesprisant l'offre du don dernier,
Vierge demeure auec le don premier,
Mais ia passée est ma ieunesse tendre,
Vieillesse vient aigrement me surprendre
Qu'il me conuient bien longuement souffrir.

Car

Le Dieu Pheb' amoureux de la Sibylle Cumée.

Metamorphose d'Ouide.

Car par l'octroy que me daigna offrir
Le Dieu Phebus, mes membres fort lassez,
Ont faict le cours de sept siecles passez,
Encor me fault (pour le nombre remplir
De ce grauier)troys cens ans accomplir,
Ce sera lors ma fin qui aduiendra
Et que mon corps si caduc deuiendra,
Qu'on ne croira en aucun temps & lieu
Que ma beaulté ait peu plaire a vn Dieu.
Mesmes Phebus ne congnoistra(peut estre)
Quelle ie suis, ou s'il me peult congnoistre
Voyant ainsi ma beaulté consumée
Point ne dira qu'il m'a iadis aymée,
Tant ie seray d'estrange changement:
Et ne seray congneue aucunement   La Sibyl-
Fors de la voix qui de l'octroy des Dieux, le mucé
Me demourra en ces oracles vieulx. en voix.

 Tous ces propos de la Sibylle compta
A Eneas, qui d'elle s'absenta,
En Boetie adoncques il s'aduance
Ou le seiour le mect en allegence,
Et la apres maint louable excercice
Lieu de sepulchre il donne a sa Nourrice
Et ayant faict l'obseque accoustumé
Du nom d'icelle il a le port nommé,
Lors qu'Eneas seiournoit en la riue
Dicte dessus Macareus arriue,
Des compagnons d'Vlysses, qui d'auide
Et ardent œil, regarde Achemenide
Son compagnon de Grece, & amy cher.

       Mais

Le xiiij. liure de la

Mais esgaré nagueres au rocher
Du mont sublime & merueilleux Etna
Et de le voir vluant il s'estonna
Dedans la nef du trespuissant Enée
Prince de Troye en flamme ruinée.
Si luy a dict, quelle fortune, ou Dieu
Ores t'a mys sans danger en ce lieu?
A quoy tient que fortune te range
Aux flots marins dedans nauire estrange.

Le cõpte d'Achemenide a son cõpagnon Macareº de la cruaulté du Geãt Poliphemº, duquel il estoit eschappé.

Achemenide? ou en quel Pays est ce
Que vostre nef ores prent son addresse?
Acheménide oyant ces dicts alors,
Vne toyson n'auoyt plus sur le corps,
Ne le collier de poignantes espines,
Et prononcea ces parolles benignes.
Encor vn coup (dist il) malheur me meins
A ce Cyclops de nature inhumaine,
Pour voir encor d'appetit inhumain
Son villain corps paistre de sang humain,
Si d'Eneas l'amour inestimable
Ne m'est autant, voire plus venerable
Que d'Vlysses, & si mon cueur n'espere
Luy faire autant d'honneur comme a mon pere,
Macareus, ie te iure & promes
Que ie ne puis satisfaire iamais
A ses biensfaicts, & merites, combien
Qu'abandonné luy eusse tout mon bien.
Las ie luy suis debteur de la parolle,
Par luy i'ay vie, & par luy me console,
Par luy ie voy le Ciel hault & serain,

Metamorphose d'Ouide.

Et la clairté du Soleil souuerain
Pourrois ie donc mettre par ignorance
Tous ses bienffaicts en ingrate oubliance?
Certes il est le moyen que ma vie
N'a point esté par ce Cyclops rauie,
Et quand l'esprit se desassemblera
D'auec le corps, point il n'en tremblera,
Trop plus heureux d'honneste sepulture
Qu'au ventre grand du Monstre estre pasture,
Et si ma peur à vostre partement
Ne m'a osté sens & entendement,
Il me souuient que voz naufz apprestées
Et ia sur Mer par les vents agitées,
Ie proposay lors de vous appeller,
Pour auec vous en seurté m'en aller,
Mais i'eus grand peur si appellez vous eusse,
Que par ma voix accusé ie ne fusse.
Mesmes le cry de vous autres fut tel,
Qu'à Vlysses cuyda estre mortel:
Car ce Cyclos d'un mont lors arracha
Vn grand rocher qu'à pres vous il lascha,
Et de rechef ie le vy rudement,
Plus que d'efforts d'un bellique torment,
Vous assaillir de grands pierres poysantes,
En efforceant ses bras, & mains puissantes,
Craignant voz nefz voir de pierre cassées,
Ou des grands flots, qu'il faisoit, enfonsées.
Estant de peur autant sollicité,
Que si sur Mer auec vous i'eusse esté.
Puys quand la fuyte en liberté vous meit,

Le xiiij. liure de la

Ce fier Cyclops au mont Etna gemit,
Ou le chemin par ses mains est cherché,
Pource quil a son grand oeil arraché,
Puis estandant ses deux bras vers les Indes
Du sang humain tous souillez, & immundes
Incessamment les Grecz il despitoit
Et ces propos de l'estomac gettoit.
O si fortune ha vers moy tel acces
De ramener en mes mains Vlysses,
Ou l'un des siens que ma main puisse eslire,
I'appaiseray ma fureur, & mon ire,
Et de mon oeil arraché non records,
Ie mangeray entrailles de son corps.
En descirant de ma main violente
Ses membres vifz, & chair sanguinolente,
Et de son sang si souuent ie buray
Que mon gosier large i'arrouseray,
Faisant sonner soubs ma dent aguisée
Sa viue chair auec les os brisée.
Polyphemus cruel, & plein de rage
Disoit ces mots, voire bien dauantage,
Et ie pauuret trembloys de grand horreur,
Le regardant en son ire & fureur,
Voyant sa face, & ses bras inhumains
Tachez de sang, & ses cruelles mains,
Sa barbe aussi par luy souuent mouillée.
Du sang humain estoit toute souillée,
Et le grand cerne ou iadis l'oeil estoit
Ruisseaux de sang encores degouttoit,
Certes la Mort estoit pres de mes yeulx,

Mais

Metamorphose d'Ouide.

Mais tel danger ne m'estoit ennuyeux,
Ie ne faisoys sinon que l'heure attendre
Que ce Cyclops me vint saisir & prendre.
Et me souuient de ce temps malheureux,
Que ce Geant enorme, & rigoureux
Vint a ses piedz cruellement abbatre
Mes compagnons, par troys foys, voire quatre.
Ou i'apperçeu ce Monstre perilleux,
Comme vn Lion seuere, & orguilleux
Les desmembrer, des os casser la moille,
Et mettre tout en sa pance cruelle,
I'eus peur alors & la peur que i'auoys,
Me feit fuyr, le sang, le cueur, & voix.
Las i'auys bien cause d'ainsi fremir,
Quand ie le vy chair humaine vomir,
Et les morceaux que ce Monstre farouche
Meslez de vin vomissoit de sa bouche.
Aduis m'estoit par semblable remord
Que ie debuois mourir de mesme mort,
Et par maints iours me cachant en la Roche
Ores craignoys la Mort qui m'estoit proche,
Ores i'auoys volunté de mourir,
Puis pour le corps affamé secourir,
De gland, & herbe auec feuilles meslée
Ma faim cruelle estoit vn peu saoullée,
Bref i'estoys seul, affligé miserable,
Laissé au ioug de la Mort redoubtable.
Long temps apres ie voy la Nef insigne
Des preux Troyans, & de loing leur fais signe
Courant vers eux au riues de la Mer.

Lors Eneas qui point ne fut amer
Comme tu voys, du danger me retire,
Et me reçoit, par grace, en son nauire.
Mais toy aussi, amy cher & fidele,
Ie te supply par ta voix ne me cele
De toy, du Duc, & des siens la fortune
Qui sur la Mer vous a esté commune.
Achemenide ayant compté ce cy,
Entend parler Macareus ainsi.

Le compte de Macareu compagnõ d'Achemenide, & d'Vlysses touchant leurs fortunes marines.

En Mer Touscane Eolus est regnant
De tous les vents Roy, maistre & gouuernant
Que d'Vlysses le songneux exercice
Auoit enclos par vn grand artifice
En cuir de beuf, dont par neuf iours durants
Dessus la Mer ne fusmes endurants
Aucun orage, & approchions bel erre
Du doulx regard de naturelle terre,
Mais les aucuns de nostre compagnie
Par l'aguillon d'auarice infinie,
Dessus le poinct que la claire Aurora
Par tout le monde espandu le iour a,
Furent esmeus de sçauoir & congnoistre
Ce qui enclos dans le cuir pouuoit estre,
Et presumants l'or y estre caché
Ont le lien de ce cuyr destaché,
Adonc les vents qui a leur gré nous menent,
Vers Eolus encores nous ramenent,
Dont eschappez, par vent prompt & agile
Nous arriuons a l'ancienne ville,
De lestrigone, ou regnoit le Tyrant

Ansi-

Metamorphose d'Ouide.

Antiphates, les hommes martyrant,
Car quand ie fus par deuers luy transmis
Accompagné de deux a ce commis,
A peine peu moy & l'un de nous troys
De mort cruelle euiter les destroicts,
Quant est du tiers: de sa chair lors atteincte
Iusques au sang, l'Estrigonne fut teincte,
Antiphates fort cruel, & hideux
Court apres nous, qui n'estions plus que deux,
En amassant ses gents en multitude
Qui nous gettoient pierres en promptitude,
Busches aussi, faisants mourir maints hommes,
Et enforser plusieurs Nefz, ou nous sommes,
Sinon la nef d'Vlysses seulement
Qui eschappa ce dur encombrement.
Mais ce ne fut sans gemir, & nous plaindre
De noz amys, que mort a sceu estaindre.
Et en faisant noz complainctes haultaines
Nous arriuons en ces isles loingtaines
Qu'ores tu voys, & que ie voy de loing.
De loing les voir, las, il m'est bien besoing,
Car de trop pres ont detenu mes yeulx,
Et toy Enée au renom glorieux.
(Lequel ie puis appeller vray amy
Puis que l'effort de Mars est endormy)
Euite, helas, ceste isle malheureuse,
Lieu de Circé, Deesse dangereuse.
Car en ce lieu Vlysses noble & sage
Nous commandant d'aller faire vn message,
Trouuoit en nous froyde execution,

Le xiiij. liure de la

Rememorants la persecution
D'Antiphates, & le cruel courage
Du fier Cyclops, qui nous feit tant d'oultrage,
Adonc le sort fut dessus nous getté
Pour y aller, desquelz l'un i'ay esté,
Et auec moy Polites, Euryloque,
Et Elpenor, que nature prouoque
De boire trop, & dixhuict de noz gents
Qui d'y aller furent tous diligents.

La description du palais de la Déesse Circé.

Quand de Circé nous fusmes a la porte
Vn grand troupeau deuers nous se transporté
D'Ours, & Lions, d'espouuentables loups,
A l'arriuer peur nous feirent a tous.
Mais Ours, Lion, ne loup n'estoit a craindre,
Et nul d'iceux ne vouloit nous attaindre.
Voire & en l'Air leurs queues escartoient
Et en suyuant pas a pas nous flattoient
Iusques a tant qu'en grand troupe deualle
Mainte seruante, & nous meine en la Salle
Qui riche estoit du marbre precieux.
Lors vers Circé nous dressames les yeulx.
Sur vn hault siege en graue port assise,
Vestue estoit de robe tres exquise.
Et ce qui plus luy donne lustre encor,
L'ouurage exquis de dessus n'estoit qu'or.
Tout a lentour les Nereides sont,
Nymphes aussi, qui l'office ne font
De desmesler de leurs doigts fil, ou laine,
Ains de cueillir maintes fleurs en la Plaine,
Puis en paniers mettent, d'ordre, les fleurs,

Herbes

Metamorphose d'Ouide.

Herbes aussi de diuerses couleurs,
Qué finement elles sçauent eslire.
Circé, qui ha dessus elles l'empire,
Diligemment s'enquiert de tout leur faict,
Et à quoy tend de toute herbe l'essaict,
Quelle feuille ha, ou force l'herbe iointte
Aux autres fleurs, ou d'icelles disiointte.
Puis elle en faict l'essay & bonne preuue
Et la vertu des herbes elle espreuue.
Quand elle eut mys dessus nous son regard
Ayant de nous, & nous d'elle vn Dieu gard,
En nous monstrant vn gracieux visage,
Incontinent elle appreste vn bruuage
D'orge & de miel, & vin meslé ensemble,
Auec cela du laict caillé assemble,
Puis elle meit auec telle doulceur
Des ius broyez, horribles, pour le seur,
Car aussi tost que de soif qui nous presse
Beu le breuuage eusmes de la Déesse,
Apres qu'elle eut d'vne verge a ses vœux
Touché le lieu plus hault de noz cheueux.
Qu'aduint il lors? de le dire i'ay honte,
Et toutefoys ie t'en feray le compte.
De soye & poil fut tout velu mon corps,
Cuydant parler, & me complaindre alors
Ie perds la voix, & ne m'est demouré
Qu'vn petit cry grongnant & enroué
Et tant me feit ce bruuage de guerre
Qu'en abaissant mon regard contre terre,
Ie sens ma face humaine fort esmeue

F. iiij   Qui

Les compagnons d'vlysses muez en porceaux par Circe.

Qui en vn groin tout courbe se transmue.
Mon col s'enfla, chasque main pied deuient
Bref d'un porceau la figure me vient.
Puis on m'enferme ainsi laid & disforme
Auec noz gents, qui ont semblable forme.
Eurylochus eschappa seulement
Qui refusa de boyre, & promptement
Se meit en fuyte, & me doibt on bien croyre,
Que si gardé il ne se fust de boire
Encor fussions ensemble en vn monceau
Ayants la forme entiere d'un porceau,
Et de ce grand, & malheureux exces
Ne fust encor aduerti Vlysses,
A qui Mercure offrit de main diuine
Vne fleur blanche ayant noire racine,
Et s'appelloit Moly ceste fleur la.
Donc Vlysses seur de la fleur quil ha,
Et aduerti d'instruction celeste
Deuers Circé n'eut le chemin moleste
Ou paruenu, ainsi qu'elle s'efforce
A excercer du bruuage la force,
Et de frapper de sa verge son chef,
Luy bien armé encontre tel meschef
Tire l'espée, & luy faict telle crainte
Que d'obeyr en tout elle est contrainte.
Puis foy entre eux mutuelle donnée
Pour volupté amoureuse ordonnée
Bien doulcement le reçoit en son lict
Qui pour loyer de l'amoureux delict,
Requis luy a qu'art magique abbatue

En corps

Metamorphose d'Ouide.

En corps humains elle nous restitue
Elle gettant vn ius d'herbe incongneu
Sur nostre corps en porceau deuenu,
Sur nostre chef de sa verge frappa
A contrepoil, puis vn charme vsurpa
Tout different, du premier, & estrange.
Tant plus son charme en parlant elle change,
Tant plus noz yeulx de la terre eleuons,
Le poil dressé dessus nous plus n'auons,
Noz piedz petits & en deux parts fendus
En leur façon premiere sont rendus,
En leur estat noz espaules deuiennent,
Et les deux bras en leur forme reuiennent.
Chascun de nous alors se retiroit
Au col du Duc, qui comme nous ploroit,
Et autres mots ne sceumes dire ainsi
En l'embrassant, sinon que grand mercy.
En ce lieu la auquel Circé demeure
Vn an entier fismes nostre demeure,
Et ce pendant beaucoup de cas ie vi,
Et de les voir fus grandement raui,
Et entre tous de bons & ardents zeles
Me feit vn compte vne des Damoyselles
Qui de son art a cela bien propice
Faict à Circé agreable seruice.
Ce compte la i'ouy songneusement,
Quand Vlysses parloit secretement
Auec Circé: amy (ce me dist elle)
Ne voys tu pas ceste figure belle
En marbre blanc? adonc elle me monstre

Le recouurement de forme humaine par les compagnons d'Vlisses

Le Roy

Le xiiij. liure de la

Le Roy Picus depainct en belle Monstre
Au temple sainct, i'apperceu vn Roy
Bien entaillé au marbre que ie voy.
En demandant pourquoy mainte couronne
Le Roy susdict noblement enuironne,
Quel est son nom, pourquoy au temple sacre,
Portant oyseaux, on l'honnore & consacre.
Macareus (dist elle) escoute donc
Ce que ie veulx te racompter adonc,
Et par mes dicts, & comptes te souuienne
De quel pouuoir est la maistresse mienne.

Picᵘˢ roy d'Ausonne filz de Saturne.

 Iadis Picus en Ausonne regnoit
Que de Saturne estre filz on tenoit,
Tres curieux de furieusement
Piquer cheuaulx, & glorieusement,
Remply de grace, & de beaulté semblable,
Que nous voyons au poutraict honnorable,
Noble & puissant, & de cueur aussi hault
Comme il ny eut en sa beaulté default,
Ieune, dispos, hardy en faicts, & dicts,
N'ayant encor des ans que deux foys dix,
Sa beaulté plaist aux Dryades benignes
Qui ont naissance aux montaignes Latines,
Aussi l'aymoient los Naiades haultaines,
Nymphes qui sont aux Sources & Fontaines,
Nymphes aussi du Tybre tost coulant,
Et du Numic, & du Nar violant,
Du fleuue Almo, du doulx fleuue Farfare,
Et Anies, pour sa beaulté bien rare
Aymoient Picus, & mainte autre aduertie

Metamorphose d'Ouide.

Suyuant Diane en l'estang de Scythie.
Celles aussi d'autres fleuues & lacs
Pour sa beaulté amour teint en ses laqs.
Et neantmoins vaine est leur entreprise,
Seule luy plaist Canens, qui seul le prise
Qui de l'amour de tout autre desioincte
Fut a Picus par mariage ioincte,
De Ianus fille, & de Venilia
Canens estoit, & bien plus il y a,
Car en naissant au beau mont Palatin
Eut si grand bruit, par le regne Latin,
De bien chanter, que sa beaulté tres grande,
Tant que sa voix, son los ne recommande.
Et de sa voix que tant on renomma,
De bien chanter Canens on la nomma.
Voire sa voix auoit bien tel pouuoir
Qu'elle faisoit hors de son lieu mouuoir
Roches, & boys, & lors que son chant dure
Faisoit laisser a mainte beste dure
Sa cruaulté, & alloit arrestant
Le cours de leau de maint fleuue flottant,
Et les oyseaulx volants, qui l'escoutoient
Sus les buyssons & arbres s'arrestoient.
   Adnint vn iour ainsi qu'elle resonne
Doulces chansons, de sa voix nette & bonne
Que son amy temps propice trouua
D'aller au boys de Laurence, ou il va
Chassant Sangliers, sur vn cheual monté
Braue, orgueilleux, plein de legereté
Tenant en main deux dards a poincte fine

L'excellēce de la voix de Canens fême du roy Pic'.

Son vestement estoit de Pourpre insigne
Aux bords duquel est assez apperceu
L'or pur & fin bien richement tyssu,
En la forest ou Picus se pourmeine
Nouueau desir Circé conduict & meine,
Pour recueiller mainte herbe vertueuse
Au lieux, qui ont racine plantureuse
Ou elle estant soubs arbrisseaux cachée
A veu Picus, l'herbe qu'elle a faulchée
Luy cheut des mains, & vne viue flamme
Luy vient au cueur, qui tout son corps enflamme.
Puis reprenant vn peu d'espoir & cueur
Sur Cupido, qui d'elle estoit vainqueur,
Elle ha desir de plus pres se complaindre,
Le cheual prompt l'empesche d'y attaindre,
Semblablement la grande multitude
Des gents, qui sont dessoubs la seruitude
Du Roy Picus, ha (dist elle en instant)
Ainsi n'iras de moy si loing distant,
Ou il fauldra que vent leger t'empote,
Si orendroit mon sens ne se transporte,
Ou si les fleurs, dont i'ay la congnoissance,
N'ont plus en moy de vertu, ne puissance,
On si mon charme ores ne me deçoit.
Lors elle feit que Picus apperçoit
Vn porc sanglier, mais telle pourtraicture
N'estoit sinon qu'vne faulse figure
Le sanglier court au boys espais, & large,
Et au cheual semble estre osté l'vsage
D'aller apres, voyant le chemin clos,

Metamorphose d'Ouide.

Ou le Sanglier en fuyant s'est enclos,
Parquoy subit le roy se mect à pied.
Le Sanglier est par ses dards espié,
Il suyt, il court, il pourchasse l'encombre
De ceste proye, ou pour le moins son vmbre.
Et ça & la par le boys vmbrageux
Couroit à pied le chasseur courageux.
Circé adonc ses prieres recorde,
Pour en tirer de luy misericorde,
Priant les Dieux, puis elle faict vn charme
Dont la lueur de la Lune elle charme
Quand il luy plaist, en faisant obscurcir
Le clair Soleil contrainct de se noircir,
Et de ce charme adonc espaisses nues
Enuelouper le Soleil sont venues,
Bref il sembloit du iour que ce fust nuict,
Ce qui bien fort aux gents de Picus nuict
Pour le trouuer, & du tout ignorants
O il estoit, par le boys vont errants.
En ce discours, trouuant lieu agreable
Circé luy dict de voix doulce & affable.
O Iouuenceau exquis & gracieux,
Ie te supply par tes excellents yeulx
(Par qui est mise en seruage ma veue)
Et par ta grace & beaulté bien pourueue,
Pouruoir au feu, qui a mise en soucy
Ceste déésse, & qui est tienne aussi.
Fay que mon feu par grace se tempere,
Pren le Soleil, qui tout voit, pour beaupere,
Et ne me dy par grand rigueur va t'en.

Ains

Ains daigne aymer la fille de Titan.
De ces propos prononcez par la fille
Du clair Phebus, le chaſſeur immobile
Compte ne tient, & de courroux eſpris
Quiconques ſoys(diſt il) & de quel pris,
De ton amour ie blaſme l'entrepriſe,
Car vne autre ha de mon amour la priſe,
Et pry au Dieux que l'amour ou ie tends
Entre elle & moy ne meure de long temps
Car ie ne veux d'adultere & delict
D'amants loyaulx contaminer le lict,
Tant que Canens du Dieu Ianus yſſue
Sera viuante a mes yeulx apperceue,
Circé reçoit, par ce contemnement,
Dedans ſon cueur vn merueilleux torment,
Reiterant vers luy mainte priere,
Mais elle fut du tout miſe en arriere
Dont ſon cueur eſt de cruaulté muni,
Tu n'en ſeras(ce diſt elle)impuni,
Et de Canens qui tant eſt en ta grace,
Te garderay de contempler la face,
A celle fin que tu puiſſes ſçauoir
Le deuil, que peult femme amoureuſe auoir,
Et le pouuoir qu'elle ha comme offenſée
D'eſtre en amour ſi mal recompenſée.
Ces motz finis, de deſpit euident
Se retourna deux foys vers Occident,
Et par deux foys vers l'Orient tournée
Trois charmes feit, & la teſte eſtonnée
Du Roy Picus par trois foys elle frappe

Metamorphose d'Ouide.

Qui de ses mains soubdainement eschappe,
Et esbahy, plus tost que de coustume
Se voir courir, a son corps voit la plume,
Dont courroucé de se voir de nouueau
Auoir la forme & figure d'oyseau,
De son dur bec par douleur qu'il endure
Il faict la guerre a mainte escorce dure,
Et de son bec mainte branche ramée
Par la forest souuent est entamée,
Pour tesmoigner de sa iuste douleur,
Sa plume prent du manteau la couleur
Qui rouge fut, le bord de sa vesture,
(Qui iaulne estoit d'une riche dorure)
Plume deuient, & en couleur semblable
Demeure au col du Piuert miserable,
Et a l'oyseau iadis Roy de renom
N'est rien laissé fors que le mesme nom.
Et ce pendant ses gents & domestiques
Cherchent leur Roy par les chemins obliques,
Mais en criant Picus a haulte uoix,
En vain s'espand leur clameur par les boys.
Puis vont trouuer en leur chemin Circé
Par qui estoit ce malheur excercé
Qui ia auoit promis que la lumiere
Du clair Soleil reprint vigueur premiere,
Les gents susdicts luy demandent leur Roy
En l'accusant de crime plein d'effroy,
De toutes parts pour l'empoigner trauaillent,
Et de leurs dards cruellement l'assaillent.
Elle subit espand venin nuysans,

Le Roy Picus mué en oyseau, de son nõ selon les Latins, & en francoys nõmé Piuert.

Entre-

Entremeſlé de ius aigre & cuyſant,
Puis inuoqua la nuict, auec ſes Dieux
Comme Erebus, & Chaos odieux
En adorant par charme proſerpine
Qui des Enfers gouuerne la machine,
Et a ce cry, & coniuration
Hors de leur lieu (par admiration)
Saultent foreſtz, & de ſang mainte goutte
Deſſus la terre horriblement degoutte,
Chiens font aboys, & maintes pierres dures
De ca & la font grands crys & murmures,

Les gēts du roy Picus muez en teſtes ſauluages de diuerſe eſpece.
Terre s'eſmeut, & vient a receuoir
Pluſieurs ſerpents tres horribles a voir,
Et par my l'air on voit voler de ames
Ces gents ont peur de telz Monſtres infames,
Circé qui vid leu face eſpouuentée,
Les va toucher de ſa verge enchantée,
Dont le pouuoir leur forme humaine mue,
Et en diuers animaulx les tranſmue.

Deſia Phebus en Occident tendoit,
Et aux humains les tenebres rendoit
Lors que Canens de cueur non endormy
Attend en vain d'attendre ſon amy

La mort de Canés femme du roy Picus.
Par les foreſtz, ſeruiteurs ſont tranſmis,
Pour le chercher ordonnez & commis,
Et de plorer ne ſuffiſt a la belle,
Ne d'arracher ſes crins de main rebelle,
Mais par les champs de ſon ſens eſgarée
Elle s'en va comme deſeſperée.
Six iours & nuicts, de douleur qui la poingt,
Dormy

Metamorphose d'Ouide.

Dormy, mangé, & beu elle n'a point,
En tel estat faisant cris & hullées
Elle s'en va par les boys, & vallées,
Finablement loing de ioye & soulas
Aupres du Tybre elle meit son corps las,
Et auec pleurs & tristesse trenchante
En petit son pres du fleuue elle chante,
Ne plus ne moins que par triste remord
Iadis Cycnus chantoit auant sa mort.
Ainsi Canens, dont la voix fut ouye,
Deuient en rien, & est esuanouye.
Et neantmoins Canens tant estimée
N'a pas encor perdu sa renommée,
Car de son nom iadis tant renommé.
Ce lieu en est par Anciens nommé.
 En tel seiour de celle longue année
Auec Circé aux charmes adonnée
Tous ces propos point on ne me cela.
Et plusieurs cas ie vy oultre cela,
Puis du seiour si long accouardis,
Pour d'Vlysses obtemperer aux dicts,
Chascun de nous diligemment s'embarque,
Et les chemins Circé nous monstre & marque,
Nous aduisant de maints lieux estrangers
Qui ne seront sans merueilleux dangers.
I'en ay heu peur, ce poinct ie te confesse.
Voyla pourquoy en ce port ie m'addresse.
 Tous ces propos Macareus disoit,
Et Eneas le sepulchre aduisoit
De sa nourrice, & sur sa sepulture

L'enterrement de Caieta nourrice d'Eneas.

G Sont

Le xiiij. liure de la

Sont mys ces vers en petite escripture.

Icy fut mise en cendres Caietta
Par Eneas, qui hors du feu getta
Dans Ilion, sa bien chere nourrice,
Et l'inhuma par vn piteux office.

Du port susdict Eneas s'absenta,
Et de Circé le passage cuita,
Et sa maison de fraudes difamée,
Et de cautele, & trahyson armée.
Le vent serain doulcement les conduict
Iusques aux lieux ou le Tybre faict bruict,
En se rendant dedans la Mer profonde
Auec son sable ayant la couleur blonde.
La Eneas magnanime apperceu

La ve-
nue d'E- Du Roy Latin fut noblement receu.
neas au Ce Roy estoit par naissance diuine
Royaul- Filz de Ianus, & la belle Lauine
me La- Fille du Roy Latin de hault courage.
tin, & la A Eneas fut ioincte en mariage,
guerre Mais non sans guerre, & sans cruelz alarmes
quil eut Contre la gent excercitée aux armes
contre le Du Roy Turnus, faisant telle entreprise,
roy Tur- A qui estoit Lauinia promise.
nus pour Par le pays des Latins, effrenée
sa fême Mesler se vient toute la Tyrrhenée,
Lauinia. L'un esperoit de l'autre auoir victoire
En excerceant longs conflicts pleins de gloire.
L'un contre l'autre augmente sa vertu,
Et Eneas de hault cueur reuestu
Dresse son camp, & prent secours d'Euandre

Pour

Metamorphose d'Ouide.

Pour les assaulx soustenir, & defendre.
Et Venulus de Turnus messager
Requist secours au fort Prince estranger
Diomedes, qui fugitif de Grece
Basti auoit vne grand forteresse,
Et espousant la fille de Daunus
De son douaire auoit grands reuenus.
Diomedes ayde & secours refuse
A Venulus, vsant de telle excuse.
Certes l'effect m'est du tout defendu
De tel octroy par Turnus pretendu,
Et n'ay moyen d'armer, comme il espere,
Moy, ne mes gents, ne ceulx de mon beaupere,
Et toutesfoys affin qu'on ne propose
Que soit songée ou fainéte ceste chose:
Ie vous diray la cause entierement,
Combien que deuil ce me soit & torment
Quand les trauaulx passez, ie renouuelle.
  Lors qu'Ilion ville puissante & belle
Fut mise au feu, & qu'Vlysses eut pris
Palladion, Image de hault pris
Dont contre nous Pallas fut irritée.
La peine seul quil auoit meritée
Vint a tous Grecz, les vents de toutes parts
Nous ont en Mer escartez, & espars,
Et nous ainsi escartez sur la Mer
Eusmes le temps si contraire & amer
Que fleuues, vents, la nuict, le Ciel plein d'ire,
Et flots de Mer nous faisoient grand martyre:
Et pour en brief ce malheur vous compter,

G ij   Le roy

Le Roy Priam en eust peu lamenter,
En oubliant inimitié mortelle
Quand il eust veu nostre fortune telle.
Mais entre tous la grace de Pallas
Me getta hors de ces perils, & laqs.
Et neantmoins de rechef par oultrage,
Fus esloigné du mien propre heritage,
Et pour ma peine encor rendre plus dure
Venus pensant a l'ancienne iniure,
Ma faict souffrir sur Mer tant de trauaulx,
Et tant de mal aux terrestres assaulx,
Que ie croy ceux pleins d'heureuse fortune
Qui en hyuer par souffrance importune
Sont submergez en Mer profonde, & grande.
Et vouldroys bien estre mort en leur bande.
Mes compagnons estants sur Mer ainsi
Accompagnez de deuil & de soulcy,
N'en pouuoient plus, tant du trauail des armes
Que des marins orages, & vacarmes,
Dont ilz prioient les Dieux, d'affection,
De terminer leur nauigation,
Mais l'un de nous qui Agmon s'appelloit,
Chauld, & ardent, & qui d'ire bouilloit
Desesperé de tant de maulx quil porte
Va dire ainsi, d'un sens qui le transporte:
Que pourrions nous plus souffrir, mes amys?
Quel autre mal deuant noz yeulx est mys?
Qui est celluy qui n'endure la peine
Patiemment de mort qui est prochaine?
Qu'est ce que peult dauantage Venus?

Le temps

Metamorphose d'Ouide.

Le temps & lieu a noz vœux sont venus,
Et pis ne peult receuoir mortel homme
Qu'auoir ainsi de tous ses maulx la somme.
Entende tant que vouldra Cytherée
Ceste parolle en douleur proferée,
Tant que vouldra ennemye elle soit
De ceulx, qu'amys Diomedes reçoit,
Il ne nous chault de son inimitié
Ne du refus de nous prendre a pitié.
De ce language & furieux sermon
Contre Venus se despitoit Agmon,
Dont griefuement Venus fut incitée,
En sa première ire ressuscitée.
Car quand Agmon blasmer nous pretendons,
Et que de luy la responses attendons,
Sa voix se change & fort se diminue,
Ses crins muez sont en plume menue,
De plume aussi son col couuert deuient,
Sur l'estomac, & reins la plume vient,
Semblablement vn chascun bras s'emplume. *Les compagnons*
Mais il reçoit vne plus grande plume, *de Dio-*
Qui aux deux bras se vient ioindre & coler, *medes*
Les couldes ont deux esles pour voler. *muéz en*
Dessus les piedz la plume est estendue. *oyseaux*
Sa tendre bouche en dur bec est rendue. *semblables aux*
D'ainsi le voir Lycus s'en esmerueille, *Cycnes.*
Et Nycteus disoit voicy merueille.
Abas, Idas, & Rethenor regardent
Agmon mué, mais tous ceulx point ne tardent
De receuoir vne mesme figure

G.iij   Qu'auoit

Qu'auoit Agmon, pour sa grand forfaicture:
Car tout soubdain les plumages receus
Sont en volant vrays oyseaux apperceus
Si des oyseaux la forme demandez,
Qu'eurent alors ceulx que vous entendez,
Ce sont oyseaux qui de beaulté insignes,
Approchent fort de la blancheur des Cycnes.
Voyla pourquoy ne puis donner secours
Au Roy Turnus, qui ha vers moy recours.
Comme celluy qui suis nouuellement
En ce pays, auquel petitement
I'ay par Daunus mainte terre sterile
Qui ma donné pour Espouse, sa fille.
Et suis icy, auec si peu de biens,
Ayant perdu la plus grand part des miens.
 De tel propos Diomedes vsoit,
Et a Turnus son secours refusoit,
Dont Venulus, qui estoit son message
Partit d'illec, en laissant le passage
De Calydoine, & les lieux anciens.
De Messapie, & ports Peucetiens,
Et contempla les grands cauernes creuses
Qui lors estoient par les forests vmbreuses
De Messapie, ou vn doulx bruit s'escoute
De la claire eau, qui dedans y degoutte.
Et de ces lieux, dont ie fais mention
Pan Dieu cornu, est en possession.
Duquel iadis Nymphes dames estoient,
Et en ce lieu bien fort se delectoient.
Mais Appulus berger en ceste terre,
Crainte leur feist, & les chassa grand erre,

Metamorphose d'Ouide.

Premierement, mais depuis asseurées,
Elles se sont en ce lieu retirées,
Sans auoir peur, sans craindre le danger,
Ne les exces d'Appulus le berger.
Vn iour dansoient ces Nymphes par mesure,
Et ce berger auecques mainte iniure,
Faisant vn sault rustique s'en mocquoit
Et la fureur des Nymphes prouoquoit.
Mais aussi tost quil a faict ceste chose,
Voulant parler a heu la bouche close,
Car en changeant de forme & de visage,
Il est mué en Oliuier sauluage.
D'un goust amer les oliues il ha,
Et sauluage est, pour tesmoigner par la
Quil eut les mœurs de mauluaise nature,
Et que sa langue estoit trop aigre & dure.
Incontinent que le fort Roy Turnus
Vid sans secours messagers reuenus,
Sans plus tarder son courage il renforce,
Et d'assaillir les Latins il s'efforce,
Force & vigueur ont pris Rutuliens
Pour assaillir les Latins & Troyens
Des deux coustez grand sang est repandu.
Turnus en dol militaire entendu
De feu ardent naufz Troyennes enflamme,
La poix & cire entretenoit la flamme
Et iusq au mast desia prise flamboit
Et peu a peu le nauire enflamboit
Quand Cybelé, qui des Dieux est la mere,
De voir cela receut douleur amere,

Appulus le berger mué en Oliuier sauluage.

G iiij   Car

Le xiiij.liure de la

Qu'auoit Agmon, pour sa grand forfaicture:
Car tout soubdain les plumages receus
Sont en volant vrays oyseaux apperceus
Si des oyseaux la forme demandez,
Qu'eurent alors ceulx que vous entendez,
Ce sont oyseaux qui de beaulté insignes,
Approchent fort de la blancheur des Cycnes.
Voyla pourquoy ne puis donner secours
Au Roy Turnus, qui ha vers moy recours.
Comme celluy qui suis nouuellement
En ce pays, auquel petitement
I'ay par Daunus mainte terre sterile
Qui ma donné pour Espouse, sa fille.
Et suis icy, auec si peu de biens,
Ayant perdu la plus grand part des miens.
 De tel propos Diomedes vsoit,
Et a Turnus son secours refusoit,
Dont Venulus, qui estoit son message
Partit d'illec, en laissant le passage
De Calydoine, & les lieux anciens.
De Messapie, & ports Peucetiens,
Et contempla les grands cauernes creuses
Qui lors estoient par les forests vmbreuses
De Messapie, ou vn doulx bruit s'escoute
De la claire eau, qui dedans y degoutte.
Et de ces lieux, dont ie fais mention
Pan Dieu cornu, est en possession.
Duquel iadis Nymphes dames estoient,
Et en ce lieu bien fort se delectoient.
Mais Appulus berger en ceste terre,
Crainte leur feist, & les chassa grand erre.

Metamorphose d'Ouide.

Premierement, mais depuis asseurées,
Elles se sont en ce lieu retirées,
Sans auoir peur, sans craindre le danger,
Ne les exces d'Appulus le berger.
Vn iour dansoient ces Nymphes par mesure,
Et ce berger auecques mainte iniure,
Faisant vn sault rustique s'en mocquoit.
Et la fureur des Nymphes prouoquoit.
Mais aussi tost quil a faict ceste chose,
Voulant parler a heu la bouche close,
Car en changeant de forme & de visage,
Il est mué en Oliuier sauluage.
D'vn goust amer les oliues il ha,
Et sauluage est, pour tesmoigner par la
Quil eut les meurs de mauluaise nature,
Et que sa langue estoit trop aigre & dure.
Incontinent que le fort Roy Turnus
Vid sans secours messagers reuenus,
Sans plus tarder son courage il renforce,
Et d'assaillir les Latins il s'esforce,
Force & vigueur ont pris Rutuliens
Pour assaillir les Latins & Troyens
Des deux coustez grand sang est repandu.
Turnus en dol militaire entendu
De feu ardent naufz Troyennes enflamme,
La poix & cire entretenoit la flamme
Et iusq au mast desia prise flamboit
Et peu a peu le nauire enflamboit
Quand Cybelé, qui des Dieux est la mere,
De voir cela receut douleur amere,

Appulus le berger mué en Oliuier sauluage.

G iiij   Car

Le xiiij. liure de la

Car des haults Pins de la forest Ida
Faictes estoient les naufs qu'elle garda.
Adonc en l'Air dessus vn char montée
Auec lions legers elle est portée
Ayant vn cor de buix dont elle sonne,
Et de la voix de son cor l'Air resonne,
Et sur ce char qui ainsi la portoit
Du lieu approche auquel Turnus estoit:
Si luy a dict, ou prens tu priuilege
De brusler naufs de ta main sacrilege?
Certes le feu qui tout brusle, & deuore
Ne bruslera en ma presence encore
Le boys, qui peult me porter interest,
Ne les haults Pins cueillis en ma forest,
Cybele ainsi par fureur qui la serre
Parle a Turnus, lors s'esmeut vn tonnerre
Que gresle & pluye abondante suyuoit
Et ia troublez le Ciel, & Mer on voit
Par les forts vents esmeus d'ire rebelle
Par l'un desquelz la Deésse Cybele,
Les naufz deslie, en les plongeant aux fons
De la grand Mer, & abysmes profonds

les naufz d'Eneas muées en nymphes de Mer.

Amollissant du boys la dure escorce
Pour le muer en femenine force.
Chascune Poüppe adonc laisse l'usage
De sa durté, & prent teste & visage.
Les auirons qui furent de dur boys
Sont conuertis en iambes, & en doigts.
Ce qui là voile en la nef a esté
Est de leur corps le gauche & droict cousté

Le fons

Metamorphose d'Ouide.

Le fons des naufz qui s'appelle Carine
Conioinct au corps prent l'usage d'eschine.
Chordes aussi aux Anteines liées
Sont de leur chef perruques deliées.
Chascune Anteine est muée au surplus
En bras de Nymphe, & Anteine n'est plus.
La couleur perse aux Nymphes demourée
Dont chasque nef a esté decorée,
Elles craignoient iadis les eaux profondes,
Mais a present elles iouent aux Vndes,
Et dictes sont les Naiades de Mer.
Ou doulx leur est ce qui leur fut àmer.
Plus n'ont soucy de mettre en souuenance
Sur monts & boys leur premiere naissance,
Mais en oubly ne mettent maint torment
Qu'elles ont heu sur Mer incessamment,
Parquoy souuent les grands Naufz agitées
Sont par leurs mains hors de peril gettées.
Mais en pensant au grand feu d'Ilion
Leur courage est enflé comme vn Lion
Contre les Grecz, & fort se resiouirent
Quant d'Vlysses la nef rompre elles veirent,
Et quand la nef d'Alcinous retient
Si grand durté, que roche elle deuient.
  Ia aux Troyans fiance estoit venue
Que par la nef en Nymphe deuenue
Le roy Turnus, meu d'un miracle tel,
Feroit cesser glaiue, & assault mortel
Contre Eneas, mais l'une & l'autre armée
Portant ses Dieux en guerre, est animée

La nef d'Alci-noue muée en roche.

A esmouuoir

Le xiiij. liure de la

La victoire d'E-
neas con
tre Tur-
nus, & de
la cédre
de la ville Ardea
cré le He
ron.

A esmouuoir plus dure, & forte guerre
Et chascun d'eux veult la victoire acquerre,
Estimant plus l'honneur de la victoire
Que la valeur du Royal territoire,
Estimant plus de victoire l'honneur
Que de Lauine estre espoux & seigneur.
Finablement Venus mere d'Enée
Ample victoire a son fils a donée,
Turnus occis, auecques sa cohorte
Et mise au feu Ardea ville forte.
Puis quand le glaiue, & le feu plein d'esclandre
Eut de Turnus la ville mise en cendre
Vn Heron vient la cendre enuironner,
Et longuement ses esles demener,
Vn son piteux faict l'oyseau maigre & triste
Signifiant vne ville destruicte,
Et Ardea des Latins il ha nom
Qui fut iadis ville de grand renom,
   Desia les Dieux des haults sieges celestes
Auoient cessé tous leurs courroux molestes
Contre Eneas, mesmes par sa vertu
Fut de Iuno le courroux abbatu
Quand Iulius le cher enfant d'Enée
Auoit pour luy mainte terre assignée,
Ayant desia d'aage maturité
Pour maintenir royalle auctorité
Et gouuerner par conseil sa Prouince,
Et digne estoit le magnanime Prince
Filz de Venus, ayant l'aage chenue
D'auoir au Ciel saisine, & maintenue.

Et

Metamorphose d'Ouide.

Et pour ce faict Cytherée aux beaux yeulx
Auoit desia tous assemblez les Dieux.
Et embrassant son pere Iuppiter,
Ainsi disant, le commence a flatter.
Tu ne fus onc, o pere rigoureux,
En mon endroict tranquille, & amoureux,
Si te supply laisser rigueur cruelle
Vsant vers moy de doulceur paternelle,
Et a mon fils donner diuinité,
Qui du hault sang de nostre affinité
T'a faict ayeul, cela te soit assez,
Qu'il a d'Enfer les bas fleuues passez.
A ces propos que les Dieux entendirent
En quelque sorte oncques ne contredirent,
Voire Iuno point de deuil n'en sentit,
Ains d'un constant vouloir y consentit.
Lors Iuppiter qui a ce vueil s'encline
Dist a Venus, pour vray ton fils est digne
De tel honneur, & merite le lieu
Qui est au Ciel ordonné pour vn Dieu,
Ce que tu veulx fille, que ie te donne
Ie le consens, ie le veulx & l'ordonne.
Par ceste voix de Iuppiter ouye,
Tres grandement Venus fut resiouye
Remerciant bien fort son diuin pere
Qui le hault Ciel & la terre tempere.
Lors elle faict son chariot branfler,
Ou elle monte, & ainsi va par l'Air
En delaissant les maisons supernelles.
Conduicte estoit par blanches colombelles

Le xiiij. liure de la

Son noble Char par ordre bien decent
Venus adonc au Numice descend,
Fleuue couuert de maints pointus rouseaux,
Le cours duquel tombe aux marines eaux.
Et commanda a ce fleuue Numice
Prendre Eneas, et d'un loyal office
Le nettoyer aux fons de sa claire vnde
Purgeant la chair qui est au corps immunde,
Ce qui fut faict, car ce qui est mortel
Sur Eneas, est rendu immortel.
Adonc Venus enuers son fils benigne
Oindre le va de doulce odeur diuine,
Puis en meslant doulceur nectarienne

La Deificatiō d'Eneas, adoré par les Romains.

Auec la grand liqueur ambrosienne
Repaist sa bouche, & de grand zele esmue
D'homme mortel en vn Dieu le transmue,
Dieu Indigene appellé des Romains
Qui luy ont faict aultelz & temples mains.
　　Depuis ce temps, sa facture bien née
Ascanius, tint en main fortunée
Tant des Latins le Regne, & dition
Que des Albains la iurisdition.
D'Ascanius print Syluius naissance,
Du Royal sceptre, ayant la iouyssance.
A Siluius, Latin tost succeda
Et le credit paternel posseda.
Alba depuis noble en perfection
Filz de Latin, vint en succession,
Et d'Alba fut successeur Epitus,
Capis de luy, de Capys, Capetus,

A Capetus

Metamorphose d'Ouide.

A Capetus Tiberinus succede
Qui aucun temps l'honneur royal ossede,
Puis mort en l'eau nommé le Tybreil a
Qui parauant se nommoit Albula.
Tyberinus eut deux enfants de race
L'un s'appelloit Remulus plein d'audace,
L'autre Acrota, Remulus son aisné
Contrefaisant la fouldre, est fulminé,
Dont Acrota de plus meur iugement
Le Regne en paix gouuerne sagement.
Acrota laisse Auentin heritier
Du royal sceptre, & de son Regne entier.
Et Auentin habita par grand cure
Dessus vn mont ou fut sa sepulture,
Qui de son nom par le regne Latin
Est appellé le beau mont Auentin.

  Lors que Proca roy de grand renommée
Tenoit en paix la region nommée,
Viuante estoit la Nymphe Pomona
Qui de beaulté point sa pareille n'a,
Oultrepassant toutes Nymphes Latines
De sa valeur, & graces tres insignes.
Et le moyen ou son plaisir estoit
Fut conuenable au nom qu'elle portoit,
Il n'en fust onc de plus ingenieuse
A cultiuer iardins, ne studieuse.
Ne qui eust mieulx l'entendement instruict
De faire croistre & proffiter le fruict.
Onc elle n'a les fontaines aymées,
Ne les forests, & obscures ramées,

Les amours, du Dieu Vertumnus, & de la Déesse Pomona

Mais

Mais seulement champs fertiles & beaulx,
Et fruicts qui sont apparents aux rameaux
Point ne luy plaist porter dards en la dextre
Mais vne Faulx de sa main bien adextre,
Dont elle couppe ores rameaux feuillus
Qu'elle appercoit mauuais & superflus,
Ores du boys l'escorce elle vient fendre
Puis elle y ioinct le petit grephe tendre.
Ce grephe la au boys ioinct proprement
A l'abrisseau donne nourrissement.
Et Pomona qui s'excerce en cela
N'endure pas que les arbres qu'elle ha
Deuiennent secz, car pour leur medecine
Vient en saison arrouser leur racine.
Bref en cela tout son estude gist,
Et feu d'amours son cueur point ne regist,
Mais en craignant des bergers l'insolence
Sont ses iardins clos en grand vigilance,
Et s'amusant a son iardin fertile
Mect a mespris compagnie virile:
Et pour iouyr de son corps, en ces lieux
Bien esforcez d'entrer se sont les Dieux.
Les Pans cornus y ont mys leurs estude,
Et Sylenus sa ieune promptitude,
Vers elles sont les Satyres venus
Dieux a saulter propice maintenus.
Et Priapus qui des iardins est Dieu
Le plus souuent a espié ce lieu.
Mais c'est en vain quilz ont pris tant de peine
Car en tout poinct leur attente estoit vaine.

Mais

Metamorphose d'Ouide.

Mais Vertumnus qu'Amour vient enflammer
Tous les susdicts passoit de bien aymer,
Et neantmoins il n'estoit plus heureux
Pour en tirer le tribut amoureux.
O que souuent d'amour qui le resueille
Ce Vertumnus portoit pleine Corbeille
D'espys de bled, entreprenant l'usage
De messineur, l'habit, & le visage?
Souuentefoys d'amour que son cueur sent
Lya son chef de foin verd & recent,
Et quand ainsi en feneur il se mue
On iugeroit que le foin il remue.
Souuentefoys pour au feu obuier
De ses amours, il se mue en Bouuier,
Ayant encor les aguillons pour poindre
Les beufs, quil vient (ce semble) de disioindre.
Aucunefoys il s'aduise subit
D'un vigneron prendre forme, & habit.
Puis en cueilleur de pommes se transmue
Affin que mieulx Pomona soit esmeue
De luy ouurir, cela rien ne luy sert,
Car pour cela l'entrée il ne dessert.
Puis de gendarme il contrefaict la mine,
Puis de pescheur, en portant vne ligne.
Finablement apres tant de figures
Pour donner fin a ses passions dures
Il s'aduisa d'une mutation
Pour de la Nymphe auoir fruition.
Si se mua en vieille femme ethique
Ayant lié son chef de Mittre antique

Vertumnus mué en diuerses figures pour iouyr de Pomona

Et appuyant

Et appuyant son corps sur vn baston
Vieille onc ne sceut mieulx parler en bas ton
Dont Pomona, la vieille rencontrée
Luy a permis de son iardin l'entrée.
La vieille adonc qui va s'esbahyssant
De voir les fruicts du iardin florissant,
Luy dict ainsi tu es la plus nayfue
Nymphe du Tybre, & de sa blonde riue,
Et comme on voit tes beaulx iardins polis
Dessus tout autre accoustrez & iolis
Aussi as tu le scauoir qui te vante
Sur toute Nymphe estre la plus scauante,
Dieu te gard donc ô fleur immaculée
De virginale ardeur nom violée.
Cela disant, pour son feu appaiser,
Elle donna a la Nymphe vn baiser
Non tel pourtant quand vne vieille baise
Qui n'ha l'amour que le baiser appaise,
Puis de ce seoir la vieille ne tarda
Et les raisins aux rameaux regarda.
Car la estoit vn grand Orme & insigne
Ou ioincte estoit mainte feuille de vigne.
Et quand elle eut ce bel arbre loué
Le fruict aussi qui a l'arbre est noué
Pour de la belle esmouuoir le courage,
Cecy disoit la femme de vieil aage.
Fille tu voys ce plantureux Ormeau,
Sil estoit seul, & n'eust aucun rameau,
De ce doulx fruict plein de maturité,
Il n'auroit rien que sa sterilité,

Estant

Metamorphose d'Ouide.

Estant vestu de feuilles seulement,
La vigne aussi qui par embrassement
(Comme tu voys) a cest Ormeau est ioincte
Si elle estoit separée & disioincte.
Tombant a Terre, & perdant son appuy
Ne porteroit le fruict qu'elle ha par luy,
Et toutefoys tu n'as aucun esmoy
De cest exemple interpreté par moy,
Car en fuyant viril atouchement
Tu ne te veulx conioindre aucunement,
Que pleust aux Dieux que ne fusses si dure
A esmouuoir, Helaine, ie te iure,
Oncques ne fut si long temps soubhetée
Que ta beaulté seroit sollicitée.
Ne celle aussi qui pour sa grace acquerre
Feit esmouuoir les Lapithes en guerre,
Encores moins Penelopé requise
De tant de gents, pour sa beaulté exquise.
Mais toy qui n'as ne pitié ne mercy
De tant de gents, qui ont pour toy soucy
Ne voys tu pas ta beaulté estimée
Estre des Dieux, & Demidieux aymée?
Voire les Dieux qui ont force & puissance
Aux monts Albains, cherchent ton acointance,
Mais si tu es sage, & de bon conseil
Cherchant mary a ta beaulté pareil,
Tu me croiras, qui suis vieille amoureuse
De ton honneur, & trop plus curieuse
Que sont ceulx la dont i'ay faict mention

H   Mais

Mais en laissant basse condition
De moindres gents, reçoy d'amour egale
Ce Vertumnus en la loy coniugale,
Et me reçoy pour plege & respondante
Tout son secret m'est aussi euident
Comme a luy mesme, & ses vœux incongneus
A vn chascun, me sont clairs & congneus.
Il est constant, son desir ne se fonde
D'aller par tout vaguer par my le monde.
Ce grand palais que tu voys pres dicy
Est sa demeure, il n'ayme pas ainsi
Comme plusieurs, qui ayment promptement
Celle, quilz ont veue nouuellement.
Cause seras de ses amours premieres,
Et le lien de ses amours dernieres,
Seule tu es a laquelle est vouée
Sa grand beaulté par ieunesse louée,
Il se sçaura muer en maintes formes,
Et pour ses vœux aux tiens rendre conformes,
Tu congnoistras que tres diligemment
Il s'employra a ton commandement.
Que diray plus pour le maintenir digne
D'auoir de toy de vraye amour le signe?
Tu congnoistras qu'au faict du iardinage
Il ha sur tous le premier aduantage,
Tenant en main, comme toy, vne Faulx
Office propre au tien point ie ne faulx,
Et congnoissant ton exercice tel,
Il t'aymera d'un desyr immortel.

Mais

Metamorphose d'Ouide.

Mais ses doulx yeulx ores ne sont tendus
Dessus les fruicts aux arbrisseaux pendus,
Encores moins sur herbes sauoureuses
Que l'on peult voir aux terres plantureuses,
Il t'ayme seule, en toy gist son vouloir,
Seule le fais resiouyr, & douloir.
Doncques reçoy Vertumnus a clemence,
Et a l'aymer d'egale amour commence,
Ce que ie quier, pense certainement
Qu'il est par luy requis presentement,
Crains des haults Dieux la vengence opportune,
Crains le courroux de muable fortune.
Crains d'offenser la Déesse Venus,
Qui hait les cueurs rebelles maintenus.
Et parautant que suis vieille chenue,
I'ay mainte chose en mon aage congneue.
Doncques affin que plus songneusement
Puisses chasser futur encombrement,
Ores ie veulx te compter vne hystoire
Qui est en Cypre a vn chascun notoire.
Se que par la tu puisses recueillir
Vray iugement, pour ton cueur amollir.

 Vn iour Iphis né de basse origine
Du feu d'amours, qui tous les cueurs domine,
Finablement fut pris, & arresté
Gettant son œil sur Anaxareté
Du noble sang de Teucer descendue.
Et quand sa veue est sur elle estendue,
Il brusle & ard, & vne flamme sent

Les amours d'iphis & Anaxareté.

H ij   Qui

Qui iusq aux os & moilles luy descend,
Et de ce feu qui le cueur luy va fendre,
Remede aucun il n'ha pour se defendre.
Dont iour & nuict, d'ardeur non endormie,
Il va aux huys de sa nouuelle amye,
Ores comptant son amoureux discours
A la nourrice, il demande secours,
Ores flattant amys de voix affable,
Pour luy donner remede secourable,
Souuentefoys endurant grief martyre
Il s'efforceoit a la belle d'escrire,
Puis a son huys mettoit chappeaux de fleurs
Bien arrousez du ruisseau de ses pleurs,
Et bien souuent il a dict griefue iniure
A l'huys fermé d'une forte serrure,
Mais elle estoit plus fiere que la Mer
Lors qu'elle vient a grands flots escumer,
Et en ce cueur, ou elle perseuere,
Passant les Roucs de cruaulté seuere,
Et plus austere & dure que le fer
Que feu ardent faict cuyre & eschauffer,
Plus dure aussi que pierre visue née
Au lieu, auquel elle est enracinée,
Et en vsant de telle cruaulté,
Compte ne faict de la grand loyaulté
Du pauure amant, ains estonne sa face
De desespoir, & de rebelle audace.
Dont le dolent, & miserable amant
Iphis n'a peu endurer ce torments,

Metamorphose d'Ouide.

Si long seiour, & vaincu de grand ire
Deuant sa porte il va ces propos dire.
Vaincu ie suys, ô cruelle, par toy.
Mais tu n'auras, long temps, soucy de moy.
Triumphe donc, & d'un chappeau de gloire
Faict de Laurier, demonstre ta victoire,
Ton cueur cruel est demouré vainqueur
Mais a la mort ie m'offre de bon cueur.
Resiouy toy cruelle creature,
Pren a plaisir ma mortelle aduanture,
Mais i'ose bien de cela t'aduertir
Que tu viendras trop tard au repentir,
Et que diras, prenant de moy pitié,
Que meritoys part en ton amytié,
Et neantmoins tant que seray en vie,
De ton amour ie ne perdray l'enuye,
Mais sans pouuoir ma vie secourir
Aupres de toy il me conuient mourir
A celle fin que ta cruelle veue
De mon corps mort soit saoullée & repue.
O Dieux remplis d'essences immortelles
S'il est ainsi que les choses mortelles
Vous regardez de vostre diuin œil,
Rememorez mon legitime deuil,
Ie ne puis plus desormais vous prier,
Ma langue perd la vertu de cryer,
Octroyez donc que mainte longue année
Posterité en soit acertenée
Et que le bruit de ma calamité

H iij Soit

Soit immortel à la posterité,
Ainsi parlant de deuil qui le transporte
Dressa ses yeulx & bras dessus la porte.
Par luy iadis de chappeaux exornée,
Et de bouquetz de mainte fleur bien née.
Puis quand il eut d'un cueur triste & faché

La mort d'Iphis amoureux d'Anaxareté.

Contre la porte vn licol attaché.
En espandant vn grand ruysseau de larmes
Sa voix vsa de ces derniers alarmes,
Voicy bouquetz, femme inique, qui plaisent
A ta rigueur, & qui ton cueur appaisent.
Apres ces plainctz, il se meit teste & col
Dans le mortel, & malheureux licol.
Si que le corps de poix trop lourd se charge,
Et le col gresle estrangla de sa charge.
Du bruit des piedz qu'il faisoit en mourant
La porte s'ouure, & du son murmurant
Qu'auec le cry d'Iphis la porte faict,
Les seruiteurs sont aduertis du faict
Vn chascun d'eux de le leuer desire,
Mais c'est en vain, car desia il expire.
Adonc par eulx fut porté à sa mere.
(Son pere mort) qui en douleur amere
Meit de son fils le corps en son gyron
Et griefuement ploroit à l'enuiron
Puis quand elle eut faict les plainctz lamentables
Accoustumez des meres miserables,
En espandant de larmes vn ruysseau
Suyt le corps mort au funebre tambeau.

Or

Metamorphose d'Ouide.

Or en faisant si triste sepulture
Ce bruit entend Anaxareté dure.
Dont ia vouloient vengence auoir les Dieux
Pour son orgueil vers Iphis odieux,
Voyons (dist elle adonc) que ce peult estre.
Et a ces dicts, elle ouurit sa fenestre.
Mais a grand peine elle a son oeil tendu
Dessus Iphis au cercueil estendu,
Que son oeil clair se trouble & se roydist,
Son sang se perd, son corps se reffroydist
En pallissant, & voulant se distraire
Hors de ce lieu, son pied ne le sceut faire.
Et desyrant de remuer sa veue
Telle vertu en ses yeux ne fut veue,
Car peu a peu son corps pierre deuient,
Et a son cueur telle dureté conuient.
Et pour t'oster l'opinion doubtable
Du compte mien, qui est tout veritable.
Dans Salamine en vn temple est congneue
Ceste pucelle en pierre deuenue.
Ce temple la ou elle est figurée
Est consacré a Venus Cytherée
Qui entaillée au temple limité
Est adorée en grand sublimité.

 Donc Pomona ma fille bien aymée
Regarde bien ceste hystoire nommée,
Et tout orgueil hors de ton cueur chassé
Soit Vertumnus par amours pourchassé.
Si qu'en l'aymant ton fruict qui renouuelle

Anaxareté muée en statue de Pierre.

H iiij   Ne

Le xiiij. liure de la

Ne soit gasté par froidure rebelle.
Et en croissant par plus grande vertu
Des aspres vents il ne soit abbatu.
Quand Vertumnus, (qui en estrange forme
A son plaisir se desguise & se forme)
Eut mys la fin a ses dicts gracieux
En delaissant l'habit, & les ans vieulx
De femme vieille, en ieunesse subit
Il retourna, auec son propre habit.
Vers Pomona ayant telle figure
Que le Soleil, par la qui nue obscure
S'est obscurcy, puis par vertu premiere
Clair, & serain reuient en sa lumiere
Lors Vertumnus voulut vser d'effort,
Mais besoing n'ha de s'en empescher fort,
Car Pomona qui mesme flamme sent
A sa chaleur amoureuse consent
Comme desia estant vaincue & prise
De la beaulté en Vertumnus comprise.

Apres le temps qu'Amulius iniuste

L'edification de la ville de Romme & la guerre de Tatius Roy des Sabis cótre Romulus Roy des Rômains

Meit Numitor hors de son regne iuste.
Numitor fut remis selon ses vœux
Par Romulus, & Remus ses nepueux:
Puis Romulus auec Triumphes maints
Feit eriger la ville des Rommains
Tatius Roy auec sa gent Sabine
La guerre esmeut soubs la nuict clandestine.
Et Tarpeia femme Rommaine folle,
Monstre aux Sabins la voye au Capitole

Puis

Metamorphose d'Ouide.

Puis pour salaire & retribution
Mise par eux fut a perdition.
Adonc Sabins par coustume de loups
De peur du cry couppent la gorge a tous
En assaillant de leur force ennemye
La gent Rommaine en son lict endormie,
Car pour plus fort se monstrer diligents
A faire entrer a la flotte leurs gents
Aux portes vont, pour en faire ouuerture,
Mais Romulus en grand labeur & cure
Closes les a, & Iuno toutefoys
Des portes l'une ouurit a ceste foys
Sans que le bruict des gons fut apperceu,
Fors par Venus, qui cela bien a sceu,
Et de la porte ouyt choir la barriere,
Ordre y eust mys, mais en nulle maniere
Aux Dieux n'affiert refaire actes des Dieux.
Parquoy Venus pour son cas faire mieulx,
S'en va aux lacs des Naiades haultaines,
Et implora leurs puissances certaines.
Ces Nymphes la pres du temple habitoient
Du Dieu Ianus, ou leurs Vndes estoient.
Qui quand ouye ont d'affection grande
Dame Venus, en sa iuste demande,
Incontinenc les sources de leurs eaux
S'en vont lascher desbordants les ruysseaux,
Et toutefoys de Ianus clos le temple
Des flots de leau encor on ne contemple,
Ces Nymphes donc par curieuses peines
Vont

Le xiiij. liure de la

Les eaux froydes conuerties en eaux chauldes.

Vont allumer des eaux sources & veines
De souffre & poix, dont la vapeur entra
Au creux de l'eau, & caues penetra
Si que les eaux qui en leurs courses roydes
Ores estoient merueilleusement froydes,
Ores n'ont moins de chaleur que la flamme,
Par ceste poix qui ainsi les enflamme.
Le cours de l'eau ça & la se semoit
Dont chasque porte arrousée fumoit.
La porte adonc par Iuno desserrée,
Des flots de l'eau est reclose & serrée,
Et aux Sabins la voye inaccessible
Qui ores fut facile & accessible.
Dont ce pendant Romulus belliqueur
Arme ses gents d'un magnanime cueur,
Guerre s'esmeut tres dure & inhumaine.
Pleine de sang est la ville Rommaine
Tant des Sabins qui sont morts au destour

La paix entre Romulus & Tatius.

Que des Rommains occis tout alentour.
Finablement paix & amour s'engendre
Entre deux Roys, & Romulus le gendre
De Tatius, tout son courroux tempere
Laissant regner Tatius son beau pere.
Puis quand le Roy Tatius deceda,
A tous ses droicts Romulus succeda
Tenant Sabine en iurisdiction
Conioincte auec Rommaine nation.
 Pendant ce cours le Dieu Mars furieux
A Iuppiter pere d'hommes & Dieux
      Va presenter

Metamorphose d'Ouide.

Va presenter vne iuste requeste,
Et en ostant son armet de la teste
Luy dist ainsi: puis que certainement
Romme est bastie en ferme fondement,
Et que par tout s'estend sa grand Prouince,
Dessoubs la seule auctorité d'un Prince
Souuienne toy de ta promesse & væu
Qu'as faict iadis pour ton digne nepueu,
Pour le tirer du monde spacieux
Et dignement le receuoir aux Cieulx,
Promis le m'as d'un cueur doulx & facile
Les Dieux estants iadis en plein Concile,
Il m'en souuient, & telle souuenance
Me faict noter tes dicts pleins d'importance,
Quand tu disoys: Mars le temps tu verras
Ou l'un des tiens au Ciel eleueras,
Dont ta promesse à present ratifie.
O Iuppiter, car en ce te me fie.

 Le tout puissant la requeste entendit
Faicte par Mars, & y condescendit
En troublant l'Air d'emotions soubdaines
Espoauentants les regions mondaines,
Dont Mars sentit par la fouldre gettée
Que sa priere estoit executée,
Et de l'octroy qui toute peur surmonte
Virilement dessus son char il monte,
Dont les limons qui sont sanguinolents
Chargent le dos des cheuaulx violents
Lesquelz par l'Air il aguillonne & pique

        Tenant

Le xiiij. liure de la

Tenant en main vne lance bellique,
Et sur le mont Palatin arriua
Ou son cher filz Romulus il trouua
Administrant de sa royalle voix
Au peuple sien ordonnances & loix.
Le porte en l'Air, adonc sa chair mortelle
S'esuanouyst par vne façon telle,
Que quand on gette vne plombée en l'Air
Laquelle on voit se perdre & distiller:
Et quand', ainsi son corps mortel s'efface
Il luy suruint vne plus belle face,

La Deifi- Digne d'auoir couronne & Diademe
cation de Auec les Dieux en la maison supreme.
Romul' De Quirinus le nom luy demoura
appellé Et soubs ce nom le peuple l'honnora.
Quirin'

 Hersilia grand douleur receuoit
Pour son Espoux que perdu elle auoit,
Mais lors Iris de Iuno messagiere
A elle vint d'une course legiere
Suyuant le fil du grand arc spacieux
Que nous voyons painct au trauers des Cieux,
Et a la royne ainsi seule laißée
A de Iuno la parolle annoncée.
Disant ainsi ô entre les Sabines
L'honneur premier, & entre les Latines,
Digne de voir Quirinus ton mary
Nouueau nommé, oste du cueur marry
Tant de souspirs, cesse tes pleurs, la belle.
Et si tu as ardent desir & zele

De tost

Metamorphose d'Ouide.

De toſt le voir, pour ſortir hors d'eſmoy,
Vient ſur le mont Quirinal auec moy,
Mont verdoyant, & qui couure le temple
Ou ton Eſpoux Roy Rommain on contemple:
Herſilia ſes yeulx adonc leua
Honteuſement, puis reſpondre elle va.
Noble Déeſſe excellente & hautaine
Bien que ie ſoys de ton nom incertaine,
Iay bien raiſon (point tu ne me decoys)
De preſumer que Déeſſe tu ſoys,
Meine moy donc en ſi heureuſe voye
Que mon mary tant deſyré ie voye.
Car ſi les Dieux me permettent ce bien
Que iaye oſtroy de voir le mary mien,
Autant ſera mon ſoulas manifeſte
Que ſi ieſtoys au grand manoir celeſte.
   Auec Iris fille au cueur virginal
Herſilia entre au mont Quirinal.
Lors vne Eſtoille en Terre deſcendit
Qui ſur le mont grand lumiere rendit
Auec laquelle Herſilia bel erre
Monta au Ciel, ou ſon mary qui ſerre
Sa tendre main, par mutuelz accords,
Son corps mortel changea en diuin corps,
Son nom auſſi, & fut nommée Ora
Qui de Déeſſe au Ciel le ſeiour ha.

Fin du xiiij. liure.

Herſilia femme de Romulᵘ deifiée & appellée Ora.

www.ingramcontent.com/pod-product-compliance
Lightning Source LLC
Chambersburg PA
CBHW050745170426
43202CB00013B/2303